사회인문학총서

디아스포라
민족 정체성, 문학과 역사

Diaspora
National Identity, Literature and History

【 사회인문학총서 】

디아스포라
민족 정체성, 문학과 역사

연세대학교 국학연구원 HK 사업단 편

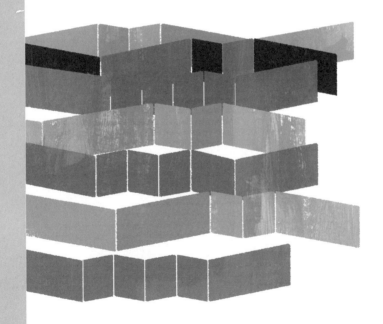

혜안

　　이 책은 연세대학교 국학연구원이 중국 연변대학교 민족연구원과 함께 공동으로 개최한 학술발표의 글을 모은 것이다. 이 책에 실린 글은 모두 2015년 8월 19일~8월 21일 중국 연변대학교에서 발표된 후 수정된 것이다. 연변대학교가 위치하고 있는 연길은 조선족자치주로 그곳에 조선족이 대거 거주하게 된 이유 중의 하나는 조선이 일본 제국주의 식민지배로 전락된 우리 현대사의 비극 때문이다. 조국이 망한 현실에서 국권 회복을 위해 망명길에 오른 사람들도 많았겠지만, 혹독한 일제 식민지 치하에서 절망하여 고향을 떠나 남의 나라 중국으로 이주하여 정착하게 된 많은 사람들은 더 나은 희망의 땅에 대한 열망을 안고 있었을 것이다.

　　우리나라 사람들에게 '디아스포라(Diaspora)'는 유대 민족을 상징하는 단어로 이해되는 경향이 강하다. 그래서 그런지 현재 약 600만 명 이상의 우리 한인 동포들이 해외에 거주하고 있으며, 인구대비 해외로 흩어져 간 민족 구성원의 비율이 이스라엘에 이어 전 세계 2위를 차지할 만큼 높다는 사실에 대해서는 우리나라 사람들은 잘 실감을 하지 못하고 있는 것 같다. 실제로 우리 민족이 이스라엘에 버금가는 디아스포라 민족이라는 사실을 그리 많은 사람들이 자각하고 있는 것 같지는 않다. 일례로 조선족 동포, 심지어 요즈음 생존을 위해 북한을 탈출하여 우리 사회에 온 탈북자들에 대한 한국사회 일각에 있는 차가운 시선은 우리 사회가 얼마나 역사적 감각이 부족한지를 상징적으로 보여준다. 일제 치하에서 식민지배의 박해로부터 탈출한 우리 민족 구성원들로 형성된 중국의 조선족이나 북한에서 남한으로 온 사람들을 백안시하는 우리 사회 일각의 분위기를 감안할 때, 민족주의의 위험성을 질타하면서 한국의 민족주의의 배타성을 비판하는 자성의 목소리가 지니는 허구성을 새삼 느끼지 않을 수 없다.

이른바 우리 민족은 동일한 혈통을 지닌 단일민족이라는 의식이 너무나 강력하기 때문에 다른 인종 및 다른 민족에 대해 배타적이라고 진단하면서 우리사회의 지나치게 뜨거운 민족주의적 열정이 안고 있는 독성을 제거하지 않으면 안 된다는 비판과 자성의 목소리가 드높은데, 민족주의에 대한 이런 반성을 경청해야 함은 물론이다. 우리 사회가 동남아시아나 다른 지역에서 온 이주노동자들의 인권에 대해 더 많은 존중의식을 갖고 그들과 함께 어울리면서 살아가는 법을 배워야만 한다는 점에 대해 이의를 제기할 사람은 많지 않을 것이다. 그러나 한민족으로 살아가면서 정든 고향 땅을 떠나 불가피하게 해외로 흩어져 이주해간 우리 해외동포에 대한 배타적 정서를 보면, 미국 및 유럽 백인을 제외한 해외 여러 지역에서 온 이주노동자들에 대한 배타성이 우리 사회의 민족주의적 배타성과 연결되어 있는 것 같지는 않다. 간단하게 말하자면 이주노동자들에 대한 일부 한국인들의 배타성이 반드시 우리사회의 민족주의 의식의 과도한 열정에서 비롯된 것이라고 보기에는 설득력이 약하다는 것이다.

북한사람들은 물론이고 인종적으로도 차이가 없을 뿐만 아니라 상대적으로 공통의 문화와 언어와 역사를 간직하고 있는 해외의 한인 동포들에 대한 우리 사회의 배타적 태도의 원인을 제대로 점검하고 이를 해결하려는 작업은 다양한 나라에서 우리 사회로 이주해 오는 다른 민족구성원들과 더불어 살아가는 지혜를 터득하는 데 커다란 중요성을 지닌다고 볼 수 있다.

2015년 8월 중국의 연변대학교에서 <광복70주년·항전70주년 기념 학술회의>의 총괄 주제를 <디아스포라 : 민족 정체성, 문학과 역사>로 잡은 것도 연변의 조선족 자치지역에 거주하는 조선인들이 '디아스포라'로서의 한민족을 상징적으로 잘 보여준다는 점과 무관하지 않았다. 게다가 연변의 조선족 자치지역에 거주하면서 문화적으로는 한민족의 정체성을 잃지 않으면서 국적으로는 중국인의 정체성이라는 이중적 정체성을 지니고 살아가는 사람들의 역사적 경험을 매개로 하여 '디아스포라'와 관련된 지속적인 학술대회를 개최하는 것은 매우 중요한 일이라는 데 대해 연세대학교 국학연구원과 중국 연변대학교 민족연구원은 깊게 공감했다.

이 책에 실린 글 중에서 연변대학의 학자들이 발표한 글은 한인 디아스포라의 역사적 경험이 민족적 정체성 형성의 문제에 관련하여 중요한 시사점을 던져줄 수 있을 것이다. 김춘선의 「중국 동북지역 한인 자치운동과 민족 정체성」, 김태국의 「'만주국'의 건국이념과 재만한인에게 강요된 만주국인상」, 김호웅·김정영의 「조선족 문학과 디아스포라」, 박금해의 「민족과

국민 사이 : 조선족의 초국가적 이동과 민족 정체성의 갈등」, 그리고 최민호의 「철조망 안의 사람들－위만주국시기 ‘집단부락’과 이주민들의 삶을 중심으로－」라는 글은 중국 동북지역의 복합적인 집단 정체성을 다각도로 분석한 것들이다.

또한 연세대학교 국학연구원 측의 발표자들(김성보, 김항, 나종석 그리고 유광수)의 글도 역시 민족적 정체성의 문제를 이해하는 데 기여할 것으로 기대된다. 해방 후 신국가 건설기인 1945~50년간에 등장한 여러 민족적 정체성과 관련된 주제를 다루는 김성보의 글, 근대 일본문학비평의 대표적 인물인 고바야시 히데오의 만주기행문을 통해 일본 혹은 일본인이 무엇인 지를 읽어내려는 김항의 글, 그리고 최근의 한국사회에 등장한 다양한 갈래의 탈민족주의 담론 및 그에 대한 대안적 추구의 모습을 다루는 나종석의 글은 물론이고 <최고운전> 원작에 해당하는 이본과 <최충전>의 대비를 통해, 원작을 변이시킨 개작자의 의도를 살펴보는 유광수의 글은 우리 사회가 지향해야 할 개방적이고 다원적 민주사회에 어울리는 민족적 정체성을 재구성하는 작업에 도움을 줄 것이라고 생각된다.

그럼에도 여러 글을 모아 하나의 책으로 만든 것이기에 글 사이의 내적 연관성이나 통일성이 단독 저서와 비교해서 좀 부족하지 않나하는 아쉬운 느낌을 지울 수 없다. 연변대학교와의 지속적인 학술교류가 심화된다면 더 많은 논의와 토론을 거쳐 이번 보다 더 좋은 책이 출판될 수 있을 것이라고 믿는다. 이번 책 출판을 계기로 연변대학교와의 협력도 한결 심화될 것이라는 희망을 품어본다. 공동학술대회의 자료를 기반으로 해서 이루어진 책으로서 혹 지닐지도 모르는 부족한 점에 대해서는 독자 여러분의 너그러운 양해를 부탁드린다.

끝으로 책의 출판과 관련해서 도움을 준 사람들에게 감사를 표하고 싶다. 특히 연세대학교 국학연구원과 중국 연변대학교 민족연구원 및 조선반도연구협력창신중심과 함께 공동으로 학술발표 대회를 구상하는 단계에서부터 글을 모아 책의 출판에 이르는 모든 일을 책임지고 성공적으로 마무리한 연세대학교 국학연구원의 인문한국(HK)사업단의 나종석 교수에게 깊이 감사드린다. 여러 논문을 모아 책으로 내는 작업이 지니는 단점에도 불구하고 출판을 하는 데 동의를 하고 멋진 책을 만들어 준 도서출판 혜안의 관계자님들께도 감사의 마음을 밝힌다.

2016년 7월
국학연구원장·인문한국사업단장 도현철

목 차

제1장 신국가건설기 주체 기획과 민족 정체성의 분화

박치우·안호상·최창익을 중심으로

김 성 보

I. 서론

1945년의 '해방'에 뒤이은 좌우대립 속에 한반도에는 두 개의 정부가 수립되면서 분단구조가 형성되었다. 이 분단구조는 20세기 후반 이후 세계적인 탈냉전의 흐름에도 불구하고 해방 70주년을 맞는 현재까지도 지속되고 있다. 현재 남과 북의 두 정체(政體)는 '국가성(stateness)'의 핵심요소인 주권과 영토, 국민(people)을 배타적으로 지니고 있으며,[1] 국제연합에도 동시에 가입한 점에서 사실상 두 개의 독립국가이다. 그렇기는 하지만 남과 북은 자신이 확보한 영역을 넘어서 상대방의 주권과 영토, 국민에 대해서도, 다시 말해 한반도 전체 영역에서 지배의 정당성을 주장하며 서로를 부정하고 있다는 점에서, 두 국가는 아직 국민국가로서는 미완인 분단국가로 존재한다.

이 분단구조 속에서 남과 북의 주민은 각각의 국가에 소속하는 국민 또는 인민(공민)으로서의 정체성을 지니고 있으면서, 다른 한편으로는 서로

---

1) 박명림, 「한국의 국가 형성, 1945~48 ; 시각과 해석」, 『한국정치학회보』 29-1호, 1995, 217쪽.

같은 민족이라는 민족 정체성도 버리지 않고 있다. 즉 한반도의 주민은 국민·인민 정체성과 민족 정체성이라는 이중적 정체성 속에서 살아가고 있다.

분단국가에서 발생하는 국민·인민 정체성과 민족 정체성의 분열은 남북한과 동서독에 함께 나타나지만, 그 성격은 상당히 다르다. 민족주의가 금기시되었던 동서독의 경우를 보면, 서독에서는 민족 정체성 대신에 '헌법 애국주의'에 기초한 시민 정체성이 새롭게 형성되었다. 동독에서는 동독 인민을 서독 인민과 구분하여 별도의 사회주의 민족으로 정의하였으며, 이들을 통합하기 위해 사회주의적 애국주의를 고취했다. 동서독 사회 내면에서는 민족관념이 유지되었지만 공론화될 수 없었고 동서독은 서로 다른 시민과 인민으로서의 정체성을 배타적으로 유지했다.[2]

이와 달리 또 다른 분단국가인 남북한에서는 분단의 고착화와 상호 대립, 전쟁을 겪었음에도 불구하고 하나의 민족이라는 관념이 여전히 강하여, 세계적으로도 민족의식, 혈연적 민족주의가 강고한 지역으로 이해된다.[3] 여기서 발표자가 유의하고자 하는 점은 민족의식, 또는 혈연적 민족주의의 과잉 여부 자체가 아니다. 그보다는 그 민족주의가 과연 남북의 공생과 통일에 기여하는 순기능을 하고 있는지 아니면 오히려 그에 장애물이 되는 역작용을 하고 있는가 하는 점이다. 그리고 그 민족주의가 과연 남북의 주민의 삶에 억압의 기제로 작용하고 있는지 아니면 자유와 평등 등 인류가 보편적으로 추구하는 가치의 실현에 긍정적으로 작용하고 있는가 하는 점이다.

국민·인민 정체성과 민족 정체성의 분열, 병존의 상태가 야기하는 긍정·

---

2) 에드가 볼프룸 지음, 이병련·김승렬 옮김, 『무기가 된 역사—독일사로 읽는 역사전쟁』, 역사비평사, 2007, 155~180쪽 참조.
3) 신기욱 지음, 이진준 옮김, 『한국 민족주의의 계보와 정치』, 창비, 2009.

부정의 문제점을 본격적으로 해명하기 위해서는 분단 70년의 전 역사를 모두 살펴야 할 터이다. 다만 이 발표에서는 해방 후 신국가 건설기인 1945~50년간에 주목하면서, 그 속에서 어떻게 이 이중적 정체성이 형성되는지, 그 과정에서 어떤 문제를 남북이 각각 안게 되는지를 검토하는 데 한정하고자 한다.[4] 먼저 박치우(朴致祐)를 통해 해방공간에서 분단을 뛰어넘는 주체기획의 열린 가능성을 확인해보고, 그 다음에 남북 각각 국가주의적 관점과 인민민주주의적 관점에서 어떻게 '국민'과 '인민'이라는 상호 경쟁적인 주체기획이 이루어지는가를 안호상(安浩相)과 최창익(崔昌益)을 통해 살펴본다.

Ⅱ. 박치우를 통해 본 해방공간에서 주체 기획의 열린 가능성

제2차 세계대전은 대체로 파시즘 대 민주주의, 또는 전체주의 대 민주주의의 전쟁으로 인식된다. 파시즘 또는 전체주의 국가들로 구성된 추축국이 패배하면서, '민주주의'는 하나의 세계적인 대세가 되었다. 그러나 막상 그 민주주의가 무엇인가에 대해서는 연합국간에 합의가 없었다. 연합국 미국과 소련이 생각하는 민주주의의 성격은 너무나 달랐다. 그 두 국가의 분할 군사주둔 아래 한반도의 다양한 정치사회세력들은 민주주의의 일반

---

4) 해방 후 국민·인민 형성과 관련한 연구로는 김성보, 「남북국가 수립기 인민과 국민 개념의 분화」, 『한국사연구』 144호, 2009 ; 박명규, 『국민·인민·시민』, 소화, 2009 ; Suzy Kim, *Everyday Life in the North Korean Revolution, 1945~1950* (Ithaca, London ; Cornell Univ. Press), 2013 ; 임종명, 「해방 공간과 인민, 그리고 민족주의와 민주주의」, 『한국사연구』 167호, 2014 ; 임종명, 「해방 직후 인민의 문제성과 엘리트의 인민 순치」, 『동방학지』 168호, 2014 등이 참고된다. 특히 임종명의 연구는 주권의 주체로 선언된 인민이 결국에는 일상정치의 주체에서 탈각되는 딜레마를 세밀히 묘사한 점에서 주목된다.

적 당위성을 수용하면서, 민주주의의 내용과 그 내용을 채울 주체의 기획을 놓고 경합하게 된다.

　반파시즘의 관점을 명확히 하며 한반도에서 실현할 민주주의의 내용과 이를 실현할 주체의 형성 문제에 대해 치열한 고민을 했던 한 명의 철학자가 있다. 젊은 시절 신칸트주의에 매료되었다가 교수생활을 하며 변증법에 깊은 관심을 가지게 되고, 해방 후에는 민주주의민족전선에 참여하고 결국에는 빨치산으로 삶을 마감한 박치우라고 하는 인물이다.[5]

　해방공간에서 박치우는 제2차 세계대전에서 민주주의가 파시즘 또는 전체주의에 승리했다는 전제 위에서, 그렇다면 과연 민주주의의 적이었던 파시즘과 전체주의란 무엇인가를 탐색한다. 먼저 그가 어떻게 파시즘을 정의했는지 살펴보자.

　그는 파시즘이 생산 부면에서 '자유의 질곡화'로 시민적 자유주의가 위기에 봉착하면서 나온 대안이었음을 인정한다. 즉, "'데모크라시'의 위기 타개를 위하여 시민 자신의 손으로 제출된 것이 다름 아닌 파시즘"이라는 것이다.[6] 다만 그는 그렇다고 해서 파시즘을 '독점금융자본 시대'의 독재라

---

5) 박치우는 1909년 함경북도 성진에서 출생했으며, 그의 아버지는 당시 전도사였다. 경성고등보통학교를 졸업한 다음, 경성제국대학 법문학부 철학과에서 서양철학을 전공했다. 대학에서 그는 주로 독일 관념론, 특히 신칸트학파에 관심을 기울였으며, 1933년에는 미야모토 와키치(宮本和吉) 교수 연구실의 조수가 되었다. 박치우는 1934년에 숭실전문학교에 교수로 부임하는데, '실천'에 관심을 기울이며 신칸트학파의 영향에서 벗어나 변증법을 수용하게 되는 것은 이 무렵이다. 숭실전문학교 폐교 뒤 조선일보를 거쳐 경성제국대학 대학원에 진학했고, 장춘에서 해방을 맞이했다. 해방 후 1946년에는 민주주의민족전선 결성대회 준비위원, 『현대일보』 발행인 겸 주필로 활동했다. 10월 인민항쟁 사건으로 지명 수배된 박치우는 1947년에 월북하여 강동정치학원 부원장이 되었다. 9월 총봉기를 위해 대남 유격대를 투입할 때, 정치위원으로 유격대에 참여했다가 1949년에 태백산지구에서 피살되었다(윤대석·윤미란 편, 『사상과 현실 : 박치우전집』, 인하대학교출판부, 2010의 「부록1 : 박치우 연보」에 따름).

6) 박치우, 「시민적 자유주의」, 『사상과 현실』, 백양당, 1946, 28쪽.

고 파악하는 공식주의로는 그 본질을 제대로 파악할 수 없다고 본다. 그는 파시즘을 보다 폭넓게 보아 "계급 대신에 민족의 이름으로써 비상 사태를 처결할려는 반역사적인 폭력 독재"로 규정한다. 그는 한때 민중이 열광적으로 파시즘을 지지한 것은 파시스트들이 '민족 감정'에 호소했기 때문이라고 본다. 파시즘은 "민족국가가 존속되는 한, 언제나 열병적인 공세를 노리고 있는 계급사회의 '바치루스'(bacillus, 桿菌)"이다. 따라서 "이지(理智)의 높은 근대화"와 "감정의 철저한 민주주의적 훈련"을 거치지 않고는 파시즘의 유혹에서 벗어나기 쉽지 않다고 본다.[7]

박치우는 해방 이후 한반도에서도 폭발하고 있던 민족주의 감정을 지극히 우려하는 심정으로 바라보았다. 일본제국주의의 식민지 지배 아래 억압받던 한반도의 민중이 해방과 함께 민족감정에 폭발적으로 사로잡히는 것은 어찌 보면 자연스런 현상이다. 그러나 박치우는 그 감정이 자칫 또 다른 파시즘을 낳지 않을지 심히 우려했다. '국수주의'는 파시즘의 온상인 탓이다. 그는 조선문화나 동양문화의 고유성을 강조하며 이를 불변의 실체로 보는 관념에 대해 비판적이었다. 그는 "민족은 '존재'하는 어떤 것이기보다는 '의식'되는 어떤 것"으로 보았으며, "민족의식이 없는 곳에는 민족은 없다"고 단언했다. 그에게 민족은 "문화공동체이며 동시에 그것은 자신을 민족이라고 의식할 때에만 비로소 민족일 수 있는 그러한 문화공동체"였다.[8]

이처럼 그가 민족을 상대화, 역사화한다고 해서, 민족 자체의 중요성을 부정하는 것은 아니었다. 그는 문학자의 임무를 언급할 때, 문학자가 문화의

---

7) 박치우, 「국수주의의 파시즘화의 위기와 문학자의 임무」, 박치우, 위의 책, 150~151쪽.
8) 박치우, 「문화공동체와 민족의 성립」, 『중외일보』 1946년 4월 19일자(윤대석·윤미란 편, 앞의 책, 288쪽).

사도로서 "단순히 일신상의 변호나 방어를 위해서만이 아니라 국가 민족의 문화의 수호와 발전을 위해서 모름직이 용감하게 전선에 나서지 않으면 아니된다"라고 강조한다.9) 그렇다면 어떤 방향으로 민족의 문화를 발전시킬 것인가? 그에게 민족은 불변의 실체가 아닌 한, 시대의 흐름 속에서 재구성될 수 있는 것이었다. 그는 민족의 대다수를 구성하는 근로인민이 중심이 되고 근로인민의 이익에 부합하는 민족의 재생을 희구하였다.

박치우의 파시즘론이 과연 타당한지에 대해서는 의문의 여지가 있다. 그 논리대로라면 민족주의 또는 국수주의를 국민동원의 수단으로 사용하는 모든 독재국가는 파시즘 국가인가? 근대 이래 모든 국가는 국민국가를 기본 형태로 해왔으며, 독재나 민주주의, 자본주의와 사회주의를 가리지 않고 대부분의 근현대 국가는 민족주의, 국수주의, 애국주의 등, 민족 또는 국민/인민의 일체성을 강조하며 이를 내부 통합의 기제로 사용해왔다. 그렇다면 그의 논리대로라면 모든 근현대 국가는 정도의 차이는 있을지언정 어느 정도 파시즘국가가 된다. 이는 파시즘 개념의 과잉 확대이며, 파시즘의 다른 근본적인 문제를 직시하지 않고 다만 민족주의의 문제에만 집중하게 하는 문제가 있다. 그러한 한계점이 있지만, 해방공간에서 박치우는 조선의 보수 우익세력이 민족주의, 국수주의를 표방하며 자신을 정당화하고 민중을 탄압, 동원하고 있다고 보았기에, 그 문제에 집중하여 파시즘 대두의 문제를 집요하게 거론했다.

그는 다른 한편으로 전체주의에 대해서는 파시즘과 성격이 구분되는 것으로 보면서, 전체주의란 '분유(分有)' 논리에 기초하고 있다고 분석한다. 즉, 개인을 전체의 지체(肢體)로 간주함으로써, 부분과 전체의 직접적 동일화라는 오류를 범하고 있다고 본다. 그는 파시즘과 전체주의에 대한 비판에

---

9) 박치우, 「국수주의의 파시즘화의 위기와 문학자의 임무」, 박치우, 앞의 책, 157쪽.

그치지 않고, 민주주의의 범주에 속하는 시민적 자유주의에 대해서도 날카로운 비판의 칼날을 들이댄다. 그는 시민사회의 자유주의가 현실에서 괴리된 원자화된 '개인'에서 출발한 무색투명한 형식논리에 불과하다고 지적한다.[10] 그에게 자유롭고 평등한 것으로 전제되어있는 개인이란 실제의 사회에서는 존재하지 않는 허구일 뿐이었다.

그렇다면 파시즘, 전체주의, 자유주의를 비판하면서 그가 추구한 민주주의는 무엇이었을까? 그는 「민주주의의 철학적 해명」이란 글에서 민주주의란 "인민의, 인민에 의한, 인민을 위한 정치"라는 주장에 입각해있음을 먼저 밝힌다. 그렇다면 민주주의의 주체인 '인민'은 누구인가? 박치우는 인민의 내포(內包)로서, '소수'에 대한 '다수'이며 '특권'에 대한 '무권(無權)'을 말하면서, 더 나아가 단지 특권층과 대립되는 존재일 뿐만 아니라 그 대립성을 "역사적으로 자각한 그러한 인간"이 비로소 '인민'이라고 파악한다. 즉, "역사적 사회적 자각을 가진 다수 피지배계급"이 인민이다.[11] 그 '자각'은 근대 민주주의 성립기에는 봉권 특권 소수 계급을 타파하는 피착취 계급의 의식분자인 '시민계급'이 독점했고, 따라서 그 시기에 '인민'은 '시민'과 동의어였다. 그러나 이제 해방후 조선에서는 시민보다 더 광범위한 근로대중이 민주주의의 주체가 되어야 한다는 것이 그의 견해였고, 그래서 그 민주주의는 '근로 민주주의'라고 부를 수 있는 것이었다.[12] 요컨대 그가 추구하는 민주주의는 "최대 다수의 최대 행복"을 보장할 수 있는 민주주의[13], 다시 말해 현실 사회에서 대다수를 구성하고 있는

---

10) 박치우, 「형식논리의 패퇴 : 분유논리의 부활?」, 『조선일보』 1939년 5월 6~7일자 (윤대석·윤미란 편, 앞의 책, 150~154쪽).
11) 박치우, 「민주주의의 철학적 해명」, 『학술－해방기념논문집』, 1946(윤대석·윤미란 편, 위의 책, 220~221쪽).
12) 박치우, 위의 글(윤대석·윤미란 편, 위의 책, 231쪽).
13) 박치우, 위의 글(윤대석·윤미란 편, 위의 책, 232쪽).

근로인민의 실제적인 평등과 해방의 실현을 지향하는 민주주의, 즉 근로인민의 민주주의였다.

박치우가 근로인민의 민주주의를 실현하기 위한 체제를 어떻게 구상했는지는 확인하기 어렵다. 소비에트 러시아가 궁극적인 모델이었을까? 1946년 7월에 열린 좌담 「건국동원과 지식계급」에서 그는 당시 한반도에 군사주둔한 미국과 소련보다는 영국의 정치에 관심을 드러낸다. 그는 해방 후 조선사회가 혼란한 이유를 "우리 조선민족이 반세기 동안 일본제국주의의 압박으로 정치의 경험이 없고 정치의 훈련을 못 받은 때문"이라고 보았다. 그러면서 영국 국민이 수상 선거에서 세계대전의 공로자인 처칠을 버리고 노동당의 애틀리를 택한 냉정한 현실주의적인 국민성을 높이 평가했다. 그는 "과거의 공로가 크니까 선물로 정권을 달라고 하는 것은 확실히 봉건사상"이라고 비판하면서, 당시 조선에서 정치가들이 정권을 달라고 강요하는 느낌이라며, 어디까지나 주권은 인민의 것임을 강조했다. 인민이 스스로 주권의 주체가 되는 것, 그것이 박치우의 꿈이었으며, 그렇게 하기 위해 지식인에게 요청되는 것이 "정치적 계몽"임을 그는 주장했다.[14] 해방 후 조선에 요청되는 것은 정치적 훈련, 정치적 계몽을 통해 자각한 근로인민의 형성이었다. 그리고 그래야만 내분상쟁의 과오를 되풀이 하지 않고[15] 통일된 민주주의 사회를 세울 수 있는 것이었다.

박치우가 모색한 인민 주체의 민주주의론은 어떤 구체적인 내용을 갖추거나 개념화하는 단계로 나아가지 못했다. 철학자인 그는 개인과 전체의 관계를 변증법적으로 파악해야 한다고 인식했고, 추상적인 자유·평등이 아닌 구체적인 삶의 현장에서 실현할 자유와 평등을 원했다. 그러나 이를

---

14) 김기림·백철·박치우·정근양 좌담, 「건국동원과 지식계급」, 『대조』 1946년 7월호 (윤대석·윤미란 편, 위의 책, 553~554·562~563쪽).

15) 김기림·백철·박치우·정근양 좌담, 위의 글(윤대석·윤미란 편, 위의 책, 559쪽).

미처 이론적으로 정리하지는 못한 채, 그의 인민적 민주주의는 계몽의 담론에서 머물렀다. 이론과 실천의 변증법을 원했던 그는 책상 위에서의 이론 연구에서 벗어나 자신을 현실 변혁의 길로 내던졌고, 결국 분단의 비극 속에서 생을 마감했다.

Ⅲ. 안호상을 통해 본 남한의 국가주의적 주체 기획과 '국민' 형성

박치우가 비판의 대상으로 삼은 파시즘, 전체주의, 자유주의 가운데 자유주의는 해방공간에서 그다지 주목을 받지 못했다. 세계대공황 이후 국가의 역할이 강조되면서 시민사회의 원리로서의 자유주의는 세계적으로 점차 힘이 약화되고 있었다. 거기다 전통적으로 개인보다는 국가를 중시하는 문화가 강하고 시민계급이 미성숙했던 한반도에서는 개인의 자유를 중시하는 자유주의는 설 땅이 없었다. 미군정하의 남한에서 자유주의 대신 강한 힘을 가지게 되는 것은 국가주의적인 경향이었다.

조선의 해방공간에서 국가주의는 '국가' 자체를 절대화하기보다는, 우선 '민족'을 절대화하고 그 다음에 그 민족의 자주성을 실현할 몸으로서 국가를 강조하는 논리로 나타난다. 박치우가 우려했던 그대로 미군정하의 남한에서는 '민족'의 이름으로 보수우익의 결집과 국민동원이 이루어진다.

민족주의 또는 국수주의가 처음부터 보수우익의 전유물이었던 것은 아니다. 남한에서 민족주의 또는 국수주의는 보수우익보다는 외세에 비타협적인 민족주의계열에서 먼저 강하게 나타났다. 조선문제에 대한 모스크바삼상회의 결정이 조선의 독립을 부정하고 연합국에 의한 신탁통치를 실시하는 것으로만 단순 오도되면서 폭발한 민족감정은 처음에는 좌우를 가리지 않는 보편적인 것이었다. 그러나 사회주의계열이 모스크바삼상회의 결정을 조선임시정부수립의 현실적인 안으로 이해하고 이를 받아들이자, 좌우익의 극심한 분열이 일어났다.

그 분열과정에서 친일의 오점을 안고 있던 보수우익에 '애국'의 정당성을 부여해주는―스스로는 의도하지 않은―역할을 담당한 쪽은 비타협적인 민족주의 인사들이었다. 예를 들어, 조선 문제에 대한 모스크바 삼상회의 결정이 알려진 직후인 1946년 1월 6일에 민족 유림을 대표하는 김창숙(金昌淑)은 "3천만 민중이 탁치반대를 동성절규(同聲絶叫)하는 금일"에 오직 이를 반대하는 공산당은 '민족반역자'라고 규정하였다.16) 조금이라도 숙고할 여유 없이, 친일파에게 붙이는 민족반역자라는 용어는 공산주의자들을 지칭하는 용어로 너무도 쉽게 바뀌었다.

백기완은 백범 김구가 반탁운동에 앞장섰던 대목에 대해 그가 외세에 저항하는 심정이었겠으나 "외세를 배척하는 또 하나의 방법인 외세를 이용하는 전략은 잃어버린 셈"이라고 지적한 바 있다.17) 원초적 민족정서에 바탕을 둔 한국의 민족주의는 국제적 안목과 유연성을 결여한 채, 반탁=애국의 등식을 성립시키면서 친일 보수우익 인물들이 대거 애국자로 둔갑할 수 있는 기회를 제공해주었다.

남에서 모스크바 삼상회의 결정 지지자들을 우익 민족주의자들이 '민족반역자'로 규정하며 민족의 범주에서 아예 배제하는 그때, 북에서는 신탁통치 반대자들을 '반동분자'이란 이름으로 딱지를 붙이며 인민의 국가건설 과정에서 억압, 제거해갔다. 그 뒤 한국사회가 극단적인 분열 대립 속에 분단정부 수립, 동족상잔의 전쟁으로 내몰린 것은 주지하는 바이다.18)

---

16) 『동아일보』 1946년 1월 7일.

17) 백기완, 「김구의 사상과 행동의 재조명」, 『해방전후사의 인식』, 한길사, 1979, 292쪽.

18) 김성보, 「미완의 해방 기획―한반도에 국민주권국가는 진정 존재하는가?」, 『내일을 여는 역사』 59호, 2015, 47쪽.

반공주의의 신념 아래 민족을 절대적인 가치로 탈역사화하고 그 민족의 이상을 실현할 단위로서 국가를 강조하며, 나아가 그 국가를 이끌어갈 지도자를 중시하는 논리는 이승만 정부와의 관련 속에서 '일민주의'를 낳게 된다. 일민주의 사상을 전개하면서 이를 실제 국민 교육에 적용한 인물로는 안호상을 들 수 있다.[19]

안호상은 『일민주의의 본바탕』에서, '일민(一民)'을 '한 백성, 한 겨레'라는 뜻이라고 밝히면서 한 겨레인 일민은 반드시 자연적으로 한 핏줄, 즉 동일혈통이며, 또한 역사적·문화적으로 형성된 동일운명의 공동체라고 본다. 그리고 그는 한 겨레는 한 백성으로 반드시 한 나라(국가)를 가져야 한다고 주장하면서 민족과 국가의 일치를 주장한다.[20] 일민주의의 관점에서 볼 때, 개인을 강조하는 자본주의나 계급을 강조하는 공산주의는 모두 민족을 분열시키는 논리에 불과했다. 그는 양자를 넘어서서 정치적으로는 남녀 상하 차별의 철폐와 균일정치, 교육적으로는 지방 파당 차별 없기와 동일교육(민족교육), 경제적으로는 빈부 귀천 차별 없기와 통일경제(민생 경제)를 실현할 것을 주장했고, 정치·교육·경제 각각의 핵심개념으로 자유, 진리, 공정을 표방했다.[21]

단독정부 수립을 지지한 그는 이승만 정부의 초대 문교부 장관이 되었다. 그는 문교부 장관이 된 이후 미군정기부터 주장해 온 민족교육론을 본격적으로 전개했다. 그가 1948년 10월 국회 시정방침 연설에서 제시한 기본적인 문교정책은 민족의식 고취, 민족문화 향상, 국민교육 보급, 과학·실업교육

---

19) 안호상(1902~1999)은 경상남도 의령 출신으로, 1925년 독일 예나대학 철학부에 입학하여 1929년에 박사학위를 취득했다. 그는 1933년에 경성제국대학 대학원을 졸업하고, 보성전문학교 교수가 되었으며, 해방 후에는 서울대학교 교수, 초대 문교부장관으로 활동했다. 안호상의 삶과 사상에 대해서는 하유식, 「안호상의 一民主義 연구」, 『한국민족운동사연구』 34호, 2003 참조.
20) 安浩相 編述, 『일민주의의 본바탕(一民主義의 本質)』, 朝文社, 1950, 24~33쪽.
21) 安浩相 編述, 위의 책, 38~86쪽.

철저 등이었는데, 그중에서 특히 민족의식 고취를 중시했다. 그는 민족의식을 고취하기 위해 자본주의적, 제국주의적, 공산주의적, 파쇼주의적이지 않은 민주주의 민족교육으로 교육을 방향을 설정하겠다고 밝혔다. 미국식 개인주의와 소련식 국제주의로는 민족이 생존할 수 없다는 것이 그의 생각이었다. 그는 개인이나 계급을 강조하는 것은 민족을 분열, 멸망시키는 논리라고 비판하면서 민족과 국가 중심의 교육을 추구하였으며 이를 위한 사상통일을 강조했다. 안호상은 전국 교원에 대한 사상경향을 조사하게 했으며, 1949년 3월부터 반민족적·반국가적 교원에 대한 대대적인 숙청을 단행했다.[22] 안호상의 교육이념은 남북분단의 대립 속에서 반공주의의 자세를 분명히 하면서 민족과 국가에 봉사하는 개인들을 양성함을 목표로 한 것이었다.[23]

일민주의가 아니더라도 남한에서 권력을 창출해가는 범우익 세력에게 민족과 국가 중시의 사고방식은 널리 통용되었다. 미군정기에 전국적인 조직망을 갖춘 우익세력의 연합조직이었던 대한독립촉성국민회는 관민합작의 '국민운동'을 전개하였다. 국민운동은 '방공(防共)과 건설을 통한 대한민국의 육성'을 기본 목표로 설정하였다. 이 조직의 간부로 활동한 최태용(崔泰瑢)은 국가를 '사람이 사람으로서 존재하는 초월적 장소'라고 절대화하였고, 이태영(李泰榮)은 국가를 '자각적 유기체'로 파악하였다.[24]

민족과 국가를 중시하는 사고방식은 대한민국 헌법에도 그대로 반영되어있다. 초대 헌법은 그 전문에서 대한민국 건설의 정당성을 3.1운동으로 탄생한 대한민국임시정부의 법통 계승에서 찾았다. 민족의 자주성을 위한

---

22) 하유식, 앞의 글, 319~320쪽.

23) 유종열, 「안호상의 민주적 민족교육론이 사회과 교육에 미친 영향」, 『사회과교육연구』 21권 2호, 2014.

24) 홍정완, 『정부수립기 대한독립촉성국민회의 국민운동 연구』, 연세대학교 석사학위논문, 2005, 62~67쪽.

민족운동에서 먼저 정당성을 찾고 그 다음 이를 계승한 대한민국임시정부만을 유일한 법통의 근거로 파악함으로써 분단국가의 정당성을 확보한 것이다. 이로써 대한민국은 민족의 이름으로 그 정당성에 대해 비판 불가능의 영역이 되었다. 그리고 대한민국 초대헌법의 작성 과정에서 국가권력의 원천을 '인민'으로 설정했던 초안은 폐기되고 그 대신 국가중심의 사고방식을 반영하는 용어인 '국민'이 국가권력의 원천으로 제시되었다. 즉 "국가의 주권은 인민에게 있고 모든 권력은 인민으로부터 발(發)한다"는 조항이 "대한민국의 주권은 국민에게 있고 모든 권력은 국민으로부터 발한다"(제1장 제2조)로 바뀌었다.[25]

Ⅳ. 최창익을 통해 본 북한의 인민민주주의적 주체 기획과 '인민' 형성

남한에서 민족을 절대화하면서 국가주의적인 방향으로 '국민' 만들기가 전개되었다면, 북한에서는 누구를 주체로 하는 국가건설이 진행되었는가?

북한 헌법에는 국가에 대해 권리와 의무를 가진 개인을 지칭하는 개념으로서 '공민(公民)'이라는 개념이 있다. 공민은 선거권과 피선거권, 언론·출판·집회·결사 및 시위의 자유, 신앙과 반종교선전의 자유를 가지며 노동과 휴식, 무상으로 치료받을 권리, 교육을 받을 권리 등을 가진다. 그리고 공민은 법 준수, 노동, 국가재산을 아끼며 조국을 보위하는 의무 등을 지닌다.[26] 그러나 북에서 공민은 "하나는 전체를 위하여, 전체는 하나를 위하여"라는 집단주의원칙 아래 국가와 개인 사이에 설정되는 권리와

---

25) 김성보, 앞의 글, 2009, 76~82쪽.

26) 1972년에 채택된 사회주의 헌법 제4장 '공민의 기본 권리와 의무' 조항(鄭慶謨·崔達坤 편, 『北韓法令集 1』, 대륙연구소, 1990, 31~33쪽).

의무를 규정할 뿐이지, 이 개념이 북한 주민의 집단 정체성을 표현하지는 않는다.

북한 주민의 집단 정체성은 '인민'이라는 용어로 표현된다. 1948년도에 배타적 정당성을 주장하는 두 정부가 수립되었을 때, 남북 각각이 주장하는 정당성의 근거는 상이하였다. 남한이 대한민국임시정부의 법통성과 국제연합의 승인을 정당성의 근거로 삼았다면, 북한은 남북 전체 인민의 의사를 반영하는 선거를 통해 정부가 수립되었음을 유일 정당성의 근거로 삼았다. 북한 지역에서는 북조선민주주의민족통일전선이 공동 추천한 후보자를 북한 공민이 직접 선출하는 방식을 취하고, 남한 지역에서는 극히 제한적인 지하선거를 통해 인민대표를 선출한 다음, 해주에서 남조선인민대표자대회를 개최하여 최고인민회의에 보낼 대의원을 선출하는 간접선거 방식이 취해졌다. 북은 최고인민회의 대의원의 43.4%(572명 중에서 248명)가 항일운동으로 체포·감금 경력이 있으며 이들을 포함하여 항일운동 경력자가 50.2%에 달한다고 발표하였다.[27] 최고인민회의는 '남북 조선 인민의 총의'에 의하여 '전조선 통일적 최고 립법 기관'으로 탄생한 것으로 선포되었다.[28]

인민이라는 개념은 막상 정확하게 북한의 주민 전체를 지칭하는 용어는 아니다. 인민은 사전적 정의에 따른다면 "나라를 이루고 사회와 력사를 발전시켜가는데서 주체로 되는 사람들"로서 "혁명의 대상을 제외하고 로동자, 농민을 비롯한 각계 각층의 모든 사람들이 다 포괄"된다.[29] 노동자, 농민 등 근로계급보다는 광범한 포괄성을 지니지만 혁명의 대상이 되는

27) 국토통일원 편, 『북한최고인민회의자료집 1』, 국토통일원, 1988, 100쪽.
28) 김일성, 「정권 이양에 관한 성명(1948.9.8.)」, 김일성, 『김일성선집 2』, 조선로동당출판사, 1954(재판), 261쪽.
29) 사회과학출판사 편, 『조선말대사전 2』, 사회과학출판사, 1992, 1699쪽.

친일파나 민족반역자 등은 명확히 배제하는 점에서 막연한 민족이 아니라 혁명의 주체를 표현하는 용어이다. 혁명의 주체를 표현하는 용어이니 만큼 혁명의 성격이 바뀌면 인민의 범주도 바뀔 수 있는 유동성을 지닌다. 한편 인민은 반민족적 부류를 제외한 대다수 민족 구성원을 포괄하기 때문에 인민 자체가 민족과 동일시되기도 한다. 그런가 하면 전세계 인민, 조선 인민이라는 용어에서 알 수 있듯이 이 용어는 일국 일민족 단위를 넘어 국제주의적인 연대감을 표현하는 용어이기도 하다. 인민이라는 용어는 혁명성, 민족성, 국제성을 내포하고 있다.

'인민'의 개념을 이른 시기인 1947년도에 이론적으로 정리한 최창익(崔昌益)[30]은 인민을 역사발전의 주체로 상정하였다. 그는 "역사는 인민의 힘으로 추진되는 것이고 역사발전에 있어서 언제나 인민들이 그 주동적 역할"을 한다고 주장하면서, "전세계 인민들은 반민주적 반동분자들과의 치열한 투쟁을 통하여 그들의 최후발악을 격파하면서 새 세기를 창조하려는 역사의 수레바퀴를 부단히 전진"시키고 있다고 주장하였다. 여기서 인민의 범주와 역할은 시대적 과제에 따라 다소 유동적인 것으로 파악하였다. 자본계급민주혁명에서는 노동자, 농민, 도시빈민 등 근로인민이 자본가에게서 동원되어 투쟁하였으나 자본가가 권력을 잡은 뒤에는 배제되고 착취를 받게 되었으며, 이에 전세계 근로인민은 "진정한 민주주의적 자유와 평등을 찾기 위하여 총궐기"하였다고 서술하였다.[31] 오늘의 시점에서 볼

---

30) 최창익(1896~1957)은 함북 온성 출신으로, 와세다대학 정치경제과를 다니고, 조선노동공제회, 조선청년총동맹에 참가했으며, 1927년에 조선공산당에 입당했다. 1936년 조선민족혁명당 참여, 화북조선독립동맹 부주석을 지냈다. 해방 후 조선신민당 부위원장, 북조선로동당 상무위원 겸 정치위원, 1948년 9월 조선민주주의인민공화국 재정상, 1952년 부수상, 국가검열상을 역임했으며, 1956년 '8월 전원회의 사건'으로 실각하였다(강만길·성대경 엮음, 『한국사회주의운동인명사전』, 창작과비평사, 1996, 506~507쪽).

31) 崔昌益, 「人民은 歷史의 基本推進力」, 『勤勞者』 9, 1947, 13~15쪽.

때 이러한 인민투쟁사 중심의 역사인식은 편협하다고 할 수밖에 없지만, 제2차 세계대전 이후 파시즘이 몰락하고 탈식민지화가 진행되면서 수많은 신생국가들이 형성되는 시점에서는 그 시대의 문제의식을 나름대로 충실히 반영하는 것이었다 하겠다.

이 혁명성은 민족성에 의해 일정하게 견제받는다. 혁명성이 기본적으로 배제의 논리라면, 민족성은 기본적으로 내적 통합의 논리로서 작용하였다. 친일 민족반역자 등은 인민의 범주에서 배제되었지만 그 외의 다양한 계급, 계층은 인민이라는 범주 속에 포괄되었다. 이는 계급의 논리를 넘어선 것이었다. 실제 정책 집행과정에서도 북한 지도부는 일제하에 친일 경력이 있는 사람이라도 그 정도가 미약하며 건국, 경제건설에 활용할 수 있는 경우에는 적극 활용하는 실용적인 자세를 취하였다. 민족반역자는 법에 정해진 틀 안에서만 규정하도록 하였다. 한때 매국노로 부르던 김구와 손을 잡은 것도 민족의 논리를 통해서였다. 북의 지도자가 사용한 해방 이후 언술을 보면, 사회주의와는 전혀 무관한 민족주의적 표현이 자주 표출됨을 확인할 수 있다. "반만년에 빛나는 문화예술의 전통을 가진 우수한 조선민족", "조선민족은 동양에 있어서 유구한 역사와 빛나는 문화전통을 가진 우수한 민족", "조선민족의 민족적 고귀한 민족성" 등의 표현은 김일성이 본래 민족주의를 내면화하고 있음을 엿보게 한다.[32]

한편 민족성은 국제성에 의해 견제되었다. 민족주의는 사회주의 국제주의의 제약을 받아 부르주아 이데올로기로 간주되었다. 그 대신 소련을 중심으로 한 사회주의권의 단결을 전제로 하는 '애국주의'가 장려되었다. 특히 건국 초기에 국제주의에 의한 민족주의 제약은 강도가 높았다. 1946년 8월에 북조선임시인민위원회가 채택한 「공민증에 관한 결정서」에 의하면,

---

32) 金日成, 『金日成將軍 重要論文集』, 北朝鮮勞動黨出版社, 1948, 95·289·290쪽.

북조선에서 공민증 발급대상은 "북조선내에 거주하는 전 조선민족"으로 규정되었다. 외국인은 외국공민증을 소지하거나 임시외국인공민증을 발급받아야 했다. 혈통을 기준으로 공민을 가름한 것이다. 그러나 1948년 헌법에서는 소련 헌법과 유사하게 "일체 공민은 성별·민족별·신앙·기술·재산·지식 정도의 여하를 불문하고 국가·정치·경제·사회·문화생활의 모든 부문에 있어서 동등한 권리를 가진다"고 하여 민족 차별을 두지 못하게 규정하였다. 더욱이 소련 헌법에는 찾을 수 없는 조항으로서 "조선민주주의인민공화국의 공민권을 가진 소수민족은 조선공민과 동등한 권리를 가진다. 그들은 자기 모국어를 사용할 자유를 가지며 자기의 민족문화를 발전시킬 수 있다"(31조)는 조항까지 헌법에 삽입하였다. 이는 소련의 국제주의 요구와 더불어 조선내 중국 화교–중국내 조선족의 문제까지 염두에 둔 것으로 판단된다.[33] 1963년 10월에 채택되는 국적법에도 국제주의는 유지되어 북의 공민은 (1) 조선민주주의인민공화국 창건 이전에 조선의 국적을 소유하였던 조선인과 그의 자녀로서 본 법 공포일까지 그 국적을 포기하지 않은 자 외에도, (2) 외국인으로서 합법적 절차에 의하여 소선민주주의인민공화국 국적을 취득한 자가 포함되었다. 그리고 공화국 공민은 거주지와 관계없이 공화국의 정치적 법적 보호를 받는다는 조항이 추가되었다.[34] 북한에서 국제주의는 소련 등 사회주의권과의 연대는 물론 제3세계와의 연대로 확대된다.

 이처럼 북에서 인민 정체성은 민족 정체성을 내포하고 있다. 인민이 역사발전의 주체라고 할 때 그 역사발전은 기본적으로 민족을 단위로 하는 것이며, 따라서 동일 혈통을 전제로 하는 민족의식이 인민 정체성의

---

33) 김성보, 앞의 글, 2009, 89~92쪽.
34) 「조선민주주의 인민공화국 국적법을 채택함에 대하여」, 『북한연구자료집 6』, 189~190쪽.

핵심을 이루고 있다. 다만 사회주의권 붕괴 이전까지는 국제주의와 혁명의 지향성이 이 민족 정체성을 상호 보완하고 견제하는 작용을 하면서 북의 대내외적 대응에 탄력성을 부여해 왔다.

이상에서 북한의 정부수립기를 중심으로 해서 '인민' 정체성이 지니는 역동성에 주목해보았다. 다만 이 역동성은 남북분단이라고 하는 구조적 제약성과 사회주의이념의 경직성을 근본적으로 뛰어넘을 수 있는 것은 아니었다.

역사발전의 주체로 선언된 '인민'의 자발성은 토지개혁, 전후복구 등에서 실제로 확인되기는 하지만, 그 자발성은 어디까지나 북한의 지도층이 설정한 길에 부합할 때에만 인정되었다. 즉 인민은 역사의 주체이기는 하지만 당과 수령의 지도를 받을 때에만 그 역량을 제대로 발휘할 수 있는 존재로 간주되었다. 당과 수령의 지도를 강조하는 시각은 주체사상 성립 이전인 정부 수립 이전에 이미 등장하기 시작하였다. 앞서 언급한 1947년도 최창익의 인민론에는 이미 인민이 자신의 역량을 최고로 발휘하기 위해서는 "지도자의 올바른 영도"가 필요하다고 주장하였다. 이 지도자는 "반드시 인민대중 속에서 나타나는 것"인데 그는 북의 지도자가 "항상 인민대중과 굳게 연결되어있으며 누구보다도 가장 충실하게 인민의 이익을 옹호하고 인민에게 복무하고 있기 때문에 인민은 스스로 조선민족의 유일하고도 위대한 영도자로 추대한 것"이라고 지도자론을 피력했다.[35] 인민은 역사의 주체이고 권력의 원천이라고 선언되었지만 혁명과 통일의 과정에서 지도를 받아야 하는 피동적인 존재로 위치가 부여되었다.

인민은 지도를 받아야 하며 나아가 자신의 성격 자체를 개조해야 하는 대상이었다. 조선민족은 고귀한 민족성을 지닌 위대한 민족이지만 일본제

---

35) 崔昌益, 앞의 글, 23쪽.

국주의의 가혹한 압박과 야만적인 착취로 말미암아 식민지 민족으로 뒤떨어져 개조가 필요했다. 인민은 옛 잔재를 씻어내고 새롭게 건국과 경제건설, 통일에 나서기 위해 자신을 단련해야할 존재였다.

> "朝鮮人民은 앞으로도 더 다르게 더 심각하게 '變'하여야겠습니다. 人民의 意思대로 人民의 要求대로 人民의 힘에 依하여 더 좀 '變'하여야겠습니다. 옛날 社會의 모든 찌꺼기를 하루바삐 씻처버리고 一切 親日的 反動的 찌꺼기들을 肅淸하고 정말 人民의 나라 새로운 民主主義의 나라로 '變'하여야겠습니다."36)

'옛날 사회의 모든 찌꺼기'를 제거하고 새로운 인민으로 거듭나는 것은 사상의식과 애국심을 강조한 '건국사상총동원운동'이 지향한 바였다.37) 그리고 이는 "민주 건국을 위한 국가적·사회적 규률과 질서"를 지키는 인민으로 개조하는 작업이었다.38) 인민의 재탄생은 이외에도 토지개혁과 선거 참여 등 인민으로서의 체험적 자각, 교양사업과 상연 등의 선전 선동사업, 각종 기념행사를 통한 동원 등 다양한 과정을 통해 진행되었다.

---

36) 김일성, 「인민위원회의 선거총결과 금후의 중심임무(1947.3.22.)」, 김일성, 앞의 책, 1948, 276~277쪽.
37) 김재웅, 「북한 건국사상총동원운동의 전개와 성격」, 『역사와현실』 56, 2005, 267쪽.
38) 金煥, 「건국 사상운동의 생활화로 인민경제계획을 완수하자(상)」, 『로동신문』 1947년 2월 25일자(『북한관계사료집 36』, 국사편찬위원회, 230쪽).

V. 결론

제2차 세계대전이 파시즘·전체주의 추축국에 대한 민주주의 연합국의 승리로 종결되면서 해방을 맞은 한반도에서는 파시즘과 일본제국주의의 유산을 청산하고 민주주의에 입각한 신국가건설을 지향하는 흐름이 주류를 이루었다.

그 흐름 위에서 반파시즘의 신국가건설의 사상을 정립하기 위해 치열하게 탐색했던 인물로 이 글에서는 박치우의 예를 들었다. 그의 삶은 빨치산 활동으로 끝나지만 그는 결코 어느 한 이념에 도식적으로 얽매인 인물이 아니었다. 그가 탐색했던 것은 민족감정에 호소하는 비이성적 국수주의, 전체주의의 분유논리, 자유주의의 형식논리를 넘어선 살아있는 실제의 인민을 주체로 한 민주주의적 기획이었다. 그 인민은 단지 정치적 동원의 대상, 체제 수립의 정당성의 명분으로서가 아니라 실제로 정치를 책임질 수 있는 '자각'한 정치주체였다. 그에게서 확인할 수 있는 해방공간의 주체 기획의 열린 가능성은 좌우대립과 남북분단의 고착화 속에서 빠르게 소멸하지만, 분단극복과 민주주의의 내실화를 추구해야 하는 오늘의 시점에서 재음미할 가치가 있다.

남북에 분단국가가 들어서면서 대한민국에서는 '국민'의 이름으로, 조선민주주의인민공화국에서는 '인민'의 이름으로 국가건설의 주체 형성이 진행되었다. 해방 5년의 신국가건설기에 한정해서 볼 때, 남한에서 '국민' 형성은 자유민주주의체제를 지탱할 자율적인 시민의 형성보다는 민족의 이름으로 국가를 절대화하고 이에 충성하는 개인을 육성하는 국가주의적 기획 속에 진행되었다. 이러한 기획을 가장 전형적으로 잘 보여준 인물이 일민주의와 민주적 민족교육론을 표방한 안호상이었다. 이에 반해 북한에서는 최창익의 글에서 잘 보여지듯이 혁명성, 국제성, 민족성을 담지한

해방의 주체로서의 '인민' 형성이 추구되었다. 이는 민족을 중시하면서도, 그 민족의 주요 구성원인 근로인민을 중심으로 해서 국제주의적 연대 속에서 새로운 역사발전의 주체를 형성해가는 사회혁명의 기획이었다. 이 기획은 부분적으로는 박치우가 추구한 인민 주체의 민주주의 실현 논리와 유사하지만, 실제로는 분단국가로서의 체제 유지를 위한 논리로 경직화되면서 그 열린 가능성이 상당부분 소멸한 분단국가의 이념이었다.

남북의 공생과 협력을 추구하는 21세기에 이제 한반도에는 분단국가의 분열된 주체인 '국민'과 '인민'을 넘어서서, 개개인의 존엄성과 다양성을 보장하면서도 민족으로서의 집단적 통합을 추구할 수 있는, 다시 말해 개별과 전체가 긴장 속에서 융합하는 새로운 주체의 기획이 요청된다. 그 새로운 주체를 무엇으로 명명할지 어려운 문제지만, 일단 남북현대사에서 경험한 북의 '인민'과 남의 '시민'··'민중'의 개념 속에 담긴 열린 가능성을 재발굴하는 데서부터 시작할 수 있겠다.

참고문헌

1. 자료

강만길·성대경 엮음, 『한국사회주의운동인명사전』, 창작과비평사, 1996.
김일성, 『김일성선집 2』, 조선로동당출판사, 1954.
金日成, 『金日成將軍 重要論文集』, 北朝鮮勞動黨出版社, 1948.
朴致祐, 『思想과 現實』, 白楊堂, 1946.
安浩相 編述, 『일민주의의 본바탕(一民主義의 本質)』, 朝文社, 1950.
윤대석·윤미란 편, 『사상과 현실 : 박치우전집』, 인하대학교출판부, 2010.
鄭慶謨·崔達坤 편, 『北韓法令集 1』, 대륙연구소, 1990.
『勤勞者』
『로동신문』

2. 연구서와 논문

김성보, 「남북국가 수립기 인민과 국민 개념의 분화」, 『한국사연구』 144호, 2009.
김성보, 「미완의 해방 기획-한반도에 국민주권국가는 진정 존재하는가?」, 『내일을
    여는 역사』 59호, 2015.
김재웅, 「북한 건국사상총동원운동의 전개와 성격」, 『역사와현실』 56호, 2005.
박명규, 『국민·인민·시민』, 소화, 2009.
박명림, 「한국의 국가 형성, 1945~48 : 시각과 해석」, 『한국정치학회보』 29-1호, 1995.
백기완, 「김구의 사상과 행동의 재조명」, 『해방전후사의 인식』, 한길사, 1979.
신기욱 지음, 이진준 옮김, 『한국 민족주의의 계보와 정치』, 창비, 2009.
에드가 볼프룸 지음, 이병련·김승렬 옮김, 『무기가 된 역사-독일사로 읽는 역사전쟁』,
    역사비평사, 2007.
유종열, 「안호상의 민주적 민족교육론이 사회과 교육에 미친 영향」, 『사회과교육연구』
    21권 2호, 2014.
임종명, 「해방 공간과 인민, 그리고 민족주의와 민주주의」, 『한국사연구』 167호, 2014.
임종명, 「해방 직후 인민의 문제성과 엘리트의 인민 순치」, 『동방학지』 168호, 2014.
정완, 「정부수립기 대한독립촉성국민회의 국민운동 연구」, 연세대학교 석사학위논문,
    2005.
하유식, 「안호상의 一民主義 연구」, 『한국민족운동사연구』 34호, 2003.
Suzy Kim, *Everyday Life in the North Korean Revolution, 1945~1950* (Ithaca, London : Cornell
    Univ. Press), 2013.

제2장 한국학계에서의 탈민족주의 담론과
민족적 정체성의 문제
헌법애국주의 이론을 중심으로

나 종 석

I. 들어가는 말

1990년대 말 이후 한국사회에서는 민족주의와 관련된 논의에서 큰 방향 전환이 일어났다. 분단된 상황에서 한국의 민족주의는 진보적 시각에서든 아니면 보수적 시각에서든 결코 무시할 수 없는 문제였고 그런 현상은 오늘날에도 기본적으로 변함이 없다. 그러나 1990년대 말 이후 발생한 민족주의에 관한 새로운 태도 전환은 기본적으로 민족주의를 넘어서고자 하는 움직임이 주된 흐름으로 자리 잡고 있다는 점에서 그 이전의 민족주의에 관한 태도와 비교해 볼 때 질적 전환이 이루어진 것으로 이해된다.

1990년대 말 이후 민족주의와 관련된 논의의 흐름은 크게 네 가지로 정리될 수 있다. 첫째로 신자유주의적 세계화론에 입각한 탈민족주의론이다. 이 경향은 한국사회를 '민족' 중심으로 보는 것에 반대하고 자본주의적 근대 문명의 확산과 심화를 최고선으로 보는 입장이다. 이를 대변하는 인물은 안병직과 이영훈이다. 이영훈은 한국의 민족주의가 신화적인 구성물에 불과하다고 본다. 즉 그는 "1920년대에 성립한 민족주의 역사학이 한국인을 두고 유사 이래 혈연-지연-문화-운명-역사의 공동체로서 하나의 민족이었다고 선언하였을 때, 그 위대한 선언은 본질적으로 신화의 영역에 속하는 명제"에 지나지 않는다고 말한다.[1] 그리고 일제 강점기, 즉 "일제의 조선 지배가 남긴 역사적 의의"는 근대적인 토지소유 및 국가로부터 해방된 시장경제의 자립화 등과 같은 "근대적 경제성장의 전제조건으로서의 제도의 혁신"에 있음을 그는 강조한다. 물론 그는 근대문명이 한국에 뿌리내리기 시작한 것은 일본의 "강압"에 의해서였다고 한다.[2] 안병직도 이영훈과 마찬가지로 오늘날의 한국의 민족주의를 반미, 반일만을 내세우는 민족주의라고 역설하면서 민족주의는 한국이 선진사회로 나가는 데 장애물이라고 본다. 달리 말하자면 "과도한 민족주의, 무분별한 통일논의, 집단적 평등주의"가 한국사회가 선진화로 가지 못하게 가로 막고 있다고 이영훈과 함께 입을 모은다. 이들에게 근대적인 문명은 자유주의에 다름 아니고 자유주의의 핵심은 인간의 이기심을 긍정하면서 사유재산제도와 경제적 활동의 자유를 최고의 가치로 삼는 신념 체계이다.[3]

두 번째 흐름은 민족주의를 재구성하려는 것으로 독립운동 및 민주화운동 과정에서 형성된 저항적 민족주의의 흐름을 이어받아 그것을 발전적으로 계승하려는 것이다. 이 입장은 배타적 민족주의를 극복할 대안으로 개방적(열린) 민족주의와 시민적 민족주의를 내세운다. 윤건차는 이런 흐름을 대표하는 학자들로 백낙청, 강만길, 안병욱 그리고 서중석 등을 거론하고 이들을 "진보적 민족주의자"로 분류했다.[4] 예를 들어 백낙청은 21세기에도

1) 이영훈, 「민족사에서 문명사로의 전환을 위하여」, 임지현·이성시 엮음, 『국사의 신화를 넘어서』, 휴머니스트, 2004, 92쪽 이하.
2) 위의 글, 89~90쪽.
3) 안병직·이영훈 대담, 『대한민국 역사의 기로에 서다』, 기파랑, 2007, 327쪽 이하 참조.
4) 윤건차, 장화경 옮김, 『현대 한국의 사상흐름-지식인과 그 사상 1980~90년대』,

우리에게는 진보적 민족주의가 필요하다고 본다. 그리고 그는 한국의 민족주의를 분단체제 극복 및 민주주의의 심화라는 과제와 연관하여 이해한다. 그가 보기에 "태생적으로 반민주적이고 비자주적인 분단체제가 지속되는 한 남북 어느 한쪽에서도 온전한 민주주의가 불가능"하기 때문이다.[5] 따라서 백낙청은 한반도의 분단체제 극복이야말로 한국사회가 해결해야 할 "최대의 변혁과제"[6]로 설정하면서 분단체제의 극복을 통해서 한반도에서의 지속적인 평화와 한국사회에서의 온전한 민주주의의 실현도 가능하다고 본다.

세 번째 흐름은 탈근대론적 관점에서 이루어지는 탈민족주의론이다. 이는 민족주의의 다양한 차이를 구별하여 보다 바람직한 민족주의의 가능성을 모색하는 작업에 대해서 비판적이다. 탈근대적인 관점에서의 탈민족주의 담론은 민족주의 자체를 위험한 것으로 비판하고 그것을 극복 내지 해체하고자 한다. 이런 흐름에서 주도적인 인물은 역사학자 임지현 및 윤해동, 정치학자 권혁범 등이다. 한국사회에서 민족주의를 둘러싼 논쟁을 불러일으키고 주도한 것은 바로 탈근대론적 민족주의 비판이었다.[7] 1999년에 『민족주의는 반역이다』라는 저서를 통해 민족주의 비판 담론에 불을 당긴 임지현은 처음에는 민족주의에 대해 전적으로 부정적 태도를 취하진 않았다. 『민족주의는 반역이다』라는 책 제목이 매우 도발적이지만 그 책에서 그는 '시민적 민족주의(civic nationalism)'를 주장했다. 그러나 그는 그 이후에 탈근대적인 민족담론으로 기운다.

열린 민족주의 혹은 개방적인 민족주의를 통해 민족주의를 변화된 현실

당대, 2000, 18쪽.

5) 백낙청, 『한반도식 통일, 현재진행형』, 창비, 2006, 64쪽.

6) 위의 책, 31쪽.

7) 민족주의 담론의 여러 흐름에 대해서는 홍석률, 「민족주의 논쟁과 세계체제, 한반도 분단문제에 대한 대응」, 『역사비평』 80, 2007, 151쪽 이하 참조 바람.

에 맞게 재규정하려는 움직임과 관련하여 흥미로운 점은 시민적 민족주의를 주장하던 일부의 학자들이 시간이 흐를수록 민족주의에 대해 더욱 더 강한 비판적 태도를 취하기도 하지만, 처음에는 강하게 민족주의를 비판하던 사람이 민족주의의 순기능을 인정하는 태도로 변하기도 한다는 점이다. 전자의 경우로는 최장집[8]과 김동춘[9]이 거론될 수 있을 것이다. 이들은 90년대 이후 시민적 민족주의를 통해 한국의 진보적이고 저항적 민족주의의 합리적 핵심을 긍정적으로 재구성하려는 입장을 취하기도 했지만, 점점 민족주의 자체에 대해 회의적 입장을 보여주는 방향으로 변화해 간 경우이다.

 김동춘 및 최장집의 경우와 달리 민족주의 자체를 극단적으로 거부하던 권혁범은 민족주의의 순기능을 인정하면서 민족적 정체성을 상대화하여 민족적 정체성이 젠더와 같은 다른 정체성들과 공존할 수 있는 길을 모색하는 방향으로 변화해 간다. 예컨대 그는 열린 민족주의에 대하여 대단히 비판적이었다. 2000년도에 권혁범에 따르면 "'진정한 민족주의', '열린

---

8) 최장집의 민족주의에 대한 태도의 변화에 대해서는 나종석, 「민주주의, 민족주의 그리고 한반도에서의 국민국가의 미래」, 『사회와 철학』 제22호, 2011, 1~34쪽 참조 바람.

9) 김동춘은 1987년까지 한국의 저항적 민족주의는 공공성과 진보성을 담지하고 있었다고 긍정적으로 평가하면서 87년 이후 민족주의는 우익 이데올로기로 변질되었다고 평가한다. 즉 87년 이후 남한 자본주의가 북한 체제와의 경쟁에서 확실하게 우위를 점하게 되고 통일의 주도권이 자본에 넘어간 상황에서 "민족을 이야기하는 것은 아주 실낱같은 정도의 공적 의미가 포함되어 있기는 하지만 대체로는 한국의 자본이나 사적 이익을 옹호하는 것"으로 변했다고 주장한다. 「한국사회의 공공성과 공적 지식인 : 그 구조적 특징과 변화」, 연세대학교 국학연구원 HK사업단 편, 『사회인문학과의 대화』, 에코리브르, 2013, 127~128쪽. 김동춘은 '열린 민족주의'를 주장하던 기존의 입장에 대해서 부정적인 태도를 취하는 것이 아닌가하는 박영도의 질문에 매우 회의적이면서도 머뭇거리는 태도를 취한다. 그러면서도 그는 민족의 에너지를 민주주의와 결합하는 작업이 매우 어려운 일이라고 하면서 민족을 완전히 포기할 수는 없지 않느냐는 식으로 대답한다. 위의 글, 131~132쪽 참조.

민족주의'를 얘기하기에는 그것은 이미 너무 오염되어 있다."[10] 그러나
『민족주의는 죄악인가』에서는 지나친 민족주의 우월감을 비판하면서도
민족적 정체성이 민주주의 및 여성해방 운동과 공존하는 길에서 우리
시대에 어울리는 민족주의의 대안을 모색해야 한다고 주장한다.[11]

한국사회에서 민족주의 담론과 관련한 또 다른 흐름으로 헌법애국주의
와 공화주의적 애국심(민족주의 없는 애국심) 이론을 민족주의의 대안으로
제안하는 입장이 있다. 특히 철학자인 장은주와 정치학자인 곽준혁이 이런
흐름을 주도한다. 장은주와 곽준혁은 그 타당성 여부를 떠나 헌법애국주의
와 공화주의적 애국심을 민족주의의 대안 담론으로 내세운다는 점에서
탈민족주의 담론의 민족주의 해체 전략과 다르다. 이는 해체주의적인 탈민
족주의 담론의 대안 부재를 나름대로 넘어서 있다. 실제로 탈민족을 강하게
내세우는 임지현에 의하면 동아시아의 '국사(national history)' 패러다임을
'해체한 다음의 대안은 무엇인가'라는 질문에 대한 답변은 없다. 그래서
그는 "현재로서는 대안이 없다는 것이 …… 유일한 대안"이라는 옹색한
답변만을 내놓고 있다.[12]

필자는 이 글에서 헌법애국주의 이론을 중심으로 21세기에 민족적 정체
성과 민족주의가 어떻게 이해되어야 하는지를 살펴볼 것이다.[13] 우선 필자
는 민족주의를 부정적으로 평가하는 학자들의 기본적 주장이 무엇인지

---

10) 권혁범, 『민족주의와 발전의 환상-개인 지향 에콜로지 정치의 모색』, 솔, 2000,
   9쪽.
11) 권혁범, 『민족주의는 죄악인가』, 생각의 나무, 2009. 그러나 바로 뒤에서 보는
   것처럼 민족주의에 대한 권혁범의 태도는 여전히 혼란스럽다.
12) 임지현, 「국사의 안과 밖-헤게모니와 '국사'의 대연쇄」, 임지현·이성시 엮음,
   『국사의 신화를 넘어서』, 휴머니스트, 2004, 33쪽.
13) 탈민족주의 담론, 특히 탈근대적 민족주의 담론에 대해서는 이미 별도의 글을
   통해 논한 바 있다. 나종석, 「탈민족주의 담론에 대한 비판적 성찰 : 탈근대적
   민족주의 비판을 중심으로」, 『人文硏究』 제57호, 2009, 57~96쪽.

그리고 그 문제점이 무엇인지를 간단하게 검토해볼 것이다. 그 다음으로 필자는 우리 사회에서 민족주의에 대한 대안으로 제시되고 있는 헌법애국주의를 다루어 볼 것이다. 헌법애국주의는 독일의 대표적 사회철학자인 위르겐 하버마스에 의해 전 세계적으로 유명해진 이론이긴 하지만, 우리나라 상황에 어울리게 헌법애국주의를 통해 기존의 민족주의를 대체하고 민족주의의 위험성만을 부각시키는 다른 민족주의 담론과 차별화하려고 애쓰는 노력을 검토해 볼 것이다.

II. 민족주의에 대한 두 가지 부정적 태도

한국의 민족주의를 재구성하려는 입장과 달리 민족주의를 부정적으로 평가하는 학자들 사이에서는 대체적으로 민족주의에 대해 다음 두 가지 태도가 혼재되어 있다. 민족주의는 오늘날 더 이상 긍정적인 의미를 지니지 않는다는 입장과 민족주의는 본래 배타적이고 공격적이라는 입장이 식별 불가능하게 혼재되어 있는 경우가 많다. 민족주의는 시대에 뒤떨어진 이데올로기로 변질되었으며, 그것은 오늘날 더 이상 긍정적인 역사적 힘을 지니지 않는다는 주장은 에릭 홉스봄을 비롯하여 여러 서양학자들에 의해서도 제기되었다.[14] 이런 입장과 더불어 민족주의는 본래적으로 공격적이고 배타적인 성격을 지닌다는 관점이 존재한다. 예를 들어 권혁범은 열린 민족주의의 한계를 지적하면서 "민족주의 논리는 근본적으로 차별과 배제의 메커니즘이다"라고 주장한다.[15]

---

14) 에릭 홉스봄도 민족주의는 이제 "역사적 힘을 지니지 못한다"고 판단한다. 에릭 홉스봄, 강명세 옮김, 『1780년 이후의 민족과 민족주의』, 창비, 2008, 216쪽.
15) 권혁범, 앞의 책, 2009, 76쪽.

그런데 많은 학자들은 이런 두 가지 입장을 혼재하여 사용한다. 그리하여 민족주의에 대한 생산적인 학문적 논쟁을 방해하는 민족주의에 대한 단순 논법이 양산된다. 역사학자 박지향은 민족주의에 대한 단순논법을 잘 보여 준다. 그는 한편으로 민족주의가 배타적이고 공격적인 성격을 지니고 있다고 단정하면서, 다른 한편으로 이를 민족지상주의와 동일시한다. 그에게는 민족주의와 민족지상주의가 구별되지 않을 정도로 민족주의는 부정적인 것이고 극복되어야 할 것으로 여겨진다.[16] 권혁범은 민족주의의 본래적인 공격성을 주장하면서도 서구에서의 성공적 민족주의는 민주주의와 상관관계를 맺고 있었다고 긍정한다. 또한 "하나의 민족주의만이 존재하는 것"이 아니라 "성격이 판이한 민족주의는 많다"고 주장한다.[17]

그러나 결국 권혁범은 민족주의를 파시즘 내지 극우와 동일시한다. 그에 의하면 "국수적 민족주의의 폐해를 경험한 서구사회에서 민족주의는 파시즘이나 극우와 동일시되었다. 'nationalist'라는 호칭은 서구에서 결코 긍정적 의미를 갖지 않는다. 파시즘과 동일하게 인식된다."[18] 이런 인식이 서구의 학계에서도 결코 통용될 수 없는 민족주의에 대한 거친 단성임은 상세한 설명을 필요로 하지 않는다. 그래서 여기에서는 다만 20세기 가장 위대한 진보적 자유주의 정치철학자로 인정받는 존 롤즈(J. Rawls)조차도 자유주의적 민족주의(liberal nationalism)의 옹호자임을 상기시켜주고 싶다.[19]

민족주의를 부정적으로 평가하는 학자들 중 일부는 민족주의가 긍정적인 역할을 하던 시기는 지나갔다는 주장을 세계화 시대 및 국민국가 쇠퇴의

---

16) 박지향, 「머리말」, 박지향 외 지음, 『해방전후사의 재인식 1』, 책세상, 2006, 13쪽 이하 참조.
17) 권혁범, 앞의 책, 2009, 76·103·163쪽 참조.
18) 위의 책, 161쪽.
19) 존 롤즈, 장동진 외 옮김, 『만민법』, 이끌리오, 2000 참조.

시대 인식과 연결시킨다. 달리 말하자면 민족주의를 부정적으로 생각하는 학자들은 국민/민족국가(nation-state) 시대는 막을 내리고 새로운 시대로 이행하고 있다는 생각을 갖고 있다. 에릭 홉스봄도 소비에트 블록 몰락 이후 다시 등장한 민족주의는 "프랑스 혁명에서 제2차 세계대전 후 제국주의적 식민주의가 종언을 고하기까지의 시대에서와 같은 역사적 힘을 지니지는 못한다"고 평가한다.[20] 심지어 그는 한 시대의 종말에 이르러서야 그 시대에 대한 철학적 성찰이 비로소 이루어질 수 있다는 뜻을 지니는 '미네르바의 올빼미는 해가 저야 난다'는 헤겔의 유명한 경구를 사용하면서 민족주의 및 민족국가의 쇠퇴를 이야기한다.[21] 마찬가지로 한국의 많은 학자들은 세계화의 흐름 속에서 민족국가의 기능과 역할이 소멸될 것이라고 생각한다. 그래서 임지현은 이전에 스스로 고수했던 '시민적 민족주의'나 '혈통 혹은 종족적 민족주의(ethnic nationalism)' 사이의 구별도 철회하고 시민적 민족주의조차도 배타성과 폐쇄성의 측면에서 종족적 민족주의와 다를 바 없다고 결론짓는다.[22] 권혁범에 의하면 서구에서는 2차 세계대전 이후 그리고 한국에서는 1980년대 말 이후에 민족주의가 진보성을 담보하던 시기는 끝났다.[23] 윤해동도 "민족주의는 대체로 민주주의에 억압적 역할을 하는 것이 전후 민족주의의 일반적 양상일 것"이라 주장한다.[24]

---

20) 에릭 홉스봄, 앞의 책, 2008, 216쪽.
21) 위의 책, 243쪽 참조.
22) 임지현, 「포스트 민족주의 대 열린 민족주의」, 『제8회 인문학 학술대회 : 인문학은 말한다』, 이화여대 인문학연구원, 2004, 28쪽.
23) 권혁범, 앞의 책, 2009, 76쪽 이하 및 161쪽 이하. 민족과 민족주의를 철저하게 근대적 현상이라고 보고 있는 권혁범이 민족과 민족주의를 시대에 뒤떨어진 것으로 보는 것은 자연스럽다. 위의 책, 44쪽. 그러나 민족과 민족주의를 근대적인 세계의 틀 속에서 보고 20세기 말에 민족과 민족주의가 쇠퇴하기 시작했다는 단정에 대한 비판으로는 앤소니 스미스, 이재석 옮김, 『세계화 시대의 민족과 민족주의』, 남지, 1997, 49쪽 이하 참조.
24) 윤해동, 『식민지의 회색지대』, 역사비평사, 2006, 162쪽.

또 하나 민족주의를 비판할 때 한국의 지식인에게 나타나는 우려스러운 점은 저항적 민족주의와 제국주의적 민족주의 사이의 '인식론적 공범관계'라는 문제의식에 사로잡혀 저항 민족주의와 침략지향의 민족주의를 동일 선상에 놓고 있다는 점이다. 이런 입장은 민족주의의 다양한 양상을 전체주의적인 것으로 환원하는 입장과 궤를 같이한다. 이런 식의 환원론, 즉 민족주의를 파시즘이나 종족학살의 폭력성과 동일시하는 입장은 민족주의를 쉽게 비판하기 위해 고안된 허수아비 논쟁에 불과하다. 임지현에 의하면 일본의 민족주의와 한국의 민족주의는 "가해자—피해자의 관계가 아니라 인식론적 공범관계"다.25) 이런 입장에서 볼 때 민족주의는 국민국가 중심의 역사 인식의 틀을 공유한다는 점에서 본질적으로 아무런 차이가 없는 것으로 이해된다. 이런 입장은 제국주의적 침략의 성격보다는 강압에 의해서이긴 하지만 식민지 경험에서 비로소 근대화의 전제조건이 창출되었다는 점을 더욱 더 중요하게 생각하는 인식과 거리가 멀지 않다.

앞에서 보았듯이 이영훈은 심지어 자본주의적 근대의 전제 조건의 창출이라는 맥락에서 식민지 지배를 긍정적으로 평가하면서 피지배 민족의 민족주의를 주변화시키거나 문명화의 흐름에 거역하는 움직임으로 폄하한다. 이런 흐름과 반대로 일본의 철학자 다카하시 데쓰야(高橋哲哉)는 국민국가 중심의 역사 인식의 패러다임을 비판적으로 바라보자는 문제의식을 공유하면서도 국민국가 중심의 역사 인식의 틀을 비판할 때 그 비판은 "비판자의 위치나 비판의 맥락과 동떨어진 채 절대화되어서는 안 된"다고 경고한다. 그는 피지배 민족과 식민지배 사이의 구조적 연계성을 빌미삼아 피지배 민족의 민족주의와 지배 민족의 민족주의를 동일시하는 오류를 범해서는 안 된다고 본다. "내셔널리즘의 구조적 문제점을 망각해서는

---

25) 임지현, 「국사의 안과 밖—헤게모니와 '국사'의 대연쇄」, 앞의 책, 2004, 31쪽.

안 되지만, 예를 들어 타민족, 타국가로부터 억압받고 민족성이 말살당하는 위치에 처한 사람들의 '저항 내셔널리즘'을 지배측의 내셔널리즘과 동일하게 논할 수 있겠는가? 국민국가에 귀속해 그 은혜를 향유하고 있는 자가 국민국가를 갖지 못해 고통 받는 사람들의 국민국가에 대한 희구를 내셔널리즘이라 하여 잘라 버릴 수가 있을까?"26)

Ⅲ. 한국에서의 헌법애국주의 이론

우리학계에서 민족주의 담론에 대한 대안으로서 주목받고 있는 헌법애국주의를 다루기 전에 필자가 이해하는 민족주의(nationalism)가 무엇인지를 간단하게 설명하고자 한다. 주지하듯이 민족 및 민족주의 개념은 정의하기가 쉽지 않다. 그래서 에릭 홉스봄은 민족이나 민족주의가 무엇인지 모른다는 "불가지론에서 출발하는" 것이 "학자의 최상의 태도"라고 주장하기까지 한다.27) 그럼에도 필자는 민족주의를 대략 두 가지 의미를 지니는 것으로 이해한다. 첫째, 민족주의는 민족적 정체성(national identity) 혹은 민족성(nationality/nationhood)을 유지하려는 운동이나 움직임을 의미한다. 둘째, 민족주의는 공유된 민족적 정체성에 기반을 두고 정치적 자율성을 지니는 독립된 정치적 공동체를 획득하려는 운동의 의미를 지닌다. 이와 유사하게 역사학자 장문석은 민족주의를 넓은 의미의 민족주의와 좁은 의미의 민족주의로 나눈다. 넓은 의미의 민족주의는 "민족의 자율성과 정체성과 통일성을 형성하고 유지하려는 이데올로기이자 운동"인데 반해,

---

26) 다카하시 데츠야, 이규수 옮김, 「머리말」, 『내셔널 히스토리를 넘어서』, 삼인, 2001, 7쪽.
27) 에릭 홉스봄, 앞의 책, 2008, 24쪽.

좁은 의미의 민족주의는 "민족의 경계들을 통치구조 단위의 경계들과 일치시키도록 고안된 집단행위"를 의미한다.[28] 좁은 의미의 민족주의에 대한 정의는 어네스트 겔너(E. Gellner)의 그것과 매우 유사하다. 그에 의하면 민족주의는 "정치적 단위와 민족적 단위가 일치"해야 한다고 주장하는 "정치적 원리"이다.[29]

우리 학계, 특히 철학계에서 헌법애국주의 이론에 주목하여 우리 사회의 민족문제를 새롭게 이해하고자 애쓰는 대표적 학자는 장은주이다. 그는 헌법애국주의 담론을 한국적 상황에 어울리게 새로이 전개하고 있다는 점에서만 주목을 요하는 학자는 아니다. 그는 한국사회의 여러 문제들에 대해 철학적으로 개입하는 진보적 학자들 중에서 논의의 중심에 서 있다. 민족주의 문제와 관련하여 그는 2009년도에 '민주적 애국주의'를 주장하여 학계의 논쟁을 불러일으켰다. 그가 '민주적 애국주의'를 내세운 것은 참여연대 소속의 '참여사회연구소'가 발간하는 잡지 『시민과 세계』에 게재된 「대한민국을 사랑한다는 것」이란 글을 통해서였다.[30] 그는 이 글에서 2000년대 초반 이후 한국사회에서 대한민국을 소리 높여 외치는 새로운 현상에 주목한다. 실제로 한국인들이 2002년 월드컵 대회의 거리 응원에서 대한민국을 소리 높여 외치기 시작한 이후 2008년 촛불 집회에서 많은 사람들은 '대한민국은 민주공화국'이라는 대한민국 헌법 제1조 1항을 반복해서 환기시키면서 대중들의 정치적 저항의지를 표현했다. 이런 현상을 장은주는 "'대한민국주의'의 탄생"이라 불러도 좋을 정도라고 평가한다.[31]

---

28) 장문석, 『민족주의 길들이기 : 로마 몰락에서 유럽통합까지 다시 쓰는 민족주의의 역사』, 지식의 풍경, 2007, 37쪽 이하.
29) 어네스트 겔너, 이재석 옮김, 『민족과 민족주의』, 예하, 1988, 8쪽. 홉스봄도 겔너의 민족주의에 대한 정의를 받아들인다. 에릭 홉스봄, 앞의 책, 2008, 25쪽.
30) 이 글은 장은주의 『인권의 철학 : 자유주의를 넘어, 동서양이분법을 넘어』(새물결, 2010)에 실려 있는데, 필자는 여기에서 이 책에 실린 글을 인용한다.

그런데 장은주가 보기에 새로 형성된 대한민국주의는 민족주의와 연결되는 부분이 있지만 민족주의와 다른 측면이 존재한다. 대한민국주의는 '반북적이고 반민족주의적이고 국가주의적'인 측면이 강하기 때문이다. 그럼에도 장은주가 보기에 전체주의적 경향을 지니는 우파적 국가주의자들만이 아니라 민주주의를 외치는 일반 시민들이 자발적으로 대한민국을 호명하는 측면은 별도로 주목을 요하는 대목이다. 그래서 대한민국주의는 분단국가인 남한사회에 등장한 반민족주의적인 보수 우파의 새로운 이데올로기로만 치부될 수 없다. 그것은 민주주의적인 시민들의 열정과 희망의 표현이기도 하기 때문이다.[32]

장은주는 대한민국주의에서 "민족주의만큼이나 불온하고 위험스러운 요소들"을 발견하면서도 그것은 한국사회의 진보적 민주주의자들에게 결코 회피할 수 없는 질문을 제기하고 있다고 말한다. 한국의 진보세력은 우파들에 의해 늘 "친북좌파"라는 부당한 공격을 당하는 입장에 있는데, 이제 한국의 진보세력도 "우리에게 대한민국은 무엇인가?" 그리고 "우리는 대한민국을 사랑하는가?, 사랑해야 하는가 또 그렇다면 어떻게?"라는 질문에 분명한 태도를 취하지 않으면 안 된다고 장은주는 강조한다.[33]

한국의 진보적 민주주의자들이 결코 회피해서도 안 되고 회피할 수도 없는 질문, 즉 '대한민국을 어떻게 볼 것이며 그 국가를 사랑해야 한다면 어떻게 해야 하는가?'에 대한 장은주의 답은 확고하다. 그는 다음과 같이 답한다. "나장은주–필자는 이 땅에 살고 있는 모든 민주주의자는, 그가 세계시민주의자든 사회민주주의자든 자유민주주의자든 보수주의자든, 대한민국이 자신들이 터할 수 있는 유일한 공동의 대지임을 인식하고 그

---

31) 위의 책, 325~326쪽 참조.
32) 위의 책, 326쪽.
33) 위의 책, 326쪽.

대한민국을 사랑해야 한다고 생각한다. 특히 진보적 민주주의자는 더더욱 그래야 한다고 생각한다." 그러나 장은주가 대한민국에 대한 사랑을 내세우는 것은 기존의 민족주의를 옹호하자는 의미가 아니다. 그는 민족주의를 매우 위험한 것으로 본다. 그러므로 그는 대한민국을 사랑하는 것, 즉 애국주의는 결코 "민족주의적이어서도 국가주의적이어서도 안 된다"고 강조한다.[34]

장은주는 애국주의를 좌파 민족주의와 우파 국가주의의 폐단을 극복할 대안으로 생각한다. 그는 새로운 애국주의를 "보편적 인권과 개인의 자율을 보호하고 신장시키는 것을 지향하는 애국주의"로 규정한다. 그리고 그는 새로운 애국주의를 통해 진보정치를 재구성할 수 있을 뿐만 아니라 속물적 우파의 헤게모니를 극복할 수 있다고 본다. 그는 한국의 진보세력이 대한민국을 제대로 사랑하는 새로운 좌파, 새로운 진보세력으로 거듭나야 뉴라이트 세력과의 대결에서 우위를 점할 수 있다고 보는 것이다. 달리 말하자면 장은주는 민주공화국으로서의 대한민국의 정체성에 대한 제대로 된 해석으로 구성된 새로운 애국주의를 통해 뉴라이트의 위험한 국가주의적인 대한민국주의를 극복할 수 있다고 본다.[35]

장은주는 진보적 민주주의자들이 나라를 사랑하는 것은 그 국가를 무조건적으로 사랑하는 것이 아니라고 말한다. 진보적 민주주의자들은 국가나 국익 자체를 무조건적으로 선하다고 보지도 않고 국익을 위해서라면 개인이나 소수의 이해관계쯤은 희생되어도 좋다는 식의 발상을 애국심과는 무관하다고 생각한다. 그럼에도 장은주가 보기에 대한민국이 많은 문제점을 안고 있지만 "비민족주의적인 진보적 민주주의자들"이 대한민국을 사랑할 좋은 이유들이 존재한다.[36] 이런 이유들을 정당화하기 위해 장은주는

---

34) 위의 책, 327쪽.
35) 위의 책, 327~328쪽.

우선 루소가 옹호하는 고전적인 공화주의적 애국주의를 언급한다. 루소는 국가의 구성원으로 사는 삶이 보장해주는 도덕적 가치를 통해 나라에 대한 사랑, 즉 애국심을 정당화할 수 있다고 본다. 국가를 사랑하는 것이 시민의 의무라고 하는 이유는 그 국가가 시민들에게 물질적인 이익을 가져다주기 때문이 아니다. 애국심은 국가적인 삶 속에서 사람들이 비로소 의미 있고 가치 있는 삶을 영위할 수 있기 때문에 요청된다.

간단하게 말해 루소에 의하면 시민들이 애국을 해야 하는 이유는 사람들은 국가적 삶 속에서야 비로소 공화국의 시민으로서 자유를 누릴 수 있기 때문이다.[37] 그러므로 루소의 공화주의적 애국심은 민주공화국의 이상을 내세우는 어떤 특정 국가에 대한 무조건적이고 순응적인 긍정이 아니다. 참다운 애국심은 완전히 실현될 수는 없지만 모든 시민들의 평등한 자유의 실현을 약속하는 공화국의 이상에 대한 사랑, 즉 "공화국이 구현할 국가적 삶의 도덕적 가치에 대한 사랑, 그리고 그러한 이상과 가치를 지금 여기에서 다양한 종류의 실천을 통해 실현하려는 노력 속에 있다."[38] 이런 공화주의적 애국심의 기본 원칙을 통해 장은주는 대한민국을 사랑하는 참다운 애국심을 도출한다. 그러니까 대한민국을 진정으로 사랑하는 것은 민주공화국인 대한민국을 "더욱 민주공화국답게 만들려는 노력과 열정에 대한 다짐과 실천"이며 그런 실천 속에서 실현될 수 있는 "민주공화국 대한민국에 대한 사랑"이 바로 "진보적·민주적 애국심의 핵심"이라고 장은주는 결론짓는다.[39]

앞에서 본 것처럼 장은주는 대한민국을 사랑한다는 의미를 대한민국이

---

36) 위의 책, 329쪽.
37) 위의 책, 329~332쪽.
38) 위의 책, 337쪽.
39) 위의 책, 337쪽.

민주공화국으로 내세우는 헌법의 기본 원리에 대한 애정으로 이해한다. 그가 보기에 '모든 권력은 국민(인민)으로부터 나온다'는 민주공화국으로서의 헌법 원리를 내세우고 있는 대한민국의 탄생은 "역사적 성취"로 평가되어야 마땅하다.[40] 물론 대한민국은 인간의 존엄성이나 인민주권의 이념을 제대로 실현하기는커녕 그런 헌법의 이상과 가치들을 유린하고 부정하는 부끄러운 역사를 갖고 있다. 그렇다고 대한민국이 모든 시민의 평등한 자유 실현이라는 민주공화국의 기본 이념을 실현하는 과정에서 아무런 성취를 이루지 못한 것도 아니다. 주지하듯이 대한민국은 시민들의 피와 땀으로 민주주의를 향한 투쟁을 멈춘 적이 없고 그러는 과정에서 87년 체제라 불리는 정치적·절차적 민주주의를 어느 정도 성취해 낸 자랑스러운 역사를 갖고 있다.

진보적 정치세력은 민주주의적 이상과 가치를 실현하여 대한민국을 더욱더 민주공화국답게 만들어야 한다. 민주공화국의 헌법적 가치와 기본권을 실현하는 것이 진보적 애국주의의 실현이다. 그리고 장은주는 자신이 내세우는 진보적 애국주의를 하버마스가 주장한 헌법애국주의와 연결시킨다. "유일하게 규범적으로 정당한 진보적 애국주의는 민주적 헌정질서의 가치와 원리 및 제도들에 대한 사랑과 충성에서 성립하는 애국주의, 그러니까 하버마스의 표현을 빌리자면 '헌법애국주의'다."[41]

장은주는 헌법애국주의를 추상적인 세계시민주의와 배타적이고 전체주의적인 애국주의 및 민족주의의 한계를 극복할 수 있는 대안으로 평가한다. 물론 하버마스의 헌법애국주의에 대해 제기된 문제점들을 그가 무시하지는 않는다. 가령 마사 누스바움(M. Nussbaum)이나 모리치오 비롤리(M. Viroli) 등은 하버마스의 헌법애국주의가 시민들의 행동을 불러일으킬 정도

---

40) 위의 책, 342쪽.
41) 위의 책, 342~343쪽.

로 깊은 사랑과 열정을 담아내기에는 충분하지 않다고 비판한다. 그것은 지나치게 형식적이고 보편적인 가치들에 대한 애정으로 치우쳐 있기 때문이다. 그럼에도 장은주가 보기에 헌법애국주의는 마사 누스바움이 내세우는 순화된 애국주의(purified patriotism) 이론이나 모리치오 비롤리가 내세우는 공화주의적 애국심(republican patriotism)이론과 별반 차이가 없다.[42]

장은주는 공화주의적 애국주의 혹은 헌법애국주의를 통해 그 동안 민주주의적 법치국가를 실현하고자 한 국민(민족)국가에서 보듯이 민족주의를 매개로 해 민주공화국의 헌법적 가치들이나 그것들을 실현하고자 하는 움직임을 비판할 수 있다고 본다. 그는 공화국을 구성하는 인민을 혈통주의적 혹은 문화주의적인 민족으로 바라보게 되면 애국심과 국가적 자부심이 대외적으로는 호전적이고 대내적으로는 전체주의적인 모습으로 변질될 것이라고 우려한다. 달리 말하자면 헌법애국주의는 인권이나 모든 시민들의 평등한 자유 실현과 같은 보편주의적 원칙에 대한 지향을 지니고 있기에 개별 국민국가 수준에서 민주공화국을 실현하기 위한 도정에서 발생한 투쟁과 고난의 기억 그리고 역사적 성취에 대한 자부심의 공유 등과 같은 특수한 사회에 대한 강조가 빠지기 쉬운 "종족적 애국주의로의 퇴행"을 막아주는 면역제의 기능을 수행한다.[43]

앞에서 보았듯이 장은주가 하버마스의 헌법애국주의에 기대어 새로운 애국주의를 내세우는 이유 중의 하나는 한국사회에서의 민족주의가 위험하다는 그의 평가 때문이다.[44] 그는 '북한의 심각한 인권 문제에 대해 미온적이거나 심지어 옹호하기까지 하는 모습'을 보이는 민주노동당을

---

42) 위의 책, 347~348쪽.
43) 위의 책, 343쪽 및 349쪽.
44) 장은주, 『생존에서 존엄으로 : 비판이론의 민주주의 이론적 전개와 우리 현실』, 나남, 2007, 307쪽 참조.

제대로 된 진보정당이라고 볼 수 없다고 주장한다.[45] 그는 분단문제와 통일문제를 한국사회의 진보정치가 해결해야 할 중요한 문제임을 부정하지 않는다. 한국의 진보정치는 이런 문제에 대한 설득력 있는 대안을 추구해야 한다고 그는 강조한다. 그리고 그는 '종북' 내지 '친북'이라는 혐의를 감수하면서 냉전적 분단 질서를 극복하려는 사람들을 북한의 주체사상에 포섭된 것으로 보지 않는다. 그가 보기에 북한을 적극적으로 포용하면서 분단을 극복하려는 움직임에는 "자본주의 사회의 불의에 대한 분노"와 함께 "미국의 제국주의적인 한반도 지배에 대한 민족주의적 분노"가 작동하고 있다. 그런 분노의 표출에는 통째로 부인될 수 없는 "도덕적 동기" 내지 "모종의 정의감"이 내재해 있기 때문이다. 그래서 장은주는 분단극복과 통일지향의 움직임을 "민주적이고 자율적인 정치공동체의 건설"이라는 맥락에서 정당화될 수 있다고 본다.[46]

그러나 장은주는 분단극복과 통일을 지향하는 정치 세력이 과도한 민족주의의 함정에 빠져 있어 그런 정치 운동의 규범적 핵심을 제대로 이해하지 못하고 있다고 본다. 그가 볼 때 한국사회의 진보 진영 내에 있는 민족주의 지향은 "민주주의적 정의(正義)"에 대한 그릇된 태도를 갖고 있다. 그 세력은 민족주의에서 비롯된 미국과 서구에 대한 지나친 부정적 태도로 인해 민주주의조차도 서구적 가치나 제도와 동일시하는 모습을 보인다. 그 결과 진보적 민족주의자들은 "민주주의적 정의에 대한 불충분한 인식과 수용 태도"에 사로잡히기 쉽다. 장은주가 보기에 통합진보당[47] 내에서 이른바 '패권주의' 논쟁이 보여주듯이 정파적인 이해관계를 비민주적 방식으로

---

45) 위의 책, 31쪽 각주 11 참조.
46) 장은주, 『정치의 이동 : 분배정의를 넘어 존엄으로 진보를 리프레임하라』, 상상너머, 2012, 264~265쪽.
47) 장은주가 이 글을 작성할 시기는 아직 통합진보당이 헌법재판소에 의해 해산되기 전이다.

관철하려는 태도나 인권과 민주주의와 같은 보편적 가치와는 거리가 먼 북한 체제에 대한 무비판적인 태도도 이런 맥락에서 발생한 것으로 이해되어야 한다.48)

그래서 장은주는 "우리 사회의 진보세력의 지나친 집단주의적-민족주의적 편향"49)에서 벗어난 새로운 진보정치의 이념이 필요하다고 본다. 우리는 민족주의라는 이념을 내세워 보편적인 민주주의적 자치의 이념을 실현하고자 하는 노력을 "판문점 앞에서 멈춰 버려서는 안 된다"고 그는 강조한다. 그래서 북한의 인권문제에 대해서도 진보 진영은 더 이상 침묵해서는 안 된다.50) 장은주가 진보적 애국주의를 내세우면서 "대한민국이 자신들이 터할 수 있는 유일한 공동의 대지임을 인식하고 그 대한민국을 사랑해야 한다"고 주장하는 것도 민족주의를 새롭게 주창하기 위함이 아니다. 그가 내세우는 진보적 애국주의는 "민족주의적이어서도 국가주의적이어서도 안 된다."51)

물론 장은주는 한국사회에 존재하는 좌파 민족주의 세력(소위 '민족해방 계열')과 더불어 진보정치의 한 축을 형성해온 '민중민주 계열'의 계급주의적인 정치이념의 한계도 극복하고자 한다. 그는 좌파 민족주의의 통일지향의 정치뿐만 아니라 자본주의 극복이라든가 분배정치만을 진보정치의 핵심으로 이해하는 계급주의 정치 패러다임을 넘어설 수 있는 새로운 진보정치를 "존엄의 정치"로 부른다. 그리고 그는 새로운 진보정치로서의 존엄의 정치의 이념을 "인권원칙과 민주주의 원칙"52)으로 설정한다. 이런 입장에서 출발하여 장은주는 다음과 같이 주장한다. "남한 진보세력의

---

48) 장은주, 앞의 책, 2012, 265쪽.
49) 장은주, 앞의 책, 2010, 20쪽.
50) 장은주, 앞의 책, 2012, 266쪽.
51) 장은주, 앞의 책, 2010, 327쪽.
52) 장은주, 앞의 책, 2007, 20쪽 및 31쪽.

참된 정치적 토대는 우리 근현대사에서 단지 남한의 현대에만 성공적으로 실현된 자본주의적 근대성의 역설들과 병리들이다."[53]

장은주가 존엄의 정치, 즉 인권과 민주주의적 정의를 추구하는 정치를 통해 진보정치를 새롭게 규정하는 이유는 기존의 진보정치의 틀로는 변화된 상황에 적극적으로 대응할 수 없다고 보기 때문이다. 낡은 진보의 틀로는 새로운 보수 세력의 헤게모니에 대응할 수 없다고 그는 생각한다. 식민지 지배를 긍정적으로 미화하고 분단 반공 단독 정부를 수립한 이승만 대통령을 건국의 아버지로 추켜세우는 움직임이나 광복절을 건국절로 대체하려는 시도 등은 뉴라이트가 새로 동원하는 대한민국 애국주의의 위험성을 잘 보여준다. 그런데 뉴라이트의 위험한 애국주의를 민족주의적 관점에서 접근하면서 그것이 지닌 "반민족적 성격"을 지적하는 것으로는 충분하지 않다. 보수의 새로운 애국주의는 대한민국이 보여준 성공적인 산업화와 경제성장을 강조하면서 '자랑스러운 대한민국'을 내세우고 이런 자랑스러운 나라를 건설하는 데에서 주역은 보수세력이었다는 주장을 하고 있기 때문이다.

이런 새로운 애국주의를 통해 뉴라이트는 보수 우파의 지적·도덕적 헤게모니를 장악하려고 하는 것인데, 대한민국에 대한 긍지를 고취시킬 수 있는 더 나은 대안 제시 없이 우파의 새로운 애국주의 담론을 기존의 민족주의적 인식 틀로 대응하는 것은 한계가 있다는 것이다. 그래서 장은주가 진보적 애국주의를 통해 의도하는 것은 뉴라이트가 선동하는 소위 위험한 애국주의, 그러니까 "비민주적이고 민주공화국 대한민국의 정체성을 그 근본에서 부정하는 반─대한민국주의"[54]로부터 애국주의를 지켜내는 것이다.[55]

---

53) 위의 책, 18쪽 주 1.
54) 위의 책, 357~358쪽.

Ⅳ. 헌법애국주의의 모호성

인권과 민주주의라는 보편적 정의의 원칙들을 규범적 이상으로 삼고 그런 보편지향의 가치들을 헌법의 원리로 승인하는 민주공화국인 대한민국을 참다운 민주공화국으로 만들려는 관심과 열정을 호소하는 장은주의 새로운 진보정치 이념은 많은 설득력을 갖고 있다. 자신이 속한 나라에 대한 사랑을 편협하고 위험한 것으로만 치부하는 태도를 넘어서 우리나라를 더욱 더 훌륭한 민주공화국으로 만드는 시민적 행위를 매개로 하여 세계시민적 시야에도 개방적인 새로운 공동체 이론을 헌법애국주의 이론에서 구하려는 태도는 민족주의를 둘러싼 기존 논쟁에 새로운 활기를 제공할 수 있을 것이다. 또한 헌법애국주의 담론을 우리나라 상황에 어울리게 재해석하여 자유 및 평등 그리고 민주적 시민의 자치라는 민주주의 이념을 실현하는 과정에서 겪은 공통의 역사적 경험을 소중하게 여기면서도, 다른 한편으로 자신이 속한 공동체에 대한 헌신과 충성을 모든 시민을 포괄하는 시도와 매개하려는 장은주의 시도는 민족주의의 부정적 측면만을 부조적 방식으로 과장하는 다른 민족주의 담론과는 다르다. 요약해보자면, 그의 이론은 특정한 공동체에 대한 집단적 헌신과 열정의 중요성을 인정하면서도 동시에 타집단에 대한 지나친 배타성을 강조하지 않는 길을 걸어가고자 한다는 점에서 독특한 위상을 지닌다.

그러나 이하에서 오늘날에도 민족적 정체성을 소중하게 생각하는 것이

---

55) 이 글에서는 공화주의적 애국심이 과연 민족주의에 대한 대안 담론으로 기능할 수 있는지에 대해서는 다루지 않겠다. 이에 대해서는 별도의 글이 필요하다고 생각된다. 곽준혁과 조계원 등이 민족주의의 대안 담론으로 공화주의적 애국심 이론에 주목하고 있다. 곽준혁, 「민족주의 없는 애국심과 비지배 평화원칙」, 『아세아연구』 제46권 4호, 2003 ; 조계원, 「한국사회와 애국심 : 공화주의적 애국심의 검토」, 『시민과 세계』 16, 2009.

왜 규범적으로 정당화될 수 있는지를 살펴보고자 한다. 민족주의를 옹호하는 논변은 자연스럽게 왜 헌법애국주의 담론이 불충분한 이론인지를 보여줄 것이다. 필자는 여기에서 민주적 법치국가의 정당성을 승인하는 선에서 논의를 시작한다. 시민들이 서로를 동등한 권리를 지닌 주체로서 인정하는 정치 공동체가 옳은 정치제도라는 것을 받아들이면서 논의를 시작한다는 것이다. 하버마스의 주장을 빌리자면 "오늘날까지도 민주주의적 법치국가의 규범적 자기이해를 규정"하고 있는 것은 "인권과 국민(인민)주권의 이념"이다.56)

그렇다면 인권과 인민(people) 사이의 결합은 어떻게 가능했던 것인가? 주지하듯이 인권과 인민주권 사이의 결합은 적어도 근대세계에서 인민의 집단적 의식으로서의 민족적 정체성의 확보를 통해서였다. 모든 사람을 동등하게 대우해야 한다는 보편적 존중에 대한 요구는 서구 근대에서 인민주권과 민족국가를 매개로 하여 실현된다. 모든 시민들은 신분이나 성(性) 혹은 재산의 유무와 상관없이 평등한 권리를 보장받아야 한다는 주장은 민주주의와 인권을 실현하고자 하는 노력이었다. 그리고 이런 보편적 평등을 요구하는 정치가 국민국가를 통해 일정하게 실현되었다고 했을 때, 우리는 인민주권과 인권의 보편성 그리고 민족의식이라는 세 가지 요소들 사이의 결합 방식에 주목해야 한다. 달리 말하자면 왜 오늘날 인류사회는 모든 사람들을 평등하게 대우해야 한다는 주장을 특정하게 경계를 지니는 영토국가와 민족국가를 통해서가 아니라 세계 공화국과 같은 방식으로 실현하지 못하는가? 이 경우 우리는 다음과 같은 질문을 던지지 않을 수 없다. 왜 근대 국민국가는 보편주의적 도덕원리로 환원되지 않는 사회적 연대의식 혹은 집단적인 우리의식, 즉 민족의식을 배경으로 해서

---

56) 위르겐 하버마스, 한상진·박영도 옮김, 『사실성과 타당성』, 나남, 2007, 134쪽.

비로소 인권과 민주주의와 같은 보편주의적 이상을 실현시킬 수 있었는가? 그리고 그런 현상을 어떻게 이해해야 하는 것인가?

그러나 하버마스는 민족주의와 공화주의의 공생을 "일시적인 정황"으로 본다. 그래서 그는 근대 국민(민족)국가가 탄생하던 시기에 "문화적으로 정의된 인민에의 소속성"을, 즉 민족주의가 인민주권과 인권이라는 소위 민주적 법치국가의 보편주의적인 규범을 실현시키는 데 "촉매제 역할"만을 했을 뿐이라고 주장한다. 달리 말하자면 민족주의는 아무런 도덕적 규범성을 지니지 못하며 "민주적 과정의 아무런 필수적 구성요소가 아니다"라고 그는 평가한다.57) 이런 평가로 인해 하버마스는 근대 국민(민족)국가의 내적인 긴장, 즉 공화주의와 민족주의 사이의 긴장을 공화주의적 요소의 강화를 통해 유럽연합과 같은 소위 포스트-국민국가적 정치공동체로 나가야만 하며 또 나갈 수 있다고 낙관한다. 그는 민주적 과정과 제도가 그 동안 근대 국민(민족)국가에서 민족주의가 담당한 사회통합력을 산출할 수 있다고 생각하기 때문이다. "나(하버마스-필자)는 민주적 정통성 양식을 가진 입헌국가의 형식과 절차가 동시에 사회적 결속의 새로운 차원을 산출한다는 점을 공화주의의 요점으로 이해한다."58)

핵심 쟁점은 민족주의가 제공하던 사회통합의 원천은 무엇이고 공화주의적인 민주적 절차와 제도가 과연 특정한 정치공동체의 형성과 유지(재생산)에 충분한가에 관한 것이다. 이미 살펴보았듯이 하버마스는 민족주의는 특별한 도덕적 규범과 무관하다고 본다. 그리고 그는 인권과 민주주의라는 공화주의적인 보편주의가 사회통합을 산출할 수 있다고 본다. 하버마스가 왜 근대 국민(민족)국가의 양가성이 극복되어야 한다고 보는 이유는 분명하다. 그것은 나치즘이 보여주듯이 공통의 언어와 역사에 의해 형성된 민족을

---

57) 위르겐 하버마스, 황태연 옮김, 『이질성의 포용』, 나남, 2000, 163쪽.
58) 위의 책, 190쪽.

강조하는 것은 매우 위험하기 때문이다. 그러나 민족주의는 민주주의와 아무런 상관성을 지니지 못하는 위험한 정체성에 불과하다는 평가는 물론 이고 민족주의가 담당한 사회적 통합을 민주적 과정과 제도가 대신할 수 있다고 보는 하버마스의 이론이 타당한가에 대한 물음은 남아 있다.

민족주의가 왜 여전히 규범적 차원에서도 옹호될 수 있는지를 민주적 공화주의의 보편주의적 성향이 과연 사회적 통합의 힘을 제대로 창출할 수 있는지에 대한 하버마스의 신뢰와 연관해서 살펴보자. 민주적 법치국가 의 보편적인 원리와 가치에 대한 충성을 애국심의 핵심으로 설정하려는 하버마스식의 헌법애국주의는 민주적 과정과 제도가 동료시민들 사이의 연대의식을 창출한다고 역설한다. 그러나 그런 믿음은 결코 경험적으로 입증되지도 않았다. 이는 유럽연합의 위기가 잘 보여준다. 이런 경험적 현상에 대한 분석과 별도로 사회적 통합의 힘은 정의의 보편적 원칙에 대한 공유만으로 형성되지 않는 특수한 생활방식에 기반을 둔 집단적 정체성의 지지가 필요하다는 반론이 남아 있다.

하버마스의 헌법애국주의가 사회적 통합력을 산출하기에는 충분하지 않다는 반론이 여러 학자들에 의해 제기되는 것은 우연이 아니다.[59] 예를

---

59) 하버마스의 헌법애국주의가 안고 있는 문제에 대해서는 나종석, 「매개적 사유와 사회인문학의 철학적 기초」, 앞의 글, 161쪽 이하 참조 바람. 그리고 필자는 헌법애국주의보다는 민족주의와 보편적 정의 원칙의 상호성을 더 적절한 방식으로 결합할 가능성을 보여주는 합리적인 민족주의 이론을 자유주의적 민족주의 이론이 라고 보고 이를 옹호하는 글을 작성한 바 있다. 나종석, 「민족주의와 세계시민주 의 : 자유주의적 민족주의를 중심으로」, 『헤겔연구』 2009, 169~197쪽 참조 바람. 그래서 여기에서는 가능한 한 반복을 피하기 위해 데이비드 밀러의 민족주의 이론을 바탕으로 민족적 정체성에 대한 강조가 안고 있는 위험성을 민주주의나 인권과 같은 보편주의적인 정의원칙에 대한 합의와 공유를 통해 극복할 수 있다고 보는 헌법애국주의 담론의 문제점을 다루어 볼 것이다. 데이비드 밀러의 민족주의 의 옹호도 일종의 자유주의적 민족주의라고 평가된다. 그 스스로도 굳이 선택을 한다면 자신의 민족주의 이론을 자유주의적 민족주의 이론으로 볼 수 있다고 인정한다. 곽준혁, 「변화하는 세계, 민족주의는 아직도 필요한가」, 『경계와 편견을

들어 영국의 정치철학자인 데이비드 밀러(David Miller)도 헌법애국주의가 민족성(nationality)을 대체할 수 있다고 보지 않는다. 그가 보기에 헌법애국주의는 "민족성이 제공하는 것 같은 종류의 정치적 정체성을 제공하지 못한다." 달리 말하자면 헌법애국주의가 주장하듯이 헌법의 원리들에 대한 애착은 그런 애착을 지닌 사람들이 "무정부주의자나 파시스트가 아니라 자유주의자"임을 표현해줄 뿐 왜 특정한 민주적 법치국가가 특정한 경계를 토대로 하나의 정치공동체를 형성해내야 하는지에 대한 아무런 해결책을 주지 못한다고 그는 주장한다. "특히 헌법애국주의는 정치 공동체의 경계선이 왜 저기가 아닌 여기에 그어져야 하는지를 설명하지 못한다. 또한 그것은 그 공동체의 역사적 정체성, 즉 오늘날의 정치를 과거에 수행된 행동들과 내려진 결정들과 결합시켜 주는 연결고리들에 대한 어떤 감각(sense)도 제공하지 못한다."[60]

정치공동체의 경계의 문제는 매우 중요한 의미를 지닌다. 그 경계선을 하버마스가 생각하듯이 "우연적"[61]인 것에 불과하다고 보기 힘들다. 민주적 법치국가는 특정한 공동체를 전제하지 않고 상상할 수 없다. 왜 모든 사람들이 아니라 특정한 사람들에게만, 즉 프랑스 국민의 자격이나 대한민국 국민으로서의 자격을 부여하는 정당한 도덕적 이유가 존재하는가? 이런 현상은 인권이나 시민의 평등과 같은 보편적인 동등 존중의 원칙에 의해 연역될 수 없다. 나라들 사이의 경계 설정의 타당성은 공화주의나 자유주의가 내세우는 보편주의적 원칙에 의해 설명되지 않는다는 말이다. 그렇다고 하버마스가 하듯이 국가의 경계 설정은 역사적으로 우연한 현상이고 일시적 현상으로 치부될 수 없다.

넘어서 : 우리시대 정치철학자들과의 대화』, 한길사, 2010, 104쪽.

60) David Miller, *On Nationality*, Oxford University Press, 1995, 162~163쪽.

61) 위르겐 하버마스, 앞의 책, 2000, 146쪽.

민주적 법치국가의 실현을 위해 요구되는 사회통합과 연대성은 민주적 과정 자체나 민주적 공론장에서의 의사소통을 통해서 충분하게 확보될 수 없다. 민주적 의지 형성으로 시민들의 연대성이 창출되는 것이 아니라, 그것은 오히려 시민들 사이의 공동체 의식을 전제한다. 즉 보편적인 민주적 참여의 이념 자체가 실질적인 참여를 보장할 수 없으며 보편적 참여의 이념은 오히려 사람들 사이의 사회적인 결속력, 그러니까 공통의 근본 목적과 같은 것을 공유하는 사람들에 의존한다.[62] 그렇다고 이런 주장이 민족적 정체성이 사람들의 유일한 정체성이 되어야 한다는 결론을 내포하지 않는다. 밀러가 주장하듯이 오늘날 현대사회에서 민족적 정체성은 사회정의와 민주주의를 소중하게 여기는 정치공동체 구성원들을 결속시킬 수 있는 "공동체의 하나"임을 인정하는 것이다. 그러므로 자유주의 사회들 역시 "그 사회의 결속을 위해 공통의 민족성"을 필요로 한다.[63] 밀러는 자신의 민족주의 이론을 통해 민족적 정체성을 "민주주의"와 분배적 정의, 즉 "사회정의"를 지탱시켜 수 있는 사회 "통합의 자원"임을 주장한다.[64]

밀러가 민족적 정체성의 중요성을 긍정적으로 평가하는 것은 자유주의 전통에 대한 공동체주의적 이의 제기에 기반을 두고 있다. 이는 스스로도 인정하는 것이다. 그는 자신의 이론을 "좌파적 공동체주의의 한 형태(a form of left communitarianism)"로 이해한다.[65] 밀러는 정의원칙에 기초하는 사회적 결속은 너무 힘이 약하기에 공통의 언어, 역사 및 공적 제도들을 통해 형성된 "공통의 공공문화"인 민족적 정체성에 의해 강화되지 않으면

---

62) 장은주, 앞의 책, 2007, 163쪽.
63) 곽준혁, 「변화하는 세계, 민족주의는 아직도 필요한가」, 『경계와 편견을 넘어서』, 102쪽 및 104쪽.
64) 위의 책, 112쪽.
65) 위의 책, 84쪽 ; D. Miller, *Citizenship and National Identity*, Polity Press, 2000, 98쪽.

안 된다고 본다. 그러므로 그는 "공유된 민족적 정체성은 사회정의와 심의민주주의와 같은 정치적 목표들을 성취하기 위한 전제조건"이라고 강조한다.66) 지금까지 간단하게 살펴본 것처럼 하버마스가 규범적으로 정당하게 간주하는 민주주의적 법치국가 역시 공동체이고 그런 공동체의 구성원들은 연대의식을 지녀야하는데, 보편주의적인 정의원칙에 대한 강조만으로는 그런 특수한 연대의식을 충분하게 설명할 수 없다.

하나의 예를 들어 설명하면 독일인들이 통일 후에 구동독주민들을 위해 엄청난 통일 연대세금을 제공하는데 반해 유럽연합의 일원인 그리스인들에게 그런 정도의 연대의식을 보여주려는 태도는 전혀 없다. 달리 말하자면 특정한 정치공동체의 구성원들이 왜 동료시민들의 어려움을 위해서는 납세의 의무를 다하면서도 다른 가난한 나라의 사람에게는 왜 그런 의무를 보여주지 않는가라는 물음에 대해 모든 사람들을 동등하게 존중해주어야만 한다는 보편주의적 정의원칙으로 적절하게 대답할 수 없다. 그렇다면 특정한 공동체의 구성원들에게 더 많은 관심과 의무와 애정을 보이는 사람들은 보편적인 도덕원칙을 자신의 것으로 충분하게 내면화하지 못한 미성숙한 존재로 보아야만 할 것인가? 달리 말하자면 독일인들이 구동독주민들에게 보여주는 연대의식은 잘못된 민족적 정체성을 악의적으로 동원하는 사람들에 의해 포섭된 결과로 볼 것인가? 그렇지 않다. 우리는 오히려 동료시민들에게 더 많은 도움과 의무를 보여주고자 하는 관행을 제대로 이해할 필요가 있다. 그래서 "한 정치공동체의 일원이라는 사실에는 도덕적으로 특별한 무엇인가가 있다"는 점을 명료하게 해명해야 한다.67)

동료시민들에게 더 많은 의무를 갖는 이유를 제대로 설명하기 위해서는

---

66) David Miller, *On Nationality*, 162쪽.
67) 애덤 스위프트, 김비환 옮김, 『정치의 생각 : 정의에서 민주주의까지』, 개마고원, 2011, 246쪽.

자율성이나 평등과 같은 보편주의적 이념들에 대한 호소와 다르면서도 의미 있는 삶을 향유하기 위해서는 반드시 지녀야만 하는 연대성이 고유하게 지니는 도덕적 원천을 해명해야 한다. 하나의 정치공동체 구성원들 사이에서 실현되고 있는 특수한 도덕적 관계를 해명하기 위해서는 정의의 원칙으로 환원되지 않는 별도의 사회적 통합과 결속의 원인에 대한 정확한 평가가 필요하다. 그리고 정의의 원칙에 대한 공유보다도 더 깊고 강한 사회적 결속에 대한 하나의 대답이 바로 공통의 언어와 역사를 공유하는 사람들 사이에 형성된 민족적 정체성이었다. 물론 공유된 민족 정체성을 무엇으로 만드는가는 상황에 따라 다를 것이다. 따라서 공유된 민족 정체성이 반드시 인종 내지 종족이나 종교 등과 같은 것들로 구성될 필요는 없다.

자유와 평등과 같은 보편주의적인 정의 원칙에 대한 공유만으로는 민주적 법치국가가 지속적인 안정성을 누리기 위해 필요로 하는 사회적 통합의 원천을 창출하기 힘들다는 것은 하버마스의 헌법애국주의 이론이 내부에서 농요를 일으키고 있다는 점에서도 발견할 수 있다. 하버마스는 "시민적 연대성은 자유롭고 평등한 시민들이 민주적으로 형성한 정치공동체의 성원의식에서 자라난다"고 말한다.[68] 그러면서 동시에 유럽연합은 국민국가가 누렸던 민족주의에 상응하는 등가물이 필요하다고 말한다. "민족국가는 시민의 법적 지위가 민족에의 문화적 귀속성과 결부되면 될수록 더 빨리 이 통합가능을 일찍 완수할 수 있었다. 민족국가가 내부에서 다문화주의의 폭발력과 외부로부터의 세계화의 문제 압박이라는 도전에 직면한 오늘날 국민과 인민의 결합물에 대한 똑같이 기능적인 등가물이 존재하는지 하는 물음이 제기된다."[69]

---

68) 위르겐 하버마스, 장은주·하주영 옮김, 『분열된 서구』, 나남, 2009, 106쪽.
69) 위르겐 하버마스, 앞의 책, 2000, 147쪽.

하버마스의 헌법애국주의 이론의 내적 긴장을 좀 상세하게 다룬 이유는 헌법애국주의를 우리 사회에 적용하려고 하는 장은주에게도 하버마스와 유사한 논리적 모호성이 발견되기 때문이다. 그는 앞에서 본 것처럼 인권 원칙과 민주주의 원칙의 제도적 표현인 '민주적 헌정질서'를 한국사회의 진보가 정당성을 확보할 "유일한 가능 조건"이라고 역설한다.70) 그러나 동시에 그는 하바마스가 생각하듯이 "정의의 이념만으로 민주공화국이 필요로 하는 연대성의 이념 모두를 온전하게 담아낼 수 있을지 의문스럽다"고 말한다.71) 그런데 흥미롭게도 시민들의 정치적 공동체와 연대성이 정의의 이념만으로 형성될 수 없다고 주장하면서도 그는 "사회문화적으로 구성되는 가치공동체"는 그 공동체의 "구체주의적·특수주의적 성격을 포기해야만 한다"고 말한다.72)

게다가 장은주는 남북한의 관계를 특수한 관계로 긍정한다. 그는 "북한은 적대적 관계와 역사에도 불구하고 또한 통일과 화해의 대상"이라고 강조한다.73) 오늘날 진보 이념이 정당성을 획득할 수 있는 "유일하게 참된 토대"는 "모든 사회성원에 대한 보편적 존중과 그들 모두의 자유롭고 자율적인 자기결정"이라는 이념임을 반복해서 강조하던 그가 북한을 "화해와 통일의 대상"으로 보는 이유는 무엇인가? 이런 질문을 통해 의도하는 것은 결코 북한이 화해와 통일의 대상이라는 점을 부정하자는 것이 아니다. 화해와 통일의 대상으로 인정되는 북한이 과연 장은주가 진보이념의 유일한 정당성의 기준으로 내세우는 인권과 민주주의 원칙과 어떻게 무리 없이 결합될 수 있는지가 궁금할 따름이다. 왜 일본이나 중국, 그것도

---

70) 장은주, 앞의 책, 2007, 28쪽.

71) 위의 책, 318쪽.

72) 장은주, 앞의 책, 2010, 211쪽.

73) 위의 책, 392쪽.

아니라면 유럽과 같이 대한민국과 동일한 헌법 원리를 공유하고 있을 뿐만 아니라, 그런 원리를 우리 사회보다 더 폭넓게 실현하고 있는 나라들과의 화해나 통일이 아니라 하필 북한과의 화해와 통일인가? 물론 북한사람들에게도 인권과 민주주의가 중요하니 그런 이념을 북한지역에도 실현시키기 위한 노력은 장은주의 논리에서 무리 없이 도출될 수 있을 것이다. 그러나 왜 하필 북한 사람들의 인권인가? 모든 사람들이 아니라 북한 사람들의 인권에 대해 우리가 특별한 중요성을 부여할 이유가 존재하는가? 모든 사람들에게 동등하게 중요한 자율성과 평등의 이념에 대한 존중만으로 북한이 대한민국과 특수한 관계에 있으며 북한을 화해와 통일의 대상으로 간주하여 그에 상응하는 관심과 노력을 기울여야만 하는 이유가 충분히 설명될 것 같지는 않다.

V. 나가는 말

세계화 시대에도 국민국가는 여전히 쓸모 있고 국제사회에서 가장 중요한 행위주체로 남아있다. 이런 상황은 앞으로도 상당기간 지속될 것이다. 세계화의 진전으로 인해 양극화가 심해졌으나 변화된 조건으로 인해 국민국가의 행위 능력은 현저하게 약화되었다는 점을 들어 국민국가를 시대에 뒤진 것으로 보고 이를 대체할 방안을 모색하는 주장은 과장된 것이다. 국민국가와 민족주의에 대한 대안으로서 제시된 세계시민주의는 존중되어야 하지만, 국민국가 없는 세계시민주의의 길은 쓸모없는 구호에 지나지 않는다. 그렇다고 민족주의의 위험성을 그냥 보고만 있자는 것은 아니다. 민족주의의 위험성을 자각하고 그것을 제어할 수 있는 가능성을 미리 배제할 필요가 없다. 민족주의가 위험성을 지닌다는 이유로 그것을 버려야 한다고 주장하는 사람에게 필자는 다음과 같이 대답하고 싶다. 민족주의나 민족적 자부심이 대단히 위험하기에 그것을 대체할 대안이 필요하다는 주장을 일반화하면 지구상에 살아날 그 어떤 이념도 존재하지 않는다고 말이다.

민족국가와 세계시민주의는 양자택일의 문제로 이해되어야 한다고 주장하는 사람들이 있겠지만, 이런 양자택일을 설득력 있게 옹호할 수 있는 주장이나 논거가 제시된 적도 없다. 민족주의를 지지하는 이유도 다양하거니와 민족주의를 옹호하는 것이 세계시민주의를 배제하는 것은 아니기 때문이다. 또 세계시민주의라는 이상이 반드시 옳은 것인가에 대해서도 깊은 성찰이 필요하다. 어떤 세계시민주의인가가 중요한 이유이다. 오늘날 세계 공화국이 가능한지 여부를 떠나 그런 공화국이 설령 존재한다 해도, 그것은 칸트가 염려했듯이 지나친 권력을 갖고 있는 폭정의 형태로서만 존립할 수 있을 것이다. 그러므로 세계시민주의적 이상을 승인하고 그 실현의 가능성을 모색하자면 국민국가에서 출발하는 것이 더 현실적이다.

우리는 민족주의와 세계시민주의의 이분법을 넘어서야 한다. 그래서 민족주의의 폭력성과 위험성을 순화시키면서 민족주의를 보편적인 가치들과 연결시킬 수 있는 기반을 다지는 작업이 필요하다. 민족주의를 해롭지 않게 만드는 작업이 민족주의가 안고 있는 병리적 요소들을 치유할 수 있는 방안이자 세계시민주의적 이상의 실현에 더 다가가는 실천일 수 있다. 그러므로 민족주의가 호전적인 대내외적 배타주의로 흐를 위험성을 진지하게 받아들이면서도 변형된 민족주의를 매개로 하여 세계시민주의로 나가는 길이 규범적으로나 실현 가능성의 측면에서 보나 바람직하다. 역설적이지만 국민국가와 민족적 정체성에 대한 강조는 공허한 세계시민주의 이상을 내세우는 것보다 그런 이념에 이르는 더 나은 방법일 수도 있다는 말이다.

참고문헌

권혁범, 『민족주의와 발전의 환상－개인 지향 에콜로지 정치의 모색』, 솔, 2000.

권혁범, 『민족주의는 죄악인가』, 생각의 나무, 2009.

김동춘, 「한국사회의 공공성과 공적 지식인 : 그 구조적 특징과 변화」, 연세대학교 국학연구원 HK사업단 편, 『사회인문학과의 대화』, 에코리브르, 2013.

곽준혁, 「민족주의 없는 애국심과 비지배 평화원칙」, 『아세아연구』 제46권 4호, 2003.

곽준혁, 「변화하는 세계, 민족주의는 아직도 필요한가」, 『경계와 편견을 넘어서 : 우리시대 정치철학자들과의 대화』, 한길사, 2010.

나종석, 「탈민족주의 담론에 대한 비판적 성찰 : 탈근대적 민족주의 비판을 중심으로」, 『人文硏究』 제57호, 2009.

나종석, 「민족주의와 세계시민주의 : 자유주의적 민족주의를 중심으로」, 『헤겔연구』, 2009.

나종석, 「매개적 사유와 사회인문학의 철학적 기초」, 김성보 외 지음, 『사회인문학이란 무엇인가』, 한길사, 2011.

나종석, 「민주주의, 민족주의 그리고 한반도에서의 국민국가의 미래」, 『사회와 철학』 제22호, 2011.

다카하시 데츠야, 이규수 옮김, 『내셔널 히스토리를 넘어서』, 삼인, 2001.

박지향, 「머리말」, 박지향 외 지음, 『해방전후사의 재인식 1』, 책세상, 2006.

백낙청, 『한반도식 통일, 현재진행형』, 창비, 2006.

안병직·이영훈 대담, 『대한민국 역사의 기로에 서다』, 기파랑, 2007.

이영훈, 「민족사에서 문명사로의 전환을 위하여」, 임지현·이성시 엮음, 『국사의 신화를 넘어서』, 휴머니스트, 2004.

임지현, 「국사의 안과 밖－헤게모니와 '국사'의 대연쇄」, 『국사의 신화를 넘어서』, 휴머니스트, 2004.

임지현, 「포스트 민족주의 대 열린 민족주의」, 『제8회 인문학 학술대회 : 인문학은 말한다』, 이화여대 인문학연구원, 2004.

윤건차, 장화경 옮김, 『현대 한국의 사상흐름－지식인과 그 사상 1980~90년대』, 당대, 2000.

윤해동, 『식민지의 회색지대』, 역사비평사, 2006.

장문석, 『민족주의 길들이기 : 로마 몰락에서 유럽통합까지 다시 쓰는 민족주의의 역사』, 지식의 풍경, 2007.

장은주, 『생존에서 존엄으로 : 비판이론의 민주주의 이론적 전개와 우리 현실』, 나남, 2007.

장은주, 「대한민국을 사랑한다는 것－'민주적 애국주의'의 가능성과 필요」, 『시민과

　　　세계』 15, 2009.
장은주, 「민주적 애국주의와 민주적 공화주의－비판과 문제제기에 대한 응답」, 『시민과
　　　세계』 17, 2010.
장은주, 『인권의 철학 : 자유주의를 넘어, 동서양이분법을 넘어』, 새물결, 2010.
장은주, 『정치의 이동 : 분배정의를 넘어 존엄으로 진보를 리프레임하라』, 상상너머,
　　　2012.
조계원, 「한국사회와 애국심 : 공화주의적 애국심의 검토」, 『시민과 세계』 16, 2009.
홍석률, 「민족주의 논쟁과 세계체제, 한반도 분단문제에 대한 대응」, 『역사비평』 80,
　　　2007.

어네스트 겔너, 이재석 옮김, 『민족과 민족주의』, 예하, 1988.
존 롤즈, 장동진 외 옮김, 『만민법』, 이끌리오, 2000.
앤소니 스미스, 이재석 옮김, 『세계화 시대의 민족과 민족주의』, 남지, 1997.
애덤 스위프트, 김비환 옮김, 『정치의 생각 : 정의에서 민주주의까지』, 개마고원, 2011.
위르겐 하버마스, 황태연 옮김, 『이질성의 포용』, 나남, 2000.
위르겐 하버마스, 한상진·박영도 옮김, 『사실성과 타당성』, 나남, 2007.
위르겐 하버마스, 장은주·하주영 옮김, 『분열된 서구』, 나남, 2009.
에릭 홉스봄, 강명세 옮김, 『1780년 이후의 민족과 민족주의』, 창비, 2008.
Miller, M., *On Nationality,* Oxford University Press, 1995.
Miller, M., *Citizenship and National Identity*, Polity Press, 2000.

제3장 중국 동북지역 한인 자치운동과 민족 정체성

중화민국 시기를 중심으로

김 춘 선

I. 머리말

1912년 중화민국의 성립과 이에 따른 "중화민국임시약법"의 반포, "연성자치"의 실시 등 일련의 공화정치는 동북지역 한인사회의 자치운동에 새로운 전기를 마련해주었다. 결과 1910년대 동북지역에는 간민회·부민단 등 자치단체들이 건립되어 한인 이주민들을 기반으로 폭넓은 자치운동을 전개함으로서 한인사회의 형성과 발전에 크게 공헌하였다. 1920년대에 이르러 한인사회의 자치운동은 독립운동 단체들을 비롯한 각종 사회단체들이 공동 참여하면서 지역과 시기에 따라 다양한 형태를 보였다. 비록 이들 단체들이 추진했던 자치운동은 여러 가지 주, 객관적 원인으로 말미암아 명실상부한 한인자치를 실현시킬 수 없었지만 민족 정체성 확보와 한인사회의 지속적인 발전에는 크게 기여하였다. 본 논문에서는 중화민국 시기 동북지역 한인사회의 자치운동을 크게 동만과 남, 북만 두 개 지역으로 나누어 고찰한 후 한인 자치운동이 민족 정체성에 어떠한 영향을 주었는가를 규명해보고자 한다.

Ⅱ. 동만지역 한인 자치운동과 민족 정체성

1. 간민회의 자치운동과 민족 정체성

1911년 10월 손중산의 영도하에 전개된 신해혁명은 비록 철저한 성공을 거두지 못했지만 중국에서 2000년간 지속되던 봉건군주전제제도를 종결 지었으며 중화민국이라는 새로운 공화정체를 확립시켰다. 특히 1912년 3월 8일에 반포한 "중화민국임시약법"에서 "중화민국의 주권은 전체 국민에게 있다."고 규정함으로써 중국역사상 처음으로 인민에게 민주, 자유, 평등의 권리를 부여하였다. 그리하여 민국초기 중국내에는 '정치열조', '정법열조', '신문열조', '선거열조' 등 다방면의 정치, 문화적 새로운 사조가 일어났다. 뿐만 아니라 각 성(省)들에서는 약법에 근거하여 국회의원선거가 이루어졌으며 본 성의 자립과 자치를 강력히 주장하였다. 이러한 상황에서 신해혁명의 성과를 탈취한 원세개는 집권초기 각 지방 세력의 자치 요구를 수용하여 이른바 '연성자치'를 실행하였다. 비록 이 시기 중화민국에서 실시한 연성자치는 한인들이 오랫동안 갈망하던 민족자치와는 다른 성격의 것이었지만 이로 인하여 조성된 사회정치 환경은 동북지역 한인 자치운동에 새로운 전기를 마련해주었다.

1910년대 동만지역의 한인 자치운동은 1909년에 설립된 간민교육회로부터 비롯되었다. 간민교육회는 명칭 그대로 민족교육을 위한 일개 한인 교육기관에 불과하였지만 한인들의 자치문제에 비상한 관심을 가졌다. 간민교육회는 산하에 별도로 '자치부'를 설치할 것을 지방관서에 요청한 바 있으며,[1] 연길지부(延吉知府)와 체결한 「비밀조약」 제1항에서도 "한민들

---

1) 동남로도당안자료, 선통 2년 4월, 「韓人敎育會任員組織一覽表」, 연변당안관소장.

이 귀화입적하여 청인으로 된 후에는 자치권을 인정한다."고 규정하였다.[2]
이러한 원인으로 당시 일본관헌들은 간민교육회를 한민자치의 '화신(化身)'
으로 간주하였다.[3]

1912년 중화민국이 건립되고 '연성자치제'가 실시되자 동만지역의 이동
춘, 김약연 등은 이듬해 2월 간민교육회를 토대로 한인자치기관인 간민회
를 결성하기로 결의하고 길림동남로관찰사서에 「청원서」와 「간민회초장」
을 올렸다. 여기에서 그들은 '잡거구역간민자치회'를 건립하는 것은 "잡거
지역에 있는 간민들이 친선을 도모하고 중국의 법률을 연구하여 동일한
언어와 풍속을 실현하기 위한 것"이라고 천명하였다.[4] 이에 대하여 동남로
관찰사서는 '지방자치' 규정에 따라 '현의사회(縣議事會)'와 '현참사회(縣參
事會)' 같은 지방자치 성격의 단체건립은 허락할 수 있으나 한인자치단체는
임의로 비준할 수가 없다는 이유로 거부하였다.[5] 그러나 길림도독은 오히
려 "간민 김약연 등이 간민회를 조직하는 것은 친목을 도모하려는 것이니
가히 실시할 수 있는 것이고 작성한 초장(草章)도 합당하기에 응당 그대로
실시하라"고 지시를 내려 간민회의 성립을 공식인가 하였다.[6]

1913년 4월 26일 국자가에서 간민회성립대회가 개최되었다. 대회에서는
간민회총회의 행정부서와 임원을 선발하고[7] 『잡거구역간민회초장』을 공

2) 일본외무성, 『일본외무성문서』, MT.11259, 166~169쪽, 「局子街墾民敎育會에 關
   한 件」, 1911.2.13.
3) 반병률, 『성재 이동휘일대기』, 범우사, 1998, 86쪽.
4) 장조주, 『길림왕청현정치보고서』(2), 『길림동남로잡거구역간민회초장』, 99~101
   쪽.
5) 당시 현의사회와 참사회는 "지방자치제"의 실시에 따른 지방자치기구로서 각
   현 공서에 설치되어 현 공서 지방자치 사업을 감독, 관리하는 막강한 권력을
   가지고 있었다.(조선총독부 : 「국경지방시찰복명서」, 1915년, 『백산학보』 9호,
   1970년 12월, 제202쪽).
6) 동남로관찰사서당안자료, 간민총회 회장 김약연의 「보고」, 1913년 12월 30일.
7) 간민회통지서」, 1913년 5월 1일 간민회총회, 『연길현연길부문집』(28), 연변주당안

표하였다. 본 '초장'은 도합 11개 항으로 규정되었는데 주요내용은 다음과
같다.

첫째, 본회는 잡거구역내 간민들이 본 조례에 따라 조직하는 것이므로
　　　명칭을 잡거구역간민회라 한다.
둘째, 본회는 잡거구역 간민들의 상호친선을 도모하며 중국의 법률을 연구
　　　하고 언어와 풍습을 동일(同一)하는 기간 임시로 조직하는 것이므로
　　　기한을 2년으로 한다.
셋째, 본회는 총회를 동남로관찰사서 소재지에 설치하고 연길, 화룡, 왕청에
　　　는 분회를 설치한다.
넷째, 회원의 자격
　　　ㄱ, 잡거구역내에 간지(墾地)가 있는 자.
　　　ㄴ, 잡거구역내에 3년 이상 거주한 자.
　　　ㄷ, 품행이 단정한 자.
　　　ㄹ, 성인이 된 남자로서 능력이 있는 자.[8]

　　간민회는 비록 '초장'에서 간민회 건립목적은 "친선의 도모와 중국법률
의 연구"라고 하였지만 간민회 성립이후 그들이 추진했던 호구조사, 토지매
매 참여, 교육계체육대회 등 다양한 활동은 간민회가 단지 중국법률연구를
위한 민간단체가 아니라 한인사회를 이끌어 갈 수 있는 명실상부한 한인자
치단체임을 충분히 보여주고 있다.
　　우선 간민회는 지방정부를 협조하는 방식으로 한인 이주민들에 대한

　　관소장.
　8) 장조주, 『길림왕청현정치보고서』(2), 『길림동남로잡거구역간민회초장』, 99~101
　　　쪽.

상세한 호구조사를 진행하였으며, 이를 토대로 화룡·연길·왕청 등 현에 분회를 건립하고 5백호 이상 천호 이내의 범위로 지회를 세워 지방조직을 체계화하였다. 다음으로 간민회는 한인들의 생활문제를 해결하기 위하여 지방당국에 간민회의 참여를 전제로 한 토지매매 '방법'과 '자격', '의무' 등을 작성하여 제출하였다. 여기에서 간민회는 한인들을 대표하여 의사회와 현지사에 담보서를 제출하는 방법과, 입적하고 토지를 사들인 한인들에 대하여서는 민국사람(중국인)과 동일시하여야 한다는 점을 강조하였다.

그러나 이 시기 간민회가 제일 힘을 기울인 분야는 민족교육 분야이다. 그것은 우리말과 글은 물론이고 민족역사와 전통문화를 전승 발전시켜야만 민족 정체성을 지킬 수 있기 때문이다. 특히 간민회는 역사과목과 창가과목을 통해 청소년들에게 애국 애족과 반일의식을 주입시키기에 주력하였다. 이를 위해 간민회에서는 간민교육회 시기 자체 편찬한 『조선역사』·『동국사략』·『오수불망』·『최신동국사』·『월남망국사』·『안중근전』·『이순신전』·『조선지리』 등을 역사교과서로 사용하였으며, 음악교재로는 『신찬창가집』9)과 『최신창가집』10)을 새롭게 편찬하여 사립학교에 보급하였다. 이와 같이 한글로 교재를 편찬하고 한인청소년들에게 민족역사와 지리를 전수하는 전통은 1914년 간민회가 해체된 이후에도 사립학교들에서 계속 유지되어 왔다. 그리하여 1915년 중국 지방당국이 「획일간민교육판법(劃一墾民敎育辦法)」을 반포하여 한인 사립학교를 단속할 때도 중국관헌과 교섭하여 "교과서는 전부 조선어로 번역하여 교수할 것"과 조선역사와 지리과목은 일본과의 마찰을 우려하여 비밀리에 교수하도록 묵인 받음으로서 민족 정체성을 고수하고 전통문화를 전승 발전시키는 데 크게 공헌하였다.11)

---

9) 1913년 3월 명동학교에서 禹時旭이 편찬한 『신찬창가집』을 발행하였음.
10) 1914년 7월 광성학교에서 발행한 노래집.

간민회는 동만지역 한인 이주민들의 결집력을 강화하고 사회참여 의식을 제고시키기 위해 1913년 단오절에 연변학생연합운동대회를 개최하였다. 당시 동만지역 한인 이주민의 대부분은 조선 북부지역의 시골농민들이였기에 본국에서 겪었던 사회생활은 아직 새로운 문명에 접하지 못한 폐쇄적 공간 내에서의 활동에 불과하였다. 그러므로 그들은 동만으로 이주한 이후에도 조선국내의 사회 환경에서 굳어졌던 생활습성을 그대로 유지하면서 지연이나 혈연을 벗어난 사회활동은 등한시하고 있었다. 이러한 상황에서 간민회는 당시 조선민족의 전통명절인 단오절을 이용하여 연변학생연합대운동회를 개최함으로써 한인 이주민들의 사회생활공간을 확대하고 각 지역의 학교와 학교, 마을과 마을 간에 공동의 장을 마련해 줌으로써 한인사회의 결집력과 민족 정체성을 향상시키고자 하였다.[12] 1913년 단오절 용정촌의 합성리에서는 북간도학생연합대운동회가 개최되었다. 명동학교를 비롯한 부근 4, 50리 내의 중소학교 학생과 학부모들이 모였는데 그 수는 무려 1,500여 명에 달했다. 이는 동만지역 한인 이주민들에게 있어서 이주 이래 처음으로 맞는 연합운동대회이자 군중집회이기도 하였다. 간민회 대표인 김약연과 김영학의 주최하에 이틀간 진행된 운동대회는 폐회식을 마친 후 학생들과 학부형들이 줄을 지어 거리를 돌면서 일본제국주의의 침략을 규탄하고 애국가를 부르는 등 일대 반일시위로 이어졌다.[13]

이와 같이 간민회는 한인사회를 대표하여 정치, 경제, 교육 등 분야에서 폭넓은 활동을 전개하면서 한인사회의 자치를 실현하고자 모든 노력을 경주하였다. 당시 간민회의 역할에 대해 『국민보(國民報)』는 "내지에서 생활상 곤란으로 인하여 여러 해 동안에 두만강을 건너 북간도 일대에

11) 동양척식주식회사편, 『間島事情』, 大正 7年, 849쪽.
12) 현규환, 『한국류이민사』(상), 어문각, 1967, 403쪽.
13) 국사편찬위원회, 『한국사』(21), 탐구당, 1978, 130~133쪽.

산재한 동포가 백만 명에 달한지라. 일찍이 조직된 단체가 없으므로 그곳 동포의 실업과 교육이 완전치 못하더니 모모 신사의 민첩한 수단으로 간민회를 조직한 후 각처에 학교가 더욱 진흥하여 일반 동포가 날로 단합하여 지회를 설립한 곳이 오십여 지방이라 함."[14]이라고 보도하였고, 사방자는 「북간도, 그 과거와 현재」라는 기사에서 "2년 동안에 간북동포에게 조국정신을 고취하여 사상변천의 일대 신기원을 삼을만하다"[15]고 평가하였다.

간민회는 상술한 활동 외에도 합법적인 한인자치를 실현하기 위해 지방 정부의 요구대로 한인들의 귀화입적도 적극 추진시켰다.[16] 그러나 간민회의 입적운동은 유림세력인 농무계와 공교회의 강력한 반발을 자아냈다. 즉 간민회는 한인들의 입적을 통해 일본의 간섭에서 벗어나고 나아가 한인사회의 정치, 경제적 지위향상을 도모하여 진정한 한인자치를 실현하고자 하였다. 그러나 농무계의 보수적인 입장에서 볼 때 입적은 곧 민족의 고유전통의 배반이요, 종족의 멸망이요, 또한 그것은 중국인에 대한 아첨으로 인식되었다. 위정척사계열이며 유교학자로서 공교회운동에 앞장섰던 김정규는 자신의 「일기」에서 간민회의 입적운동에 대하여 "간민회는 바로 한인회이다. 이 한인회라고 이름을 지었으면서 우리 백성을 중국 백성으로 변화시키려 하니 도대체 무슨 생각을 하는 것인가. 머리를 묶어 상투를 틀고 흰 옷을 입는 것은 본래 우리 민족의 제도이다. 지금 머리를 깎고 검은 옷을 입으며 같은 언어를 쓰고 풍속을 같게 한다고 한다. 과연 이렇게

---

14) 「북간도의 새로운 광채」, 『國民報』第二十七號, 1913년 11월 12일 ; 한국독립운동 사정보시스템, 자료번호 : GM1913111204-06.
15) 사방자, 「북간도, 그 과거와 현재(1)」, 『독립신문』(상해판), 대한민국 2년 1월 1일자.
16) 청정부의 민족동화를 상징하는 치발역복 정책과 중화민국의 공민권을 상징하는 귀화입적 정책은 성격상에서 엄격히 구분해 보아야 한다.

한다면 한국사상이 도대체 어디에 있는가. 한국사상이 없어질 것 같으면 장차 우리의 국권을 되찾는 것이 목적이라는 것은 사람을 속이는 것이 너무 심한 말이다. 중국 사람이 우리에게 호적을 올리라고 권하는 것은 자기 나라를 위하는 그 사람의 정성이겠지만 자기도 한국 사람이면서 우리에게 중국에 호적을 올리라고 권하는 것은 나라를 팔아먹은 일진회보다도 더 심한 경우이다. 일진회는 단지 우리 땅을 넘겨주었을 뿐이지만 지금 이 간민회는 종족을 속박하여 조상도 잊고 후손도 끊어버리는 상태에 던지는 것이니 진실로 통탄할 만하다. 장차 어디로 귀결된 것인가."[17]라고 비난하였다. 여기에서 동만지역의 유림들이 간민회의 귀화입적운동을 우리 민족의 복장과 언어, 풍속 등 고유문화를 저버린, 일진회보다 더 나쁜 행위라고 비판한 것은 단순한 이념적인 대립에서가 아니라 민족문화의 인식차이에서 비롯된 것으로서 이는 곧 우리의 고유문화를 보존하여 '한국사상(韓國思想)'을 지키고 나아가 한민족의 정체성을 지키기 위한 것이었다고 분석된다.[18] 이는 당시 농무계의 주요 인사들이 '사숙개량회'를 설립하고, 또 1913년 10월에는 잡거구역 내에서 귀화 한인과 중국인들이 함께 참여하는 동변민족친협회(東邊民族親協會)라는 단체의 설립을 준비하고 「주비선언서(籌備宣言書)」와 「잠정회장」을 작성한 사실을 통해서도 어느 정도 확인할 수 있다. 「잠정회장」에 의하면 회원자격은 중국인 및 중국에 귀화한 한인이며, 주요사업은 인권보장을 비롯하여 위험과 고통에 빠진 사람을 도와주는 일, 문명을 창달하는 일, 실제 사업을 장례하는 일이며, 지향점은 중국 문명을 보급하고 나라를 사랑하며 '종족을 보존'하는 것이라

---

17) 김정규,『야사』제9권, 1913년 6월 14일,『용연 김정규 일기』, 독립기념관 한국독립운동사연구소, 1994, 492~493쪽.

18) 박걸순,「1910년대 동만지역 한인 단체의 갈등과 민족문화 인식」,『중국 동북지역 한민족 항일투쟁의 역사적 의의』, 광복70주년·항전70주년 공동학술회의 논문집, 2015, 149~150쪽.

고 하였다.[19) 여기서 '종족 보존'이란 즉 인종, 문화, 언어, 정체성을 공유하는 한인들의 민족 정체성 보존을 의미하는 것이라 분석된다. 이와 같이 공화사상을 가진 간민회의 자치운동이나 중화사상을 가진 농무계의 공교운동은 민족문화에 대한 인식의 차이에서 비롯된 것으로서 비록 구체적인 방략과 방법이 다르다고 하지만 그들이 추구하는 궁극적 목적은 조국의 독립과 한민족의 정체성을 지켜나가기 위한 것이었음을 알 수 있다.

2. 조선인거류민회의 자치운동과 민족 정체성

1920년대 동만지역의 자치운동은 주로 친일단체인 조선인거류민회를 중심으로 전개되었다. 1920년 일제의 '경신년대토벌' 이후 동만지역의 한인사회는 대체로 친중반일과 친일반공으로 급속히 양분되는 현상이 나타났다. 한편 1910년대까지만 하여도 한인들의 독립운동에 동정하면서 음으로 양으로 적지 않은 도움을 주던 중국 지방관헌들도 점차 한인들을 일제 중국침략의 '화근'으로 간주하면서 한인들을 무시하고 심지어는 사살하는 사건들이 빈번히 발생했다. 1921년 용정에서 허병섭이 중국 군인의 총에 맞아 죽었고, 국자가에서는 최동이라는 12살 아이와 김동환이 중국 경찰에게 피살되었으며, 팔도구에서도 김씨 성을 가진 무고한 농민이 중국 군인 총에 맞아 사망했다.[20) 그러던 중 1923년 2월 13일 용정촌시장에서 최창호[21)가 또 아무런 이유도 없이 중국관헌의 총에 맞아 사살된 사건이 발생했다. 당시 중국측에서는 이 사건은 과실로 인한 상해치사사건에 불과

---

19) 김정규, 『용연 김정규 일기』(중), 527~530쪽.
20) 문재린·김신묵 회고록, 『기린갑이와 고만녜의 꿈』, 도서출판 삼인, 2006, 463~464쪽.
21) 당시 신문기사에는 최창호의 이름을 崔昌浩 혹은 崔祥浩 등으로 기록하고 있다.

함으로 피해자 가족에게 은 300원을 지불하는 것으로 무마시키려 했다.[22] 그러나 당지 한인유지들은 이는 우발적인 사건이 아니라 중국인들의 한인에 대한 멸시와 편견의 발로라고 인정했으며, 이러한 결과를 초래한 근본원인은 '만몽조약' 이후 한인들이 처한 '이중국적'과 이에 따른 이중적 통치체계에 있다고 주장하면서 대규모적인 시민대회를 개최해 본 사건의 철저한 규명을 촉구했다. 그런데 여기에서 주목되는 것은 이 사건을 계기로 그때까지 친일적 경향만 보여왔던 조선인거류민회가 오히려 이 시민대회의 주최로 등장한 점과, 본 사건이 한인이 중국관헌에게 무고히 살해되었음에도 불구하고 한인사회의 대응은 오히려 일본국적의 이탈을 요구하면서 궁극적으로는 한인자치를 요구했다는 점이다.

먼저 시민대회의 개최상황을 살펴보면, 동년 2월 14일 민회는 용정에서 대책위원회를 열고 첫째, 일본의 통치 아래에서는 생명재산을 보호받을 수 없으니 탈적운동을 개시할 것, 둘째, 중국정부에 엄중 항의할 것을 결의했다.[23] 이에 따라 동월 26일 용정촌에서는 주민대회가 개최되었는데 대회에서는 김정기(金正琪) 위원장을 비롯한 34명의 집행위원이 선출되었으며,[24] 간도의 한인 30만 명의 일본국적 이탈운동과 중국정부에 제출할 항의문을 채택했다. 이에 의하면 일본국적 이탈운동을 전개하는 이유는 1) 간도에 거주하는 한인은 일본·중국 양국의 이중법률을 받음으로서 일상생활에 막대한 곤란을 당하는 것, 2) 행복한 생활을 개시하기 위해, 3) 일본이 우리 동포의 생명재산을 완전히 보호할 능력 유무를 신뢰할 수

---

22) 『동아일보』 1923년 3월 22일자(3), 「간도용정촌의 조선인 총살사건」.

23) 『동아일보』 1923년 2월 16일자(3).

24) 金正琪(委員長) 李庚在·李庚在·鄭士斌·尹和洙·鄭在(載)晃·金演君·安容浩·金龍錫·洪錫燦·李容碩·朴定奎·朴贊順·韓相愚·申一默·金羅淵·姜瑾·李熙憙·趙商九·王金鵬·金用燦·曹喜林·安壽翼·孫定龍·李昌來·崔斗南·申鉉默·姜載厚·金秉湜·金炳華·林炳斗·崔伯允·白楡晶·崔昌奉·宋義淳.

없다는 것 등이었으며,25) 중국측에 항의할 내용은 1) 간도는 국제조약에 의해 우리 한인이 거주할 권리가 있고, 또 60여 년 이래로 개간에 노력해 금일의 옥토를 만든 공로로 말할지라도 한인은 이 땅에 거주할 권리가 당연함에도 불구하고 백주에 죄 없는 양민을 총살해 인권을 유린한 일, 2) 세금을 제한 없이 받아서 한인의 생활을 안정치 못하게 하는 일, 3) 하급관리들이 주민에게 무리한 압박을 하고 불법행동을 해 생활의 안정을 얻지 못하게 하는 일, 4) 법률에 위반되는 세금을 강제로 받는 일 등이었다.26) 집행위원회는 외교대표 정재면(鄭載冕)·윤화수(尹和洙)·김정기 등 3명을 일본영사관과 중국지방관청에 보내어 상술한 내용을 전달했다. 이에 대해 중일 양측은 모두 강한 반대의사를 표명했으나 대표위원들은 "우리들은 일중 양국을 반대함이 아니라 다만 한인자치를 철저히 하려는데 불과함"을 재삼 천명했다.27) 이러한 실정에서 중국당국은 최창호 유가족에게 무휼금으로 은 3백 원을 주어 사건의 확대를 저지시키려 시도했으나 민회를 중심한 한인들의 일본국적 이탈운동과 자치활동은 계속 고조되어 갔다. 28일 대표위원들은 일본국적 이탈문제, 한인자치문제, 이중법률 철폐문제 등 사항에 대해 토의한 결과, 국적이탈운동안과 중국정부에 대한 항의안은 잠시 보류하기로 하고 우선 조선인의 자치기관으로 조선민단(朝鮮民團)을 건립해 한인자치를 실현하기로 결의했다. 그리고 조선민단의 건립을 위해 다음과 같은 사항들을 결의해 집행하기로 했다.

① 각 지방의 주민대회상무집행위원회를 조직
② 10일에 1차씩 정기통신을 할 일.

---

25) 柳光烈, 『間島小史』, 大華書館, 1933, 86쪽.
26) 『동아일보』 1923년 2월 24일(3), 「國籍脫離의 理由」.
27) 柳光烈, 『間島小史』, 大華書館, 1933, 87쪽.

③ 선전원 6개 대를 간도 전 지방에 파견해 순회시킨다.

④ 주민대회 경비를 위해 의연금 징수의 권리를 지방집행위원회에 준다.

⑤ 조선민단 설립을 위해 각지의 조선인회를 중심으로 각각 공동결속할 일.

⑥ 주민대회에서 작성한 조선민단 규칙을 수정해 곧 정식으로 일본정부에 인가원을 제출하는 권리를 주민대회집행위원회에 부여할 일.[28]

최창호 피살사건을 계기로 개최된 간도주민대회는 조선민단이란 자치기구 건립을 목표로 한 자치운동으로 급속히 발전해 갔다. 민회는 이 운동에서 핵심적 역할을 발휘하면서 각 지방의 민회 조직망을 이용해 보다 조직적이고 체계적으로 활동을 전개하고자 했다. 그러나 민회를 중심한 자치활동은 중일 양국의 강력한 단속을 피면할 수 없었다. 1923년 4월 1일부터 3일간에 걸쳐 개최된 주민대회에서 일제의 스에마쓰(末松) 경시는 "민회의 조선민단 기성운동 참가를 허락하지 않으며 이번 운동은 현재 사회를 파괴하는 불온한 기운이 있으니 앞으로 주의하지 않으면 취체하겠다."고 경고했고,[29] 중국측도 상부국장 고사원(高士遠)을 주민대회에 보내어 조선민단의 건립은 절대 허락할 수 없음을 밝혔다. 왜냐하면 당시 일본측은 한인들의 자치운동은 동시기 북경 및 봉천지역에서 김규식(金奎植)과 장진우(張鎭宇) 등이 추진하고 있는 한인자치기성회[30]의 활동과 연관이 있다고 인정했고, 중국측은 일본으로 하여금 재차 출병할 수 있는 기회를 조성하려는 것이라

---

28) 柳光烈, 『間島小史』, 大華書館, 1933, 89쪽.

29) 『동아일보』 1923년 4월 6일자.

30) 『동아일보』 1923년 1월 21일자(3), 「韓人自治期成會」. "독립단 수령 金奎植·張鎭宇·金精一·南鎭伍 등은 동삼성에 있는 조선사람으로 자치회라는 단체를 조직해 일본의 세력범위를 벗어나서 전혀 중국관헌의 보호아래서 일본인을 대항코자 한인자치기성회를 조직하고자 목하 북경과 봉천에 있는 중국 관헌에게 교섭한다더라."

고 의심하고 있었기 때문이다.[31)

조선인거류민회는 일본영사관의 철저한 감독하에 일본총독부의 기층 행정사무를 처리하는 친일기구에 불과한 것이었다. 그렇다면 1923년 민회가 일본국적 이탈과 한인자치를 요구하는 이유는 무엇일까. 여기에는 여러 가지 원인이 있겠으나 주로 다음과 같은 이유에서 비롯되었다고 볼 수 있다.

첫째, 조선인민회는 이른바 일본의 '한인보호'에 대한 진의를 점차 깨닫게 되었으며 특히 '경신년토벌'에서 무고한 한인들을 대량 살해한 사실에 대해 분개하고 있었던 것이다. 1923년 2월 18일 『동아일보』에 기재된 「용정시민대회에서 본사에 주민대회개최의 통전」 내용을 살피면, 간도한인들이 일본 국적을 벗어나려는 이유로는 "이 사건은 중국인이 조선민족을 모욕한 일뿐만 아니라 조선민족 전체가 전혀 일본대국의 압박 아래에 있는 까닭이다. 이번에 간도에 거주하는 삼십만 조선인이 목숨을 내어놓고 부르짖는 탈적운동은 현재 조선인의 생명재산의 안전을 도모함에 피치 못할 운동이라 일본정부에 보호를 칭함이 아니오 일본정부는 일시동인(一視同仁)이라는 말 아래에서 격심한 차별을 하고 간도재류 국민을 보호한다는 미명하에 군대를 출동케 하야 무죄한 조선인을 학살하야 그 생명재산을 희생할 뿐 아니라 따라서 중국인에게까지 모욕과 압박을 받게 함은 이루다 말할 수 없다."[32)고 했다. 이로 보아 당시 간도지방의 일부 민회회원들도 일본이 한인보호의 미명하에 무고한 한인들은 학살한 데 대해 증오하고 있었으며 현재 중국당국의 모욕과 압박을 받는 원인도 일본 때문이라고 인식하고

---

31) 『동아일보』 1923년 1월 21일자, 2월 18일자. "이번 운동을 당지 일본영사관 당국에서는 동삼성 조선인자치운동과 관계가 있는 듯이 의심하고 …… 또 중국당국에서는 우리들의 운동을 일본으로 하여금 출병을 하게 하는 것이라고 의심하는 모양이다."

32) 『동아일보』 1923년 2월 18일자.

있었음을 알 수 있다.

둘째, 간도주재원 히다카 헤이고로(日高丙子郎)의 이른바 도덕광명주의를 내건 '광명회(光明會)' 사업의 영향에서도 기인한 바가 크다고 볼 수 있다. 히다카 헤이고로는 1923년 1월 용정촌에 광명회를 설치하고 간도에 이상향을 건설한다고 역설했다.[33] 그리고 민회조직을 중심으로 기타 유지 인사들과 광범하게 접촉하면서 이른바 도덕광명주의를 내걸고 광명어학교·광명사범과·영신소학교 등을 인수 경영했으며, 광명수양원·광명일요아동회 등 수양사교단체를 만들어 농원경영까지 하면서 한인사회에 커다란 파문을 일으켰다. 그러나 당시 히다카의 광명회 사업은 그가 사이토 마코토에게 보고한 바와 같이 민회가 한인사회에서 배척받는 상황에서 방법을 바꾸어 민족종교의 범위를 초월한 도덕광명주의를 내걸고 친중적인 한국인은 물론이고 중국인도 그들의 침략정책에 이용하려는 데 그 목적이 있었던 것이다.[34] 그럼에도 불구하고 민회는 이러한 표면현상에 고무되었고, 그들도 한인사회 내부의 일은 한인들 스스로가 처사하는 자주권을 욕망하게 되었다. 이에 따라 그들은 1910년대 귀화입적을 통한 자치권의 확보가 아닌 국적이탈 방식으로 일본측도 아니고 중국측도 아닌 독자적인 자치를 획득하고자 시도했다고 볼 수 있다. 이는 당시 이중국적으로 인한 한인재판권 문제가 해결되지 않은 상황에서 일본 국적에 가입하거나 중국 국적에 가입하거나를 막론하고 모두 한인들의 정당한 법적 권리가 보장될 수 없다고 인정했기 때문이다. 사실 당시 한인들은 어느 한쪽에 기울어져 완전한 자유와 평등을 찾을 수 없었으며, 이러한 현실이 그들로 하여금 민족 정체성 확보와 한인자치에 대한 욕구가 더 증폭되게 했다고 생각된다.

---

33) 『동아일보』 1923년 1월 16일자, 「間島에 理想鄕 建設」.
34) 『齋藤實文書』 「日高丙子郎關係書類」 2, '內鮮人融合機關設立卑見(1921년 4월)', 姜東鎭, 『日本朝鮮支配政策史研究』, 東京大學出版會, 1979, 253~254쪽 재인용.

결국 한인들은 자신들의 문제가 먼저 일본의 영향력에서 완전히 벗어난 후 중국에서의 합법적 권리를 보장받을 수 있는 자치권을 획득해야만 철저한 해결을 볼 수 있다고 판단했다.[35] 이러한 측면에서 볼 때, 조선인거류민회는 친일적인 성격을 가지고 일제의 대륙침략 정책에 이용당하고 있었지만 민회에 참가한 한인들 대부분은 일제의 통제에서 벗어나 자치를 갈망하고 있었던 것으로 분석된다.

1923년 최창호사건을 계기로 북간도 일대에서 전개되었던 일본국적 이탈운동과 한인자치활동은 중일 양측의 반대로 말미암아 큰 성과를 올리지 못하고 실패로 돌아갔다. 그렇지만 이 시기의 자치활동은 1910년대 반일 친중적 성향을 지닌 간민회의 자치활동과 달리 친일단체인 민회를 중심으로 기타 유지인사들이 공동으로 전개했다는 점에서 주목된다.[36] 또한 일제의 정치적 무력적 압력과 생활난으로 하여 마지못해 민회에 참여하였던 한인들도 점차 자신들의 운명은 일본도 중국도 아닌 우리들 자체가 중심이 되어 해결해야 한다는 민족 정체성의 또 다른 표현이라 평가된다.

---

35) 林永西는 「1910~20년대 간도한인에 대한 중국의 정책과 민회」(서울대학교 대학원 석사학위논문, 1993)에서 민회가 '반민족적 친일단체'로 전락한 것은 중국당국이 수동적인 민족정책을 통해 한인들에게 친일이냐 친중이냐는 오도된 선택을 강요한 결과라고 보고 있다. 그리고 그는 민회도 귀화와 자치 실현이라는 자신의 엷은 친일적 색채를 뛰어넘는 주장을 폈으나 중국측의 적절한 대응책이 없었기에 친일적으로 전락했다고 보고 있다.

36) 당시 주민대회 집행위원가운데는 金正琪·尹和洙·鄭載冕·金演君·韓相愚·金躍淵 등 많은 민족진영 인사들이 참여하고 있었다.

3. 중국당국의 한인 구축정책과 자치운동

일제는 1927년 4월 '산동출병'을 단행했으며, 6월에는 '동방회의'를 개최하고 8개항에 달하는 '만몽적극정책'을 발표해 대륙침략 정책을 공식화했다. 그리고 동년 10월에는 동북군벌을 핍박해 돈도철도(敦化~圖們)와 북만일대의 철도부설권을 획득했으며, 1928년 5월에는 '제남사건(濟南事件)'을 일으켜 중국인의 반일감정을 크게 고조시켰다.[37] 이러한 실정에서 중국정부는 이른바 일제의 침략을 미연에 방지한다는 미명하에 동북지역 한인들에 대하여 '구축정책'을 실시하기 시작하였다. 따라서 동만지역의 자치운동은 1920년대 후반에 이르러 동북군벌의 한인 '구축정책'에 맞서 한인유지들을 중심으로 군중집회나 각종 시민대회를 개최하는 방식으로 전개되었다. 그런데 1927년 9월 화룡현 옥돌골에서 한인 소작농 최창락(崔昌洛)이 중국인 지주 형전갑(邢田甲)에 의해 무고히 살해된 사건이 발생했는데, 이는 구축반대운동을 고조시키는 계기로 작용했다. 9월 12일 용정과 국자가의 한인유지들은 조선인사회단체협의회를 발기하고 용정의 공회당에서 용정국자가시민연합대회를 개최해 중국당국과 지주들의 폭정을 규탄했다. 대회에서는 중국당국에 살인자 형전갑을 처단하고 이를 비호한 지방관헌을 엄격히 처벌할 것을 강력히 요구했으며, 전간도주민대회를 소집하여 민중을 각성시키고 조선 국내의 신간회에 보고해 여론을 환기시킬 것을 결의했다.[38]

최창락피살사건을 계기로 동만지역에서는 간민교육연구회를 중심으로 중국당국의 한인구축에 대한 한인사회의 조직적인 대응이 전개되면서 점차 자치운동으로 전환되어 갔다. 1928년 3월 18일 간민교육연구회 회장

---

37) 李鴻文 等著, 『東北人民革命鬪爭史』, 吉林人民出版社, 1989, 124~125쪽.
38) 『조선일보』 1927년 9월 21일자, 「용정 국자가 연합시민대회 결의사항」.

김영학의 주최로 국자가 청년회관에서 연변간민유지자대회가 개최되고 연변대표자촉성회를 결성했다. 이 회의에서는 길림성에 대표를 파견해 한인구축에 항의할 것을 결의했다.[39] 1929년 1월 1일 연변지방간민대표 전성호 등은 길림에서 10여 명의 각 현 대표자들과 회합을 갖고 북간도지방의 시민대회 활동을 합법적 자치운동으로 전환할 것을 결의하고 다음과 같은 9개 사항의 운동방침을 제정했다.

① 국민정부 및 국민당간부에게 혁명운동의 성공한 결과로 손총리가 고창 하던 삼민주의 실현을 축하하는 내용의 축전을 발송한다.

② 동삼성 행정과 기타 각 기관의 대혁신에 접해 한족(韓族)문제를 강구하는 기관을 특설하는 방안을 당국에 건의한다.

③ 각 현에 동향회(同鄉會)를 급속히 설치하고, 재만한인의 자치운동을 조직적으로 일으키는 것으로서 민의를 당국에 알린다.

④ 재만한인에 대한 귀화수속은 간편화를 기하며 각지 동향회에서는 귀화를 권유해 속히 공민권을 획득한다.

⑤ 공민권을 획득한 자는 중국인과 동등하게 참정권을 가지도록 당국에 요망한다.

⑥ 연변지방에 거주하는 한인은 중일양국 관헌의 이중제재를 받는 상황이므로 이를 근본적으로 개혁하기 위한 수단으로써 직접, 간접적으로 영사재판권의 철폐에 노력한다.

⑦ 연변지방에 있는 일본측의 금융기관에 대항할 수 있는 금융기관을 설치해, 한인농민에게 저이자 자금을 대부할 것을 중국당국에 청원한다.

---

39) 延邊代表者促成會의 준비위원은 金永學·金喆·方昌洛·金英浩 등으로 선정되었으며, 임시사무소는 局子街 泰東商店으로 정했다.(『朝鮮日報』, 1928년 3월 31일자, 「韓僑 當面問題로 延邊墾民會 吉林省에 代表派遣을 決議」.)

⑧ 각지에 있는 반일회와 서로 호응해 배일선전을 진행하며 중국당국의 방침을 영합(迎合)한다.

⑨ 중국당국자를 선동해 만주각지에 있는 조선인민회를 해산시키며, 향사 갑촌제도를 보다 유력한 기관으로 건설한다.[40]

위의 내용을 보면 대표자회의에서는 자치기관의 설치와 한인들의 권익 보장은 물론 중국당국의 국권회복운동의 중심과제인 일제의 치외법권의 철폐를 요구했고, 특히 중국인들의 반일회와 연합으로 배일운동을 전개해 조선인민회를 해산시키고 중국지방행정 체계인 향사갑촌제도를 강화하고 자 했음을 알 수 있다. 이것은 당시 중국당국이 배일운동의 일환으로 한인구 축을 감행하는 실정에서 한인자치 운동도 배일운동의 일환임을 강조해 중국당국으로부터 자치운동의 합법성을 인정받아 한인사회의 위기국면을 타개하고자 했던 것으로 보인다.

이외에도 1930년 3월 국자가의 한인유지들은 합법적 자치기관으로 신화 민회(新華民會)를 조직했다. 신화민회는 「간장(簡章)」에서 본회의 주요사업 과 임무를 "1) 국민정부의 현행법령 및 기타 법장에 따라 신화민을 지도해 동등한 공권을 향유한다. 2) 신화민을 권유해 종래의 습관, 풍속을 개량한다. 3) 일반 신화민은 일체 법률 및 규장에 대한 상식을 순회 강연해 민지를 계발한다. 4) 삼민주의를 강습한다. 5) 관민간의 의사소통과 신, 구화민간의 친목을 도모한다. 6) 인민의 은닉사실을 관청에 보고해 관민간의 간격을 없게 한다. 7) 일반 불량배를 제거해 연변의 주권을 보호한다. 8) 본 회원은 조선인민회에 가입하지 않는다. 또한 일본의 금전을 차용할 수도 없다."고 규정했다.[41] 그런데 여기에서 주목되는 것은 "신화민을 권유해 종래의

---

40) 朝鮮總督府警務局, 『在滿鮮人ト支那官憲』, 1930, 330~331쪽.

41) 朝鮮總督府警務局, 『在滿鮮人ト支那官憲』, 1930, 222~223쪽.

습관, 풍속을 개량한다."는 점이다. 이는 신화민회가 주장한 자치는 한인으로서의 민족자치가 아니라 중국인으로 완전동화한 신화인으로서의 자치를 의미하는 것이라 볼 수 있다. 그러나 이러한 경향은 당시 중국당국이 한인들의 귀화를 제한하고 민족동화를 강요하는 실정에서 동만지역 한인들이 그들이 처한 위기국면을 극복하기 위한 임시적인 조치에 불과한 것으로 분석된다. 신화민회는 설립초기 중국지방당국의 지지를 받은 것으로 보인다. 그리하여 1930년 4월 국자가 하시장(下市場)에 있는 시정주비처번역원 이금룡(李今龍)도 신화민회에 가입해 한인들의 귀화입적과 한인 자치운동에 관한 41개조를 제출하는 등 적극적인 활동을 펼치기도 했다.[42]

한마디로 이 시기 한인들의 자치운동은 다양한 형태로 진행되었으나 궁극적인 목표는 민족 정체성을 유지하면서 한인사회의 진정한 자치를 실현하는 것이었다. 따라서 자치운동의 주요한 내용은 민족문화를 보존할 수 있는 민족교육이었다. 특히 1920년대 후반에 이르러 중국 당국이 한인교육에 대한 통제를 대폭 강화하면서 강제적으로 한인학교를 폐쇄하고 학생들을 현립학교에 강제 편입시켰으며 심지어는 한인학생들의 조선이 등 민족교과를 폐지하고 한복의 착용까지 금지하는 사례가 비일비재 하였다. 이에 각지 한인유지들과 단체들은 자치운동의 일환으로 한인교육의 특수성과 당위성을 중국당국에 진정, 항의함과 아울러 합법적인 범위 내에서 조선어와 조선역사를 학교의 정규과목으로 허용해줄 것을 청원하였다.[43] 결과 1930년 8월, 탄압일변도로 달리던 길림지방당국의 교육정책도 일단 완화의 조짐을 보이기 시작하였으며 급기야는 「연변간민교육변통판법5

---

42) 『동아일보』 1930년 4월 5일자, 「歸化同胞網羅 新華民會組織」.

43) 박금해, 「간도조선인에 대한 중국당국의 정책과 조선인사회의 대응」, 『중국 동북지역 한민족 항일투쟁의 역사적 의의』, 광복70주년·항전70주년 공동학술회의 논문집, 2015, 191~192쪽.

조」를 반포하여 한인교육의 특수성을 인정하였다.

① 선인(鮮人)사립학교는 교육부에서 정한 과정표준과 교과서에 근거하여
   수업을 진행하는 외에, 매주 수업시간 내에 저급학년은 4교시의 조선어
   를, 고급학년은 2교시의 조선역사와 조선지리를 가르칠 수 있다.
② 공립학교는 교육부에서 정한 학제표준과 교과서에 따라 수업을 진행하
   는 외에 과외시간을 이용하여 저급학년은 매주 4교시의 조선어를, 고급
   학년은 매주 2교시의 조선역사와 조선지리를 가르칠 수 있다.
③ 연변4현의 교육국과 교육위원회는 정원이 부적할시 자격 있는 조선인
   을 선발하여 조선인학교의 감찰임무를 담당하도록 하여야 한다.(이하
   생략)44)

이어 1931년 2월, 길림성교육청에서 반포한 「선인학교취체판법(鮮人學校
取締辦法)」에서도 한인학교의 조선문, 조선역사, 조선지리 등 민족교과를
허용(중문역문을 첨부)하였으며 같은 시기의 「중화조선언문교환판법」에
서도 공립학교·민중학교·길림성제4사범학교에 중조언문(中朝言文)과를
설치하여 중국인 학생과 조선인 학생 사이에 서로 중조언문을 배우도록
권장하는 등 일련의 조치들이 취해짐으로서 민족교육과 민족문화를 고수
하고 민족 정체성을 지키는 데 크게 일조하였다.

그러나 이 시기의 한인 자치운동은 1930년 중공연변당부와 한인 공산주
의자들이 전개한 '5·30폭동'을 계기로 일대 전환을 가져왔다. 1930년 9월
12일 연길시정주비처장 장서한(張書翰)은 연길·화룡·왕청·훈춘 4현 한인
대표들이 참가한 이른바 조선인원로회45)를 개최하고 '연변4현자치촉진

---

44) 朴今海, 『日本對東北朝鮮族的植民主義敎育政策』, 延邊人民出版社, 2008, 142쪽.
45) 延吉縣代表：金廷一·金京禧·張元俊；汪淸縣代表：玄天極·崔振東；琿春縣代表：

회'를 성립할 것을 권유했으며, 지방당국은 이에 적극 협조하기로 했다.[46]
중국지방당국의 이같은 조치는 당시 5·30폭동을 전후해 동만지역 한인
공산주의자들이 과거 반일운동에만 치중하던 경향에서 점차 동북군벌과
중국인 지주 및 고리대금업자들도 타도의 대상으로 규정하는 등 반제반봉
건 투쟁으로 전환하고 있다는 판단에서 민족주의 세력을 적극 이용해
이한제한(以韓制韓)의 방법으로 한인 사회주의자들을 탄압하려는 데 그
목적이 있었다고 볼 수 있다. 이에 대해 당시 일본측의 조사보고에서도
"중국측은 공산주의운동의 압제에 민족주의자를 이용해 민심의 완화를
도모하는 한편 면촌제의 실시에 의해 아방시설(我方施設)의 조선인민회에
대항하고자 한다."고 분석하고 있다.[47]

중국지방당국의 적극적인 협조로 1930년 10월 4일 연변4현자치촉진
회[48]는 '규칙14조'와 '활동방침'을 제정, 발표했다. 먼저 '규칙14조'의 주요
내용을 살펴보면 다음과 같다.

> 제1조 : 본회의 명칭은 연변4현자치촉진회로서 화간(華墾) 양 민족의 감정
> 을 융합시키며, 자치지식의 보급 및 자치진행의 촉성을 목적으로 한다.
> 제2조 : 본회의 본부는 연길에 두고 훈춘, 화룡, 왕청 각 현에는 분회를
> 둔다.
> 제3조 : 본 회원의 자격은 화간민을 불문하고 다음과 같은 2가지로 한다.

蔡聚伍 등 20여 명.

46) 『동아일보』1930년 9월 23일자, 「朝鮮人元老會」; 1930년 10월 11일자, 「자치촉진
회 길림성에서 허가」.

47) 姜德相 編, 『現代史資料』29, 「朝鮮」5, みすず書房, 1972, 627쪽.

48) 연변자치촉진회 발기인 명단은 다음과 같다. 延吉縣 : 金廷日·朴京林·張相河·嚴能
彦·朴基坪·張元俊·安世勳·李基燦 ; 和龍縣 : 金信模·金鎭用 ; 汪淸縣 : 玄天極·崔振
東 ; 琿春縣 : 蔡奎伍.(『間島警察史』8, 452쪽, 「支那側／朝鮮人民族主義者利用」)

1) 각 구장과 촌정(村政) 지도원, 2) 본회의 종지에 찬동하는 신민(紳民)으로서 회원 2명이상의 소개자가 있어야 한다.

제4조 : 본회의 임원은 회장 1명, 부회장 2명, 간사 6명으로 한다. 분회에는 분회장 1명, 간사 4명, 명예간사 약간 명을 둔다. 그러나 위 임원은 회원의 선거로 선발된다.

제5조 : 본회 임원의 임기는 1년으로 하고 개선 시에 당선된 자는 재임할 수 있다.

제6조 : 본회의 개회는 정기와 임시 두 개 종류로 하고 정기회는 매년 2차, 임시회는 회원 반수이상의 요구에 의해 회장의 승인을 받아 개최된다.

제7조 : 본회의 회무는 다음과 같다. 1) 자치학식을 촉진할 일, 2) 자치사무의 이폐(利弊)를 연구할 일, 3) 의견과 조사보고 자료를 휘집(彙集)할 일, 4) 자치사상을 보급할 일, 5) 회원의 의사를 연락하고 상호 격려할 일.

제8조 : 본회의 종지를 관철하기 위해 제1조항으로부터 제4항에 이르는 범위 내에서 잡지를 발행할 일.

제9조 : 본회는 행정관서 및 자치기관의 자순(諮詢)조사에 응답하거나 보고할 의무가 있다.

제10조 : 본회는 자치진행에 대한 의견이 있으면 자치당국 및 감독관서에 건의해야 한다.

제11조 : 본회의 경비는 회원의 의무금과 유지의 희사금으로써 충당한다.

제12조 : 본 회원이 아닌 자가 희사금을 본회에 기증할 때에는 찬조원(贊助員)으로 인정한다.

제13조 : 각 분회는 매년 정기총회에서 회원의 성명과 회무진행 상황을 총회에 보고한다.

제14조 : 본 규칙은 관할관서의 비준을 얻은 날부터 시행한다.[49]

자치촉진회는 본 회의 설립목적은 "화한(華韓) 양 민족의 감정을 융합시키며, 자치지식의 보급과 자치진행의 촉성을 목적으로 한다."고 했으며, 의무는 "자치학식의 촉진, 자치사무의 이폐에 대한 연구, 자치사상의 보급" 등으로 규정함으로써 마치 명실상부한 한인자치단체로 표방하고 있었음을 알 수 있다. 그러나 자치촉진회의 '운동방침'을 살펴보면 자치촉진회의 설립목적은 한인자치의 미명하에 민족주의 운동으로 사회주의 운동을 제압하고자 하는데 있었음을 손쉽게 확인할 수 있다. 요컨대 자치촉진회의 운동방침에는 1) 연변4현자치촉진회를 선인사상의 선도기관 겸 자치지식 양성기관으로 인정하고 동회 회원은 민족주의자 및 각 종교단체의 유력자들로 조직할 일, 2) 동 분회 각 지부는 당분간 공산주의 운동의 타도에 전력을 쏟으며 점차 자치촉진을 계획할 일, 3) 동 자치회는 공산주의 타도를 위한 임시편법으로 유세대(遊說隊)를 편성해 각지에 유세를 진행해 공산주의 불합리성을 일반 민중에게 이해시킴과 동시에 선인의 민족적 대동단결의 필요를 고조시킬 일, 4) 공산주의 타도, 민족주의 고취의 선전문을 배포할 일 등으로 규정되었던 것이다.[50] 이상 4가지 활동방침 중 3가지는 모두 공산주의 타도와 민족주의 고취로 일괄되어 있음을 볼 수 있다. 여기에서 연변4현자치촉진회는 비록 한인자치를 표방하고 있었으나 활동의 중심은 자치보다 공산주의 타도에 역점을 두고 있었음을 알 수 있다. 한편 길림당국은 길림성정부 겸 전성경무처통역 오인화(吳人華)를 국자가에 보내 자치촉진회 간부 전성호(全盛鎬)와 김정일(金廷一) 등을 만나 민족주의자 및 종교계 인사들과 협의해 공산주의 운동을 민족주의 운동으로 전환시키는 데 주력하는 등 적극적인 지지를 보냈다. 이에 따라 자치촉진회는 동만지역내 민족세력의 규합은 물론이고 나가서는 남만지역 한족총연합회 출신의

---

49) 姜德相 編, 『現代史資料』 29, 「朝鮮」 5, みすず書房, 1972, 628~629쪽.
50) 姜德相 編, 『現代史資料』 29, 「朝鮮」 5, みすず書房, 1972, 628쪽.

남대관(南大觀)까지도 불러들여 한인 사회주의자들에 대한 중국당국의 탄압과 체포에 적극 협조했다.[51]

이와 같이 동만지역에서 민족주의자들이 추진했던 합법적 자치운동은 1920년 후반에 이르러 사실상 일제와 중국당국이 한인 사회주의자들의 반제반봉건 투쟁을 진압하는데 이용되었으며, 이는 결국 한인사회 내부의 분화와 대립만 증대시키는 결과를 초래했던 것이다. 이러한 실정에서 연변 4현자치촉진회의 자치활동은 더 이상의 진전을 보지 못하고 1931년 중국당국의 일방적인 명령에 의해 강제해체되는 운명을 맞이할 수밖에 없었다.

연변4현자치촉진회를 제외한 기타 한인유지들은 여전히 민중대회를 개최해 여론을 환기시키고 한인대표를 선발해 중국당국과 교섭하는 방식으로 한인들의 권익을 보호하고자 했다. 이에 따라 1930년 9월 20일 용정시 공회당에서는 연변민중대회가 개최되었다. 대회에서는 ① 신문지상으로 여론을 환기시킬 것, ② 대표를 길림성 정부에 파견해 항의할 것, ③ 살해동포의 구휼금을 모집할 것, ④ 민중대회의 상설기관을 설치할 것 등 4개사항의 결의문이 채택되었다.[52] 그리고 동년 10월 26일에는 전연변민중대회 소집준비위원회(全延邊民衆大會召集準備委員會)가 조직되기도 했다. 그 후이들 단체들은 한인들의 피해 실상을 상세히 조사한 후 대표를 길림성 정부에 파견해 정식으로 항의하는 한편 언론을 통해 국내외에 호소하는 등 다양한 활동을 전개했던 것이다.

---

51) 『間島警察史』 8, 앞의 책, 976쪽, 「昭和六年中間島·琿春及接攘地方治安槪況ノ件」.
52) 『동아일보』 1930년 10월 5일자, 「軍警戒嚴中間島民衆大會」.

Ⅲ. 남·북만지역의 자치운동과 민족 정체성

1. 경학사, 부민단의 자치운동과 민족 정체성

남·북만지역 한인사회의 자치운동은 일찍 신민회 회원이었던 이상룡·이회영·이동녕 등에 의해 추진되었다. 1911년 이들은 해외독립운동기지를 건설한다는 취지하에 중국 유하현 삼원포에 집단이주한 후 동년 4월 군중대회를 개최하고 다음과 같은 5개 사항을 의결하였다. 첫째 민단적 자치기관의 성격을 띤 경학사를 조직함, 둘째 전통적인 도의에 입각한 질서와 풍기를 확립함, 셋째 제농주의에 입각한 생계방도를 세움, 넷째 학교를 설립하고 주경야독의 신념을 고취함, 다섯째 기성군인과 군관을 재훈련하여 기간장교로 삼고 애국청년을 수용하여 국가의 동량인재를 육성함.[53] 이와 같이 경학사는 건립초기부터 자치단체로 출발하여 남만지역 한인사회의 정치, 경제, 문화 등 제반 권리의 취득에 중점을 두었다. 그러나 경학사의 사업은 그들이 생각했던 바와는 달리 순조롭게 진행되지 못했다. 당시 남민지역의 지방관원들은 한인들에게 치발역복을 강요하였으며 토지소유권을 인정하지 않을 뿐만 아니라 모든 부동산을 소유하지 못하게 하였다. 여기에 1910년부터 동북지구에서는 연속적인 자연재해가 발생하여 경학사는 결국 해체의 위기에 직면하였다.

1912년 중화민국이 건립되자 이상룡은 새롭게 등장한 공화주의 국가에 큰 희망을 가졌다. 그들은 경학사 시기 중국인들의 의구심과 배척운동을 해소할 목적으로 전개해왔던 변장운동을 그 내용과 형식을 바꾸어 계속 전개하기로 하였다. 이상룡은 변장운동을 "나의 동포 잃었으니 이웃 동포

---

53) 리관직,『우당리회영실기』, 을유문화사, 1985 ; 김춘선 주필,『신해혁명과 중국조선족』, 연변인민출판사, 2011, 13~14쪽 참조.

내 동포요, 나의 형제 잃었으니 이웃 형제 내 형제라"라는 인식과 작은 것을 죽이고 큰 것을 살리려는 생각에서 일치단결하여 "머리를 자르고 복식을 바꾸어 모두 중국식으로 따랐다"고 표현하였다.54) 여기에서 '작은 것'이란 변장이고 '큰 것'이란 민족 정체성과 자치를 의미하는 것이라 분석된다. 이러한 의미에서 볼 때 당시 이상룡 등이 추진했던 변장운동은 자원적인 민족동화가 아니라 남만지역에서 한인사회가 시급히 해결해야 했던 한인들의 민적 가입과 황무지 개간 나아가 자치의 실현을 위한 고육지책이라 평가된다.

이상룡은 유하현 지사에게 조선이 비록 멸망했지만 중국이라는 모국이 존재하고 있기에 한인 이주민들이 이곳에 이주해 올 수 있다는 것과 귀화입적하기를 원하니 하루속히 집조를 발급하여 중화민국 민적에 가입시켜주고 토지부조를 발급하고 민족교육을 중시하여 학교를 설립하게 할 것을 요구하였다.55) 또한 중화민국 국회에 제의서를 보내어 한인들의 귀화입적을 승인할 것과 이들을 받아들이면 "중국인들의 비축물을 매매할 수 있어 재력이 커질 수 있고 황무지를 개간하여 옥토를 만들 수 있으며 한인들이 자치를 하면서 더불어 살면 서로 감화되는 유익함이 있고 몽골을 정벌하고 러시아의 침입을 방지하는 데 유익하며 일본과 러시아의 침략에 대처할 수 있는 인력을 얻을 수 있다"는 등 다섯 가지 유리한 점을 지적하였다. 이외에도 이상룡은 중국어강습소를 설치하여 중국인들과의 소통과 친선을 도모하게 하였다. 그러나 이상룡 등의 상술한 행동은 일부 보수적인 유림인사들의 반발을 자아냈다. 이에 대하여 이상룡은 "머리카락은 작은 몸이고 옷은 바깥 꾸밈인데 일의 형편상 혹 바꿀 수도 있으니 태백이 머리를 자르고 형땅으로 도망한 것과 공자가 장보관을 쓰고 송나라에 있었던

---

54) 서중석, 『신흥무관학교와 망명자들』, 역사비평사, 2001, 74쪽.
55) 안동독립운동기념관편, 『석주유고』(상), 경인문화사, 2008, 549~552쪽.

것이 바로 그 예입니다. 큰일을 하려는 자가 어찌 자잘한 것에 얽매어서야 되겠습니까."라고 하면서 귀화입적이 그 무슨 민족 정체성을 잃는 것이 아니라 나라를 되찾고 민족을 상생시키는 행위라고 설명하였다.[56)]

그 후 이상룡 등 남만지역의 유지들은 한인사회의 자치를 위해 중국정부에 청원하는 한편 경학사를 토대로 공리회, 부민단 등 자치단체를 조직하였다. 뿐만 아니라 자신계, 광업사, 길남사, 신성호 등 부속 기구들을 설립하여 남만 일대의 황무지와 습지들을 조차해서 한인 이주민들로 하여금 산에서 내려와 논을 만들어 벼를 심게 하고 구역을 획정하여 자치제를 실행하였다.[57)]

부민단은 통화현 합니하에 본부를 두고 산하에 서무, 법무, 검무, 학무, 재무 등 부서를 두었으며, 지방조직은 10호, 100호, 1,000호를 기준으로 패(牌), 구(區), 지방으로 나누고, 패에는 패장(牌長) 또는 십가장(十家長) 1인을 두고 구에는 구장 또는 백가장(百家長) 1인을 두었으며 지방에는 천가장(千家長) 1인을 두었다. 이와 같이 부민단은 중앙본부와 지방조직을 만들어 남만지역 한인사회의 자치를 도모하였으며 한인과 중국인들 간의 관계도 원활하게 처리하여 당지인 들의 호평을 받았다.『석주유고』에서는 당시 부민단의 자치활동에 대하여 "민호를 배정하고 구역을 획정하여 자치제를 행하였다. 법령이 엄하고 판결이 명확하니 만주 사람도 문서를 가지고 와서 소송의 해결을 요청하는 자가 있었다."[58)]고 기록하였다.

그러나 부민단의 자치활동은 중국정부의 비준을 받고 합법적으로 이루어진 진정한 의미에서의 자치는 아니었다. 동북 지방당국은 한 시기 한인들을 황무지나 수전개간에 적극 이용하기 위하여 이주와 정착을 장례한

---

56) 안동독립운동기념관편, 『석주유고』(하), 경인문화사, 2008, 153~157쪽.
57) 안동독립운동기념관편, 『석주유고』(하), 경인문화사, 2008, 156쪽.
58) 안동독립운동기념관편, 『석주유고』(하), 경인문화사, 2008, 156쪽, 「행장」.

바 있었으나, 1915년 만몽조약이 체결되고 일제가 한인들의 이중국적과 토지소유권을 미끼로 대륙침략에 박차를 가하자 한인에 대한 단속과 취체를 대폭 강화하였다. 이러한 실정에서 이상룡 등은 중국당국에 「한교가 중국에 바라는 것」이란 글을 올려 한인들이 중국에 바라는 것은 관직이나 참정의 권리가 아니라 "민적에 편입되는 것을 허가받아 원수의 굴레에서 벗어나고 황무지를 개간하는 것을 허가받아 구덩이에서 죽어 나뒹구는 위기를 면하며 자치를 행하는 것을 허가받아 동족의 협잡을 제어하며 공교를 설립하는 것을 허가받아 성인을 우러르는 작은 정성을 펴며 무예를 익히는 것을 허가받아 장래의 목적을 달성하는 것에 지나지 않는다."[59]고 호소하였다. 그리고 한인에 대한 동북지방 당국의 정책은 "스스로 오는 것은 그대로 두어 금지하지 않되 무정한 듯이 대하고 보호를 하지 않아 마침내 의지할 데 없는 교민들로 하여금 실망하게 하여 떠나가려고 하면 떠나갈 사단이 없고 머무르려고 하면 머무를 만한 매력이 없게 만드는 것"과 같다고 지적하면서 "이는 전대 청나라의 부패한 시대에나 간혹 일시적으로 보완하는 방도가 될 수 있었던 것입니다. 지금 문명한 공화의 초기에 혁파하지 않은 폐단이 없는데 유독 이 한건만은 옛 정치를 그대로 답습하는 것은 어째서입니까?"하고 반문하기도 하였다. 마지막으로 한인들 중에서 남쪽 미국으로 이주한 사람들은 이미 보호를 받은 경우가 반이나 되고 북쪽 러시아로 이주한 자들도 또한 새로운 자치를 인정받았는데 유독 중국 땅으로 와서 교거하는 자들만은 현재 살아갈 가망이 없다고 호소하면서 "세 나라 중에서 누군들 세계의 대국이 아니며 누군들 공화의 선정을 베풀지 않겠습니까? 그러나 전혀 상관이 없는 저 미국과 러시아는 오히려 먼 곳에서 온 사람들을 회유하는 아름다운 뜻을 지니고 있는데

59) 안동독립운동기념관편, 『석주유고』(상), 경인문화사, 2008, 651~652쪽, 「한교에 대한 중국의 대우」.

일찍이 4천년 동안 지리적, 역사적으로 긴밀한 관계의 중국이 그 은혜를 교민에게 베풀지 않을 수 있는 것입니까?"[60]라고 하여 중화민국도 동북에 이주한 한인들에게 마땅히 자치를 인정하여야 한다고 호소하였다. 이상룡의 이 같은 주장은 당시 남만지역 한인사회가 얼마나 자치를 갈망하고 있었는가를 여실히 보여주고 있다. 이와 같이 이상룡을 비롯한 부민단은 매우 어려운 환경 속에서도 한편으로는 변장운동과 입적운동을 벌여 지방당국과의 관계개선을 도모하였으며, 다른 한편으로는 지방조직을 건립하여 한인사회의 자치를 실현하고자 하였던 것이다. 이에 대하여 당시 한때 삼원포(三源浦)에 머문 적이 있던 김산은 자신의 회고록에서 "여기는 소규모의 민주도시로서 읍내에는 중국인 3,000여 명과 한국인 1,000여 명이 거주해 있고 부근에 또 한국인 7,000여 명이 있었다. 한국인들은 자기의 '인민정부'와 재판소가 있었으며 진정한 자치제를 실행하고 있었다. 그들은 진정한 민족주의자들이었기에 한국어를 사용하였다."[61]고 평가하였다.

2. 반일단체들의 자치운동과 민족 정체성

1920년대 남·북만지역 자치운동의 주요한 특징은 반일운동단체를 중심으로 전개되었다는 점이다. 1920년 말, 밀산에 집결된 반일단체들은 유생역량을 보존하기 위하여 대한독립군단을 결성하여 러시아로 넘어갔으나 이듬해 6월 뜻하지 않게 '자유시참변'을 겪고 대부분 다시 동북지역으로 돌아왔다. 그러나 이 시기 동북지역의 한인사회는 전 시기에 비하여 현저하게 변화되어 있었다. 즉 러시아 10월 사회주의혁명이 승리하고 사회주의사

---

60) 안동독립운동기념관편, 『석주유고』(상), 경인문화사, 2008, 651~652쪽, 「한교에 대한 중국의 대우」.
61) 김산·님 웨일즈 공저, 『백의동포의 영상』, 료녕민족출판사, 1986, 142쪽.

상이 연해주와 인접된 동·북만지역으로 전파되면서 이들 지역들에서는
이미 사회주의 청년단체들이 조직되어 각종 정치투쟁을 벌이고 있었다.
뿐만 아니라 일제의 경신토벌 이후 친일단체들이 대폭 증가하면서 동북지
역의 한인사회는 반일친중과 친일반공 등 양대 세력으로 분열되어 있었다.
이러한 실정에서 민족주의 계열은 부득불 남만지역이나 중동로 이남의
북만지역으로 이동하여 새로운 독립기지 건설에 착수하는 한편 장기적인
대책으로 한인자치에 주력하였다.

　1922년 8월 남만일대 17개 단체대표들이 모여 통합단체인 대한통의부를
결성하였다.[62] 군정과 민정으로 이원체제를 갖춘 대한통의부의 주요 임무
는 한인사회의 자치와 반일무장투쟁이었다. 대한통의부는 관할지역의 매
개 현에 총감사무소를 설치하였는데 총감의 관할 범위는 1,000세대를 한
개 단위로 그 밑에 100세대 혹은 200세대를 기준하여 구장을 두어 지방조직
체계를 이루었는바, 1923년 겨울까지 통화·통남·환서·환남·환동·집안·집
남·관동·관북·흥경·유하·임강·장백 등 도합 26개 지방에 총감사무소를
설치하였다.[63] 통의부는 상술한 지방 총감사무소를 통하여 관할내의 한인
들로부터 일정한 금액의 세금(매년 매 세대에 평균 7원 좌우를 징수)을
징수하여 경비로 사용하였다. 그러나 대한통의부는 얼마 못가 내부의 복벽
주의 계열과 공화주의 계열간의 이념 대립으로 분열되어 전덕원 등 복벽주
의 계열은 의군부를 설립하고, 백광운 등 공화주의 계열은 상해임정과
손잡고 육군주만참의부를 설립하였다.

---

62) 1922년 8월 환인현 마권자(馬圈子)에서 개최된 남만한족통일회의(南滿韓族統一會
　議)에서 서로군정서, 대한독립단, 관전동로한교민단(寬甸東路韓僑民團), 대한광복
　군영, 대한정의군영, 대한광복군총영, 평안북도독판부 등 대표들이 모여 통일단체
　로서 통의부(統義府)를 결성하였다. 통의부는 총장에 김동삼, 부총장에 채상덕이
　임명되었다.
63) 윤병석·김창순, 『재발굴한국독립운동사』(1), 한국일보사, 1987, 266쪽.

참의부는 중앙부서에 중앙의회와 민사부를 설치하였지만 무장투쟁을 위해 설립된 군사조직으로서 창립초기 주로 군사작전에 중점을 두었다. 그러나 1925년 3월 '고마령사건'[64]을 겪으면서 큰 타격을 받은 후 투쟁방략의 전환을 시도하였다. 즉 집안현을 비롯한 관전·환인·통화·무송·장백·안도·유하 등 관할지역내 1만 5천호 한인 이주민을 토대로 민사조직을 구축하면서 기존의 단순한 무장투쟁 우선주의로부터 한인사회의 자치에 더욱 치중하는 방략으로 정책을 바꾸어 나갔다. 이를 위해 참의부는 윤세용을 제3대 참의장으로 추대하고 중앙기구로서 행정, 경무, 교통, 사법, 학무, 군법 등 부서를 설치하였으며, 민사조직은 천호(千戶)를 단위로 하여 백가장(百家長)을 두고 그 밑에 십가장(什家長)을 임명하였다. 그리고 한인들이 많이 모여 사는 지역에는 행정구를 설정하고 산업의 진흥과 민족교육의 발전에 모든 노력을 경주함으로서 자치정부의 역할을 발휘했다.[65]

참의부가 통의부를 이탈한 후 남만 일대의 독립운동단체들 간에 이념상의 갈등과 헤게모니 다툼으로 동족상잔이 빈번히 발생하자 이를 극복하기 위한 방책으로 독립운동단체간의 재통합이 추진되었다. 그리하여 1924년 11월 24일 화전현에서 새로운 통합단체인 정의부가 결성되었다.[66] 정의부는 성립초기 중앙행정위원회, 간정원(干政院), 중앙심판원, 군사령부 외 민사·군사·법무·학무·재무·교통·생계·외무 등 8개 행정부서를 설치하였다.[67] 그리고 각 지방에 천호를 단위로 지방조직을 설치하였으며, 경제자립

---

64) 1925년 3월 16일 집안현 고마령에서 참의부 주요 간부들이 작전회의를 하다가 조선총독부 초산 경찰대와 헌병대의 기습을 받아 참의장 최석순을 비롯한 29명의 간부들이 희생된 사건이다.

65) 김양, 『압록강유역의 조선민족과 반일투쟁』, 료녕민족출판사, 2001, 326쪽.

66) 단체의 명칭은 "인류 평등의 정의와 민족 생업의 정신으로서 광복 대업"을 성취한다는 뜻에서 정의부라 명명하였다.

67) 한국독립기념관독립운동사연구소, 『한국독립운동사사전』 6, 운동·단체편 4, 2004, 290쪽.

과 부흥을 위하여 공농제를 실시하고 흥실업사, 농민호조사 등을 설립하였다. 민족교육으로는 소학교 외 화흥중학(흥경 왕청문), 동명중학(유하현 삼원보), 화성의숙(화전현), 남만주학원(유하현 왕청문) 등을 설립하였으며, 『대동민보』·『신화민보』·『전우』 등 신문과 잡지도 발행하였다.68) 또한 정의부는 학무위원장의 명의로 남만, 북만의 한인학교에서 일본어로 된 교과서를 사용하지 말고 일본측의 경비지원을 받지 말 것을 호소하는 한편 남만교육회를 개최하여 교육제도 개혁, 학교의 증설, 조선어로 된 교과서 편찬 등을 결의하였다.69) 정의부는 1926년 말에 이르러 남만지역에 17개 지방총관소를 설치하고 17,000여 세대, 87,000여 명의 한인 이주민을 관할하였다. 정의부는 이 지역에 구(100세대 이상), 지방(1,000세대 이상), 중앙의 3급 의회 및 행정위원회, 사법기관을 설치하는 등 자치정부의 형태를 갖추었다. 정의부의 자치에 대하여 당시 동북 군벌당국의 한 비밀보고에서는 "한인(韓人)으로 길림성 경내에 거주하는 자는 최근의 통계에 의하면 약 70여만 명이다. 듣건대 그 내부에는 정의부라고 부르는 일종 단체가 조직되어 있는데, 그는 중앙과 지방 두 부(副)로 나뉘어 있고 자치행정과 외교 등 일을 실행한다. 무릇 한인에 관계되는 일체 사무는 모두 그 부에서 통치하는데, 또 암암리에 교육·경찰·징병·세제상에서 상응한 규정이 세워져 있다. 상해·봉천 등지의 한인과 연계가 있는데 그의 봉천에 있는 단체는 참의부라 부르고 정의부의 관할에 속한다(사실상 종속관계가 아닌 독립적인 단체임). 때문에 봉성(奉省)의 한인들은 여태까지 관청에 도움을 구한 사실이 없으며 항상 중국관청에 향하여 일종 국제형식의 보장을 체결하려고 한다."70)라고 분석하였다.

68) 한국국사편찬위원회, 『한민족독립운동사』(4), 1988, 254쪽.
69) 한국국사편찬위원회, 『한민족독립운동사』(4), 1988, 257~258쪽.
70) 奉天省政府當案, 당안번호 : JC10-1767(遼寧省檔案館 所藏), 2219~2221쪽.

한편 이 시기 북만지역에서도 통합단체가 결성되었다. 1925년 1월 대한
독립군단[71](김좌진·최호·박두희 등)과 대한군정서(김혁·조성환·정신 등)
대표들은 목릉현에 모여 부여족통일회를 개최하고 그해 3월 영고탑에서
통합단체인 신민부를 조직하였다. 신민부는 중앙집행위원회(행정기관)·참
의원(입법기관)·검사원(사법기관) 등 삼권분립제도로 조직되었으며, 영안
현을 비롯한 주하·목릉·밀산·요하·액목·돈화·안도 등 지역에 지방조직인
총판소를 설치하였다. 그리고 군사조직으로 별동대와 보안대를 설립하고
소추풍에 성동사관학교를 세워 군사인재를 배양하였다. 민족교육으로는
관할구역 내에 50여 개소에 달하는 소학교를 설립하였으며,[72] 기관지로
『신민보』를 발행하여 대중들의 반일의식을 고양시켰다. 특히 신민부는
한인 이주민들의 생활문제를 해결하기 위해 공농제를 토대로 공동농지를
경영하였으며 식산조합을 실시하여 부업을 장려하였다. 그러나 1927년
3월 신민부 본부가 일경에게 습격당하여 12명이 체포되고, 동년 12월에
개최된 총회에서 지도층이 군정파와 민정파로 나누어져 각자 독자적인
활동을 전개하다가 결국에는 1928년의 빈주사건[73]을 계기로 해체의 국면

---

71) 1922년 8월 4일 원 대한군정서를 중심으로 총합부·신민단·광복단·한민단·신민회
·의군단·고려군모험대 등 8개 단체가 모여 대한독립군단을 결성하였다가 1924년
3월에는 다시 대한군정서를 재조직함.

72) 현규환, 『한국류이민사』(상), 어문각, 1967, 486쪽.

73) 신민부는 관할구역내 매 호당 수전 소상에 합대양 2원, 대상에는 3원, 한전 소상에
1원, 대상에 2원 50전, 상인들은 재산의 20분의 1을 모연금으로 받아들였다. 1925
년 10월 총회에서는 또 매 호당 戶稅로서 대양 6원씩 납부하도록 개정하였으며,
만약 기한 내에 납부하지 못하면 의단분자, 반동분자로 취급되어 처벌받거나
심지어 처단당하기도 하였다. 이때 좌익계통에서는 재만농민동맹 또는 청년동맹
을 조직, 발동하여 그들의 협박에 항거하여 나섰다. 1928년 11월 18일 빈주사건은
바로 이런 상황에서 발생되었다. 이백호를 위수로 한 신민부 무장대가 빈현에
가서 주민들에게게 의무금을 모집하는 과정에서 민중들이 돈이 없어 납부할
것을 주저한다고 하여, 유연동·김봉진·김유문과 장문숙 등 주민들 수명을 격살시
켰다. 이 사건을 역사상 빈주사건이라고 하며, 이를 계기로 광대한 북만민중은
신민부 군정파를 멀리하였을 뿐만 아니라, 최호를 위수로 하는 민정파들은 김좌진

에 직면하였다.

이와 같이 1920년대에 이르러 남·북만지역의 독립운동단체들은 국제정세의 변화와 중일 양국의 공동탄압이라는 열악한 환경에서 본격적이고 직접적인 무장투쟁보다도 오히려 한인사회의 자치를 도모하면서 어느 정도 온전한 반일기지를 형성하여 장기적인 무장독립운동에 대처하고자 하였다. 그러나 이러한 자치는 비록 일정한 지역을 관할구역으로 하고 조직기구를 공화정체의 형식에 따라 삼권분립의 '국가' 형태로 구성하였지만 공화정치국가 의회정치의 기본 요소인 정당의 결핍으로 '이당치국'의 수준에 이르지 못한 한계를 보였다.

일찍이 김성희는 『론정당』에서 "오늘날 세계에 정당 없는 입헌국이 없고 정당이 있는 전제국가 없다."고 하면서 "정당이 세워진 이후에 국회가 이루어져 헌법이 정해지고 헌법이 정해져 감독기관이 갖추어진 이후에 정부가 책임내각이 된다."[74]고 밝히면서 정당이 의회, 사법, 행정의 선행조건임을 강조하였다. 따라서 남·북만지역의 독립운동단체들도 1920년대 말에 이르러서는 과거의 한계를 극복하고 '이당치국'의 형태를 새롭게 갖추어 진정한 한인자치와 독립운동의 최종목적을 달성하고자 정당건립에 착수하였다.

이 시기 민족주의 독립운동단체들의 정당건립은 민족유일당운동의 일환에서 이루어졌다. 민족유일당운동은 분산된 민족해방 역량을 집중하여 하나의 민족적 대당을 결성한다는 주지에서 전개된 통합운동으로서 중국 국내의 제1차 국공합작에서 크게 영향 받았다. 1924년 중국 국민당이 '연소

을 '동족학살의 괴수'·'혁명전선의 교란자'·'매족적 주구'·'혁명의 사기한인 장본인'이라고 비방 중상하였다.

74) 유병호, 「1920년대 중기 남만지역의 반일민족운동에 대한 연구」, 『한민족독립운동사논총』, 탐구당, 1992, 638쪽.

·용공·농공부조'의 3대 정책을 채택하면서 국공합작이 이루어져 민족주의 및 자유주의자와 공산주의자가 모두 국민당으로 통합되었다. 당시 국민당은 광동정부에 우월하여 '이당치국'의 체제로서 통일혁명전선을 형성하여 북벌을 성공적으로 수행해나갔다. 민족유일당운동은 바로 이러한 '이당치국'의 정치체제와 통일전선의 영향하에서 전개되었던 것이다.

1928년 5월 남·북만지역의 좌우파 진영의 18개 단체대표가 길림에 모여 전민족유일당회의를 개최하였다. 그후 민족유일당운동은 이념과 조직방법상의 차이로 하여 뜻대로 진행되지 못하고 결국에는 3부 통합운동이 재개되어 남만에는 국민부, 북만에는 한족총연합회가 결성되었다. 국민부는 정의부를 주축으로 하는 신민부 민정 계열과 참의부의 심용준 계열이 1929년 3월 길림에서 제2차 3부 통합회의를 개최하고 성립한 단체이다. 국민부는 본부를 신빈현 왕청문에 두고 관할 행정구역을 40여 개 구로 나누어 그 아래에 지방, 구, 촌을 설치하여 관리 운영했다. 그리고 1929년 12월에는 민족유일당조직동맹[75]을 조선혁명당으로 개칭하고 소속 조선혁명군을 당군으로 재편함으로서 조선혁명당·국민부·조선혁명군 삼위일체인 이당치국 체제를 형성하였다. 국민부의 교육 사업은 농민자녀들을 위한 교육(소학교 외 화흥중학, 동명중학 등 중등학교 설립)과 독립군 간부양성을 위한 군사교육(왕청문의 남만학원) 두 가지 방향에서 이루어졌다. 그리고 농민운동(지방정부와 교섭하여 농민들의 편의를 도모, 농업조건 개선, 소작조건 개선 등)과 치안활동(친일세력이나 일제 주구배 숙청) 등도 폭넓게 전개하였다. 그러나 국민부는 민족유일당운동이 무산되는 과정에서 결성된 통합단체로서 지도층 인사들은 민족주의 계열과 사회주의 계열로

---

75) 1929년 9월 20일 국민부 제1회 중앙위원회에서는 혁명과 자치를 분리해 혁명사업은 민족유일당조직동맹에 위임하고 국민부는 자치 행정만 전담할 것과 군사부를 폐지하여 종래의 조선혁명군을 민족유일당조직동맹에 속하도록 결정했다.

나뉘어져 있었다. 당시 민족주의 진영은 국민당과의 합작을 추진하였고, 사회주의 계열은 중국공산당과 연계하면서 국민부 해체와 새로운 형태의 민중조직 건설 및 중국공산당 가입을 주장하였다. 결국 1930년 8월 국민부를 지지 육성하려는 민족주의 인사(현익철·양세봉·고이허·김문거·양하산 등)들과 이에 반대한 사회주의 인사(현정경·고할신·김석하·이진탁·이웅·이성근·이동림·이장청 등)간에 분열과 갈등이 빚어졌으며 심지어 유혈사태까지 발생하면서 좌파세력은 국민부에서 이탈하였다.[76] 그후 9.18사변이 발생하면서 한중연합작전이 전개되자 조선혁명당은 국민부와 조선혁명군을 통합하여 당·정·군 삼위일체인 조선혁명군정부를 조직함으로서 국민부과 조선혁명당은 사실상 유명무실해졌다.

1929년 국민부가 조직되자 재만책진회의 주도 세력들은 옛 신민부 본거지였던 북만주로 이동한 후 그해 7월 중동선 일대 각 마을 단위로 조직되었던 농무회 및 대종교 신도, 무정부주의자들과 연합하여 한족총연합회를 결성하였다. 이와 같이 북만지역 한인들의 자주적 협동조직체로 조직된 한족총연합회는 군사보다 오히려 민사에 주력하는 자치기관의 성격을 가지고 있었다.[77] 주요활동은 생활향상을 위한 협동조합과 치안을 위한 군사훈련 등이었다. 이외에도 민족교육을 위해 북만중학기성회를 조직하였으며 동포들의 생활안정을 위해 산시에 정미소를 운영하기도 하였다. 1931년 1월 김좌진이 암살되자 홍진·이청천·민무·황학수·신숙·이장녕·정신 등은 그해 7월 한족총연합회와 생육사를 모체로 한국독립당을 결성하고 삼본주의[78]를 당의 강령으로 채택하였다. 그리고 당군으로 이청천을

---

76) 좌파인 이진탁과 우파 김문거가 무력충돌에 의해 사살되자 국민부를 장악한 현익철 등은 1931년 6월 중국 관헌과 협정을 맺고 한인 공산주의자들을 토벌하는 반공정책을 강화했다.

77) 민족주의 계열은 정신·권화산 등이고, 무정부주의 계열은 김종진·전명원·이을규·김성수·이준근·김야운 등이며 김좌진은 점차 무정부주의로 전향하고 있었다.

사령관으로 한 한국독립군을 조직하였으며, 1931년 2월에는 자치 및 행정 기관으로 한족자치연합회를 결성하였다. 이로서 북만지역도 당·정·군 삼 위일체인 '이당치국' 체제가 형성되어 한인사회의 자치와 항일무장투쟁을 전개하였다.

3. 한족동향회의 자치운동과 민족 정체성

1927년 11월 28일 길림성 거주 한인들은 반일단체를 중심으로 한교구축 문제대책강구회(韓僑驅逐問題對策講究會)를 조직하고 길림성 당국에 한인구 축 조치를 즉각 중지시켜 줄 것을 요구했다.[79] 또한 동년 12월 6일에는 길림성 당국에 귀화선민동향회(歸化鮮民同鄉會) 결성에 관한 청원서를 제출 했고, 14일에는 대표단을 성정부에 파견해 아래와 같은 5개사항의 요구조 건을 건의했다. 즉 첫째 귀화입적한 한인은 정부에서 보호해줄 것, 둘째 귀화입적한 후 역복하지 않으며 정치적 대우와 납세는 기타 민족과 차별 없이 취급할 것, 셋째 반일단체를 취체 한다는 명의로 무고한 양민을 함부로 체포하지 말 것, 넷째 친척과 친지를 따라 이주해 오는 한인을 제한하지 말 것, 다섯째 귀화선인동향회의 결성을 허락할 것 등이다. 그러나 길림성 당국은 귀화선인동향회 결성을 허락하지 않았을 뿐만 아니라 한인구축을 반대하는 각종 집회를 엄금한다고 선포했다.[80] 그럼에도 불구하고 남, 북만지역 한인들의 귀화입적과 자치운동은 기타 지역으로 급속히 확산되 어 갔다. 1928년 1월 봉천·신민·무순·철령·해룡·영구 등 지역의 23개 단체 40여 명 대표들은 만주조선인대회를 개최하고 중국당국의 한인구축 정책

---

78) 삼본주의는 민본정치의 실현, 노본경제의 조직, 인본문화의 건설을 말한다.

79) 『동아일보』 1927년 12월 3일자.

80) 『조선족략사』 편찬조, 『조선족략사』, 연변인민출판사, 1986, 99~100쪽.

을 규탄하면서 한인들의 귀화입적 인가를 요구했다.[81] 그후 남·북만지역 한인들의 귀화청원운동은 1928년 9월 동성귀화한족동향회[82]의 설립을 계기로 재빨리 한인자치운동으로 전환되어 갔다. 한족동향회는 한인들이 중국에서 향유할 수 있는 모든 권리의 획득을 최고의 목표로 규정하고, 한인들이 거주하는 현마다 지회를 두어 통일된 조직체제를 구축하고자 했다.[83] 이를 위해 한족동향회는 만철부속지와 북간도의 4개 현을 제외한 47개 현에 지회를 설치하고 한인사회를 대표해 중국당국과 자치권 획득을 위한 교섭을 진행했다.[84] 그리하여 1929년 4월부터 1930년 초에 이르는 사이 최동오(崔東旿)·오송파(吳松坡)·김학규(金學奎) 등 대표들을 국민정부에 파견해 재만한인의 곤경을 호소하고 중국국적 취득과 한인자치에 관한 요구를 거듭 제출했다.[85] 그중 1930년 2월 한족동향회 대표 최동오가 국민정부에 제출한 「청원서」의 주요내용은 다음과 같다.

1. 현행 중국국적법을 개정해 입적비를 면제시키고 동북 각 성정부에 명해 속히 실시해 줄 것이며, 입적을 신청한자는 일률적으로 허가해 줄 것이며 중국 국민으로서 권리와 의무를 부여할 것.

2. 몽(蒙)·장(藏)·회부(回部)의 삼례에 따라 중앙 및 동북 각 성 정부관하에 있어서 입적한 한인들 중 중국어에 정통한 자를 선발해 입적조선인부(入籍朝鮮人部)를 설치하고 중앙 및 지방정부에 전문위원을 두고 동부의

81) 『동아일보』 1928년 1월 12일자.
82) 金俊燁·金昌順, 『韓國共産主義運動史』 4, 175~176쪽 ; 한족동향회는 孫貞道·崔東 旿 등 남북만지역 민족진영의 유력인사가 망라되어 자치를 표방하는 조직으로 결성되었다.
83) 『중외일보』 1928년 11월 17일자, 「在滿居留同胞統一機關韓族同鄉會를 組織」.
84) 『동아일보』 1928년 11월 18일자, 「在滿韓族同鄉會의 組織」.
85) 秋憲樹 編, 『資料 韓國獨立運動』 4권(하), 연세대학교 출판부, 1975, 1492~1503쪽.

사무를 지도하고 당화훈련(黨化訓練)을 시켜 한인의 자치사무를 처리하 도록 할 것.

3. 봉천당국이 주장하는 "한국인 중 입적을 원하는 자는 일본 내무성으로 부터 탈적증명서를 취득해야 한다."는 조건을 취소할 것을 중앙으로부 터 봉천성 당국에 지령할 것.

4. 1914년 12월 30일부로 공포한 수정국적법 제2조를 개정해 입적민의 공권행사 제한을 철폐하고 평등 대우를 해줄 것.

5. 간도협약, 쌍방상정취체한인판법강요(雙方商定取締韓人辦法綱要)를 취 소할 것.

6. 중앙 및 동북정부는 입적한국인의 교육에 주의하고 한글과 한문으로 번역해 국민 교육을 흥하게 하며 한국자제의 학교를 증설할 것.

7. 중앙 및 동북지방정부는 입적한국인의 경제적 시설에 유의하고 농민은 행을 설립해 농업자본을 융통해 농민회 등 농민 개발의 기관을 설치할 것.[86)]

여기에서 한족동향회는 중국당국에 「간도협약」 및 「삼시협정」의 철폐, 한인학교의 증설과 한국어 교육, 농민은행의 설립과 농민회 건립 등을 청원했음을 알 수 있다. 그리고 중국정부 산하에 입적조선인부를 두고 귀화한인들의 자치사무를 처리하고자 했는데 이는 당시 민족주의자들이 중국정부의 행정지도하에 합법적 자치기관의 설치를 통해 한인들의 권익 을 보호하고자 시도했음을 보여주는 것이라 분석된다.

그러나 남만지역의 한인자치운동은 민족주의자들의 상술한 노력에도 불구하고 큰 성과를 거둘 수 없었다. 그것은 일제의 대륙침략으로 인해

---

86) 『在滿鮮人ト支那官憲』, 앞의 책, 202~203쪽.

중일 간에 첨예화된 대립구도에서 일제가 한인들의 국적이탈을 계속 부정하는 한 중국당국은 한인들의 귀화와 자치를 받아들일 수 없다는 주장을 고집하고 있었기 때문이다.[87] 중국당국의 이 같은 주장은 1929년 7월 4일 중국정부 외교부 흑룡강 특파교섭원서회의에서 한족동향회의 청원서를 검토한 '설첩(說帖)'을 통해서도 어느 정도 확인된다 하겠다.

한인이 중국에 유입되는 것이 중국 國計民生에는 중대한 관계가 없지만 國權上의 관계에 있어서는 그 영향이 매우 크다. 그 원인은 여전히 영사재판권에 있다. 영사재판권이 철폐되기 전에는 일본 영사재판권이 한인에 대해 일률로 적용되는데, 한인이 가는 지방은 곧 일본 영사재판권이 이르는 곳이며, 또한 중국주권이 상실되는 지방이기도 하다. 실로 百害無一利한 일이라고 말할 수 있다. 따라서 우리는 가능한 한 한인의 유입을 허락하지 않는 것을 確定不移한 宗旨로 한다. 그리고 한인이 중국에 귀화하나 귀화하지 않으나 별 구별이 없고, 그 결과는 일종의 複國籍人이 되는데 지나지 않는 바, 그것은 일본정부가 한인의 出籍을 인정하지 않기 때문이다. 이로 말미암아 한인들은 오히려 그 중간에서 교묘함을 취할 수 있게 되는데, 권리를 누리고 싶으면 중국인이라고 하고 外援을 얻고 싶으면 여전히 한인이라고 하면서 일본측의 간섭을 일으키고 있다. 이에 근거해 보면 귀화를 받아들이는 것은 귀화를 허락하지 않는 것보다 못하다.[88]

여기에서 중국당국은 일제가 한인들의 중국귀화를 인정하지 않을 뿐만

---

87) 『중외일보』 1929년 5월 9일자, 「歸化同胞의 公民權否認」.
88) 「外交部特派黑龍江交涉員署會議關於韓人問題呈及說帖」, 1929. 7. 4.(高永一 編, 『中國朝鮮族歷史研究參考資料匯編』 2輯, 第1分冊(상), 백산대학총서, 1993, 231~233쪽.)

아니라 오히려 한인에 대한 영사재판권을 이유로 중국의 국가주권을 침해하고 있으므로 한인들의 귀화입적은 귀화하지 않은 것만 못하다고 주장하고 있었음을 알 수 있다. 이러한 실정에서 남만지역에서의 한인들의 자치운동은 더 이상의 진전을 보지 못한 채 오히려 일제의 친일단체 조직에 역이용되는 결과를 초래하기도 했다.[89] 한족동향회는 점차 한인사회에서 지지기반을 상실해 갔으며 마침내 1930년 5월 해체를 선언하기에 이르렀다.[90] 그후 남·북만지역의 민족진영은 중국국민당에 의거해 반제(일본제국주의 타도)·반소(소련을 비롯한 사회주의자 박멸)투쟁으로 한인사회의 안정을 도모하고자 했다.[91] 하지만 민족진영의 이 같은 방략은 당시 한인구축이 중국국민당과 봉건지주 관료들에 의해 감행되고 있는 실정에서 한인 농민들의 적극적인 지지를 얻을 수가 없었다. 결국 민족주의자들이 국민당에 의존해 한인 농민들을 통제하면 할수록 민족주의 기반은 점차 축소되었고, 이와는 반대로 중국공산당과 제휴해 '중국봉건군벌 타도'와 '토지혁명'을 주장하는 사회주의 계열의 정치적 영향력은 부단히 확대되어 갔다.[92]

---

89) 1928년 일제는 친일단체인 鮮民府를 한인자치단체로 표방하기 위해 韓僑同鄕會로 개칭하고 자치활동을 빙자해 일제의 지휘하에 독립운동자들에 대한 수사와 탄압에 주력했다.

90) 『중외일보』 1930년 5월 10일자.

91) 『外務省警察史~在吉林總領事館及敦化分館編』, 「昭和4年8月7日附在間島岡田總領事發往幣原外務大臣宛報告要旨~在吉林全滿韓族同鄕會ノ時局ニ對シ排日宣傳ニ關スル件」, 9637~9675쪽 ; 辛珠柏, 「만주지역 한인의 민족운동 연구(1925~40)」, 성균관대학교 박사학위논문, 1995 참조.

92) 辛珠柏, 「만주지역 한인의 민족운동 연구(1925~40)」, 성균관대학교 박사학위논문, 1995, 199쪽.

Ⅳ. 맺음말

이상에서 살펴본 바와 같이 중화민국시기 동북지역 한인사회의 자치운동은 부동한 세력을 중심으로 다양한 형태로 전개되었다. 1910년대 동만지역의 간민회와 남만지역의 경학사 및 이를 이은 부민단 등 자치단체들은 주로 입적운동과 역복운동을 통해 지방당국을 비롯한 당지 한족들과의 관계를 돈독히 하였으며, 한인사회를 대표하여 호적조사, 토지문제, 교육문제 등에 직접 개입하는 방식으로 한인사회의 자치를 구현하고자 하였다. 그리고 1920년대 후반 중국당국의 한인에 대한 압박이 심화되자 동북지역 한인사회의 여러 세력들은 그들이 처한 사회경제적 환경과 정치 이념에 따라 각기 부동한 형식의 자치운동을 전개하였다. 즉 독립운동단체들은 장기적인 항일무장투쟁을 전개하기 위한 독립기지 건설의 일환에서 자치운동을 추진하였고, 민족주의자들은 귀화입적을 통한 합법적 자치운동으로, 그리고 조선인거류민회는 일본국적의 이탈을 주장하면서 한인들의 자치를 호소하였다. 그러나 조선인거류민회는 어디까지나 일제의 친일단체조직으로서 한인자치운동을 조직 전개하는 데 있어서 근본적 한계를 드러냈고, 반일단체들과 민족진영에서 추진했던 관할구역내의 자치와 합법적 자치 청원운동도 당시 중일 간에 모순이 첨예화되고, 또 일제가 한인들의 대한제국 국적이탈을 승인하지 않아 사실상 성사되기 어려운 난관에 부딪쳤다. 하지만 이 시기 이들 단체들이 추진했던 한인사회의 자치운동은 한인들의 민족 정체성을 재확립시킴과 동시에 반일민족해방운동의 지속적인 전개에 크게 공헌하였다.

참고문헌

姜德相編, 『現代史資料(29), 朝鮮5』, みすず書房, 1972.

姜東鎭, 『日本朝鮮支配政策史研究』, 東京大學出版會, 1979.

高永一編, 『中國朝鮮族歷史研究參考資料匯編 2輯』第1分冊(상), 백산대학총서, 1993.

국사편찬위원회, 『한국사(21)』, 탐구당, 1978.

김산·님 워일즈 공저, 『백의동포의 영상』, 료녕민족출판사, 1986.

김양, 『압록강유역의 조선민족과 반일투쟁』, 료녕민족출판사, 2001.

김정규, 『용연 김정규 일기』, 독립기념관 한국독립운동사연구소, 1994.

김춘선 주필, 『신해혁명과 중국조선족』, 연변인민출판사, 2011.

리관직, 『우당리회영실기』, 을유문화사, 1985.

문재린·김신묵 회고록, 『기린갑이와 고만녜의 꿈』, 도서출판 삼인, 2006.

朴今海, 『日本對東北朝鮮族의植民主義敎育政策』, 延邊人民出版社, 2008.

반병률, 『성재 이동휘일대기』, 범우사, 1998.

서중석, 『신흥무관학교와 망명자들』, 역사비평사, 2001.

辛珠柏, 「만주지역 한인의 민족운동 연구(1925~40)」, 성균관대학교 박사학위논문, 1995.

안동독립운동기념관편, 『석주유고』, 경인문화사, 2008.

柳光烈, 『間島小史』, 大華書館, 1933.

윤병석·김창순, 『재발굴 한국독립운동사(1)』, 한국일보사, 1987.

李鴻义等著, 『東北人民革命鬪爭史』, 吉林人民出版社, 1989.

林永西, 「1910~20년대 간도한인에 대한 중국의 정책과 민회」, 서울대학교 대학원 석사학위논문, 1993.

조선족략사 편찬조, 『조선족략사』, 연변인민출판사, 1986.

朝鮮總督府警務局, 『在滿鮮人ト支那官憲』, 1930.

秋憲樹編, 『資料韓國獨立運動 4권(하)』, 연세대학교 출판부, 1975.

한국국사편찬위원회, 『한민족독립운동사(4)』, 1988.

한국독립기념관독립운동사연구소, 『한국독립운동사사전 6-운동 단체편 4』, 2004.

현규환, 『한국류이민사(상)』, 어문각, 1967.

제4장 '만주국'의 건국이념과 재만한인에게 강요된 만주국인상

김 태 국

Ⅰ. 머리말

1932년 3월 1일 일제는 청나라 마지막 황제 부의를 옹립하여 '만주국'을 수립하였다. 일제는 '오족협화'와 '왕도낙토'라는 건국이념을 내걸고 식민지 피지배민족을 아우르고자 하였다. 한국에서는 윤휘탁[1]·임성모[2]·한석정[3]·김경일 외[4] 등이 '만주국'과 관련된 대표적인 연구업직을 이루어냈다. 상기 연구업적을 통하여 '만주국'의 성격, 일본 관동군의 감독체제, 총무청 중심주의, 대도회지에 형성된 재만한인사회 등 굵직굵직한 주제들이 집중 조명을 받았다. 상기 연구는 '만주국'과 관련된 또 다른 세부 주제를 발굴할 수 있는 초석을 단단히 다져 놓았다.

---

1) 尹輝鐸, 『日帝下 '滿洲國'硏究 ─抗日武裝鬪爭과 治安肅正工作─』, 一潮閣, 1996.
2) 任城模, 『滿洲國協和會의 總力戰體制 構想 硏究─'國民運動' 路線의 摸索과 그 性格─』, 연세대학교 대학원 사학과 박사학위논문, 1997.
3) 韓錫正, 『만주국 건국의 재해석 : 괴뢰국의 국가효과, 1932-1936』, 동아대학교출판부, 1999.
4) 김경일·윤휘탁·이동진·임성모 지음, 『동아시아의 민족이산과 도시 20세기 전반 만주의 조선인』, 역사비평사, 2004.

이 글에서는 '만주국'의 주요한 구성분자인 재만한인에 대하여 분석의 초점을 맞추었다. 이를 위하여 우선 일제가 '만주국'을 수립하게 되는 과정을 살펴보았다. 일제가 '만주국'이라는 독립국가를 수립하고자 한 원인에 대하여 조명하고자 하였다. 외형상 독립국가라 하지만 그 성격은 어떠하였고 누구를 위한 국가인가를 규명하고자 한다.

다음으로 '만주국'시기에 급속히 성장한 재만한인사회에 대하여 주목하였다. 재만한인의 인구 증가, 농촌 농민의 상황, 도회지에 형성된 한인 거주지의 모습, 도회지에 거주한 한인 직업 등에 대한 분석을 통하여 재만한인사회의 성격을 파악하고자 하였다. 일제의 식민지배에 순응하면서 동조세력 혹은 앞잡이가 되었던 친일세력은 재만한인사회에 대하여 어떤 시각을 가지고 있었는가를 살펴보고자 한다.

마지막으로 '만주국'의 건국이념과 한인에 대한 지배정책에 대한 분석을 통하여 일제가 재만한인에게 강요한 '만주국인'상이 무엇인지를 규명하고자 한다.

II. '만주국'의 수립과 재만한인사회의 성장

1931년 일제는 중국 동북지역에 대한 무장침략 계획을 수립하고 '나카무라 대위사건(中村大尉事件)'[5]과 '만보산사건(萬寶山事件)'[6]을 동북지역을 무장 강점하는 빌미로 이용하였다. 1931년 9월 18일 이른바 '유조호사건(柳條湖事件)'을 조작하여 봉천에 대한 군사침공을 감행하였다. 일제가 동북지역에 대한 무력침공을 감행할 당시 장학량(張學良)의 군대는 10만 명이었고,

---

5) 『日本近現代史辭典』, 동양경제신보사, 1978, 484쪽.
6) 朴永錫, 『萬寶山事件硏究』, 아세아문화사, 1985, 90~116쪽.

일본군의 병력은 14,000명 정도였다. 병력으로 보면 충분히 군사적인 대응을 할 수 있었다.[7] 그러나 장학량의 동북군은 장개석(蔣介石)의 '불저항정책'[8]에 따라 동북지역에 대한 사수와 저항을 사실상 포기하였다. 결과 일본군은 4개월 사이에 동북지역의 주요 도시를 모두 장악할 수 있었다.[9]

일본군부와 일부 우익분자들은 중국 동북지역을 강점하기 전부터 향후 동북지역의 식민통치와 관련하여 세 가지 복안을 수립하였다. 첫째, 매국집단을 앞장세워 친일정권을 수립하는 것이다. 둘째, "중국 본토를 이탈한" '독립국'을 세우는 것이다. 셋째, 중국 동북지방을 강점하여 일본 영토에 편입시키는 것이다.[10]

관동군이 무력을 사용한 직후부터 동북에 파견된 참모본부 다테가와 요시지(建川美次) 소장과 관동군 참모들 사이에서 상기 '독립국'건립안과 일본 영토 편입안이 치열한 경합을 벌이다가 결국은 '독립국'건립안 쪽으로 가닥이 잡혀 나갔다.[11] 새롭게 건립되는 '독립국'의 성격과 관련하여 관동군 사령관 혼조 시게루(本庄繁)는 아래와 같은 세 가지 원칙을 제시하였다. "하나는 만몽을 중국 본토와 철저히 분열시켜야 한다. 둘째, 만몽을 통일하여야 한다. 셋째, 표면상에서 중국인들이 통치하여야 하지만 실제에는 우리 손에 장악하여야 한다."[12] 1932년 3월 1일 일제는 이러한 세 가지 원칙에 근거하여 '신정권'의 '원수'로 청조의 마지막 황제 부의(溥儀)를 '만주국'의 집정으로 옹립하였다.[13] 즉 중국 관내지역과 분열을 목적으로

7) 常城 主編, 『東北近現代史綱』, 149~150쪽.
8) 이 무렵 장개석은 중국 江西省에서 중국공산당이 이끄는 紅軍을 공격하고 있었다. 장개석은 중일전쟁이 발생할 경우 홍군을 공격하는 계획이 큰 차질을 빚을 것을 우려하여 장학량에게 일본군의 침공에 절대 저항하지 말라는 명령을 내렸다.
9) 姜念東 外, 『僞滿洲國史』, 長春 : 吉林人民出版社, 1980, 79~80쪽.
10) 『現代史資料』 7, 滿洲事變, 日本みずず書房, 1972, 161쪽.
11) 姜念東 外, 『僞滿洲國史』, 長春 : 吉林人民出版社, 1980, 85쪽.
12) 『走向太平洋戰爭的道路』 附卷, 資料篇, 134~135쪽.

하고 일본의 의도에 충실히 따를 수 있는 인물이어야 했다.

일제는 중국 동북지역에서 식민지 통치질서를 수립함에 있어서 기존에 대만이나 조선에서 실시하던 총독부제가 아닌 독립국가 형식을 갖춘 '만주국'이란 통치체제를 선택하게 된 이유에는 여러 가지 복합적인 계산이 도사리고 있었다.

우선 1930년대에 이르러서도 공공연하게 식민지를 건립하는 것은 국제적인 비난을 면할 수 없다는 우려에서 '독립국' 형식을 선택하였던 것으로 보인다. 여기에는 일제가 고심하여 수립한 '중국인을 이용하여 중국인을 대처하는' 이른바 '이화제화(以華制華)'의 음흉한 술책이 내포되어 있었다. 즉 친일세력을 앞장세워 중국 관내지역을 이탈하는 이른바 '독립'을 선포하게 함으로써 저들의 침략목적을 숨길 수 있는 명분을 만들 수 있다는 점이다.

다음으로 동북지역을 중국 관내지역에서 분리시키는 데 공공연한 식민지 형태보다 '독립국가' 구색을 갖춘 형태가 식민지 피지배민족의 민심을 수습하는 데 더 용이하다는 점을 들 수 있을 것이다. 일제가 청나라 복벽을 꿈꾸고 있던 마지막 황제 부의를 새로운 '국가'의 집정으로 옹립한 이유도 여기에 있었다고 생각된다. 즉 동북지역과 역사적인 연고권이 있던 청나라 복벽세력을 새로운 '독립국가'의 주역으로 앞장세운 간접통치가 민심을 무마하는 데 오히려 유리하다고 판단하였던 것 같다.

또한 동북지역은 민족구성이 단일하였던 대만이나 조선과는 달리 한족(漢族)·만족(滿族)·몽고족(蒙古族)·회족(回族)·조선인·일본인 등 여러 민족

---

13) "신정권"의 "원수"로서 "첫째, 만주 3천만 민중의 景仰받는 덕망가야 한다는 점. 둘째, 家系上 滿洲系야 한다는 점. 셋째, 장정권, 국민정부와 교섭이 없을 것. 넷째, 일본과 협력할 수 있어야 한다." 등 요건을 갖추어야 했다(滿洲國史編纂刊行會編, 『滿洲國史』 總論, 滿蒙同胞後援會, 第一法規出版株式會社, 昭和 45년 6월, 170~171쪽).

이 함께 생활하고 있었기에 강압적인 직접지배보다는 여러 민족을 '독립국가'의 정치활동에 참여시키는 간접지배가 더 큰 효과를 거둘 수 있다고 판단하였기 때문이다.

끝으로 동북지역은 대만과 조선과 달리 지역이 광활하여 직접적인 식민통치에 필요한 모든 인원을 일본 국내에서 직접 충원하는 데도 한계가 있었을 것으로 보인다. 따라서 점령지역의 친일세력을 식민지 통치기반으로 적극 포섭하는 문제가 무엇보다 시급한 과제라 하겠다. '독립국가'가 형식상으로나마 '국가'권력의 표면에 점령지역 친일세력을 대거 포진시킴으로써 우선 그들의 출세욕을 적당하게 만족시키고 다른 한편으로 식민지배에 적극 협력할 수 있는 제도적 장치를 마련할 수 있는 장점을 가지고 있었다.

이처럼 독립국가 형태를 띤 '만주국'이라 하지만, 만주국의 모든 권력이 국무원 산하의 총무청에서 나오고, 관동군이 감독하는 이른바 총무청중심주의와 관동군의 감독체제하에서 만주국은 괴뢰국가로서의 질곡에서 벗어날 수 없었다. 따라서 만주국은 대만, 조선과 함께 일제의 식민지체제 속에 편입되어 들어갔다.

다음으로 이 시기 만주지역에서 성장한 한인사회의 상황에 대하여 살펴보기로 하자. 1860년대 말기부터 한인의 만주 이주가 본격적으로 시작되었다. 조선 북부지역을 강타한 자연재해와 조선조의 3정 문란이 북부 조선 변민의 만주로의 이민을 재촉하였다. 조선 변민들의 만주 이주는 두만강과 압록강 연안에서 점차 북으로 확장하는 추세를 보였다. 그러다가 1910년 일제가 대한제국을 무력으로 강점하고 식민지로 편입시킨 후, 만주로의 이주는 더욱 신장세를 보였다. 1930년대 '만주국'시기에 들어서서 재만한인사회는 급속한 성장을 보였다. 일제가 한국에서 식민통치의 안정을 도모하고, 과잉인구문제를 해결하기 위하여 '만주국'을 한인들을 대거 이주시키는 대상지로 주목하였기 때문이었다.

일제는 우선 만주국의 식민지 기반을 강고히 하기 위한 목적으로, 이미 만주에 거주하고 있는 한인에 대하여 '통제와 안정'을 최우선 목적으로 안전농촌·집단부락·자경농창정 등을 실시하여 재만한인들을 통제하려고 하였다.

이러한 계획에 따라 일제는 1932년부터 철령현의 난석산, 영구현의 전장대, 주하현의 하동, 수화현의 홍화, 유하현의 삼원포에 5개의 안전농촌을 설립하여 남북만의 3,500여 호에 달하는 한인 피난민을 수용하였다. 1933년부터 연변에서 '집단부락' 정책을 실시하였다.

일제는 만주국에 거주하는 한인에 대해서는 '통제와 안정' 정책을 실시하는 한편, 새롭게 만주에 이주하는 한인에 대해서는 1932년 8월에 작성한 「조선인이민대책안대강」에 따라 제한도 장려도 하지 않고 자유방임하는 정책을 실시하였다. 이리하여 '만주사변' 후 수많은 파산된 한인 농민들이 만주로 이주하게 되었다. 1935년에 이르러서는 한해에 만주로 이주하는 한인 수가 10만 명을 초과하게 되었다.[14]

1936년 이후 특히는 1937년 7월 중국에 대한 전면적인 침략전쟁을 발동한 이후, 일제는 만주국을 "대동아성전"의 병참기지와 후방공급기지로 만들기 위하여 일본인에 대하여 이민을 실시함과 동시에 한인의 만주 이주에 대하여 종전의 방임적인 정책을 폐기하고 집단 이주정책을 실시하였다. 특히 이 시기에 들어 일제가 한인의 집단 이주를 서둘러 추진하게 된 배경에는 조선에서는 인구 과잉문제로 파생하는 여러 가지 문제를 해결하고, 만주에서는 한인을 쌀농사의 담당자로 이용하고, 조선과 만주를 하나로 묶어 식민지 통치기반을 다지려는 음모가 내포되어 있었다. 그럼에

---

14) 朴昌昱, 「試論日本帝國主義在東北殖民統治時期對朝鮮族農民所實行的"自耕農創定"計劃」, 『延邊大學學報』(社科版), 1963년 제1기, 8쪽.

도 불구하고 그 시대의 한인 식자층은 이에 적극 동조하여 이주 한인들로 하여금 만주국에서 민족협화를 실행하는 핵심민족으로, 일반 산업 특히 쌀농사의 주력군으로 그 의무와 역할을 다할 것을 거듭 강조하고 나섰다.[15]

이러한 한인의 집단이주정책은 1936년 8월에 제정한 「재만조선인지도요강」, 1938년 7월 22일에 「재만조선인지도요강」을 제2차로 수정한 「선농취급요강」 그리고 1939년 12월 22일 일만 양국이 제정한 「만주개척정책기본요강」에 근거하여 실시되었다.

1936년 9월 일제는 한인의 만주 이주를 순조롭게 진행하기 위하여 서울과 신경에 각기 선만척식회사와 만선척식회사를 설립하여 한인 이민에 관련되는 보호, 통제, 지도하는 계획을 수립하도록 하였다.[16] 그러므로

---

15) 김연수는 한인의 만주 이주와 관련하여 그 의의를 다음과 같이 강조하고 나섰다. "만주국 건국 이후로 만주국은 그 건국 정신인 제 민족 협화의 실적을 나타내고저 재만조선인에 대한 指導誘掖도 게을리하지 않게 하여 조선동포의 생활은 점차 안정되어 모든 경우가 일변한 현상이다. 회고하건대 매년 250石이상에 달하는 水稻의 생산이 오로지 우리 조선동포의 血汗으로 된 것은 조선인의 만주개발에 이바지한 큰 공헌이라고 할 수 있다. 저 삼강지방의 밀림을 개척하고 동몽고의 사막 가까이까지 수전을 조성하였으며 또 흑룡강연안의 흑토를 개척한 섯이 모두 조선동포의 공로로 그 인내력이 풍부한 정신과 그 저항력이 강한 체력과, 기후풍토의 근사한 점 등으로 보아 조선인의 만주국 진출은 장래 더욱 유망하다고 생각되며, 일만 양국 정부에서도 만주국 제 민족 협화의 핵심이 될 일본내지인에 준하여 조선인을 취급하게 된 오늘에 이르러 그 전도는 더욱 양양하다고 할 수 있다. 그러나 과거에 도만한 조선인은 전술한바와 같이 모든 불리한 환경에 처하여 있음으로 그 심정과 행동이 한가지로 거치러러서 핵심민족으로서의 여러 가지 결점이 만었음으로 우리는 모름직이 스스로 반성하여 심신의 도야에 노력하지 않을 수 없다고 생각한다. 余는 조선인의 만주국 이주의 의의를 이렇게 본다. 1. 조선측으로 보면 인구 과잉에 기인한 각종 사회문제의 해결, 특히 농촌궁핍 타개를 위한 과잉농민의 조정으로써 농촌을 구제할 수 있는 것. 2. 만주국측으로 보면 일반산업의 개발, 특히 수전등의 영농기술로써 만주국의 개발에 이바지할 수 있는 것. 3. 선만양측으로 보면 선만일여의 정신을 발휘하므로써 일만불가분관계를 강화하고 만주국 건국정신의 발양, 광의 국방치안의 확보 등에 기여할 수 있는 것 등이다. 이로써 보아 조선인의 만주진출, 또는 재만조선인의 책임이 대단히 중대하다 함은 생각하지 않을 수 없다(金秊洙, 「在滿朝鮮人의 將來」, 『半島史話와 樂土滿洲』, 滿鮮學海社發行, 40~41쪽).

이 두 회사는 사실상 일만 양국의 국책대행회사라 할 수 있다.

이 시기 한인의 만주 이주는 집단·집합·분산 등 세 가지 형태로 진행되었다. 그 가운데서 만선척식회사에서 취급한 집단 이주민이 주종을 이루었다. 만선척식회사는 1936년 9월에 설립된 후 집단 이주민들이 이주할 부지를 조사, 매수함과 동시에 기타 필요한 준비를 추진하여 1937년부터 입식을 시작하였다.[17] 1939년까지 안도·왕청·심양·홍경·휘남·금천·유하·통화·화전·회덕·반석·목릉·영안·위하·연수·태래·반산·용진·눈강 등 현에 이주한 집단 이주민부락은 147개, 호수는 9,000호, 인구는 49,000명이었다.[18] 그리고 1940년 11월까지 4개의 집단개척단 총 3,494호, 9,966명이 북만지구에 배치되었다.[19] 1944년에 이르러 재만한인 인구는 1,658,572명으로 증가하였고, 1945년 일제가 투항하기 직전인 1945년 6월 1일 현재 재만한인 실제 인구는 2,163,115명으로 증가하였다.[20]

'만주국'시기 이주 한인사회의 기반은 광활한 농촌지역이었다. 그것은 한국을 떠나온 대부분 한인들이 경제적인 원인으로 이주를 선택하였기 때문에 경제적으로 큰 여유가 없었다. 그들이 남부여대하여 고향을 떠나 만주에 들어서면 휴대한 이주 자금이 바닥이 드러나는 경우가 대부분이었다. 그러나 이주지에 도착한 한인들이 현지에서 생활에 필요한 자금을 융통하기란 정말 하늘에 별 따기라 하겠다. 이는 일본인들이 조선으로 이주하여 오면서 받았던 여러 가지 특전과 특혜 중 금융지원이 그들의

---

16) 1936년 5월 11일 관동군 주최하에 신경에서 제2차 이민회의를 개최하였다. 이 회의에서 만주농업이민 백만 호 계획을 수립함과 동시에 한인 이주를 주관하는 선만척식주식회사와 만선척식회사를 창설할 것을 결정하고 9월에 가서 두 회사를 설립하였다(『만주년감』, 1940, 340쪽).

17) 『만주개척년감』, 1940, 208쪽.

18) 『만주개척년감』, 1940, 208~209쪽.

19) 위의 책, 1941, 277쪽.

20) 『조선년감』, 1948 ; 玄圭煥, 『韓國流移民史(上·下)』, 語文閣, 1967, 169쪽.

이주를 쉽게 하였던 점과는 너무나 대조적이었다. 그들이야말로 버려진 자식처럼 누구 하나 돌보는 사람 없는 고립무원의 상태였다. 오로지 맨주먹으로 스스로 자신의 생활기반을 마련하여야 했다. 이주 한인 대부분이 농민이라 그들은 따로 특기를 가지고 있지 않았다. 따라서 그들은 만주 농촌에 일단 삶의 터전을 마련하는 것이 상례였다. 그들은 만주 농촌에서 국가적인 보호는 고사하고 중국인 지주로부터 높은 이자의 영농자금을 선대 받아 부당한 소작료와 함께 고리대 착취에 시달려야 했다.[21] 이러한 불리한 여건을 딛고 이주 한인들은 만주 농촌에서 강인하게 뿌리를 내렸다. '만주국' 벼 수확고의 90% 이상은 이주 한인의 노력으로 결실을 맺었다.

이주 한인들은 농촌에서 강한 생활력과 인내력을 바탕으로[22] 어느 정도 경제적인 부를 축적하고, 중국의 현지 사정에 어느 정도 적응되면, 도회지로 2차 이주를 단행하면서 삶의 터전을 넓혀 나갔다. 간도 지역에서는 용정·국자가·두도구·훈춘·왕청 등 현 소재지가 있던 도회지가, 남북만 지역에서는 안동·봉천·길림·장춘·하얼빈 대도회지에 한인들이 새로운 삶의 터전을 넓혀 나가기는 대상 지역이 되었다.

만주 주요 도시에 형성된 한인 거주지의 특징을 살펴보기로 하자. 우선

---

21) 玄圭煥, 『韓國流移民史』 上卷, 語文閣, 1967, 300쪽.

22) 현규환은 재만한인들이 만주에서 뿌리를 내릴 수 있는 근본 원인을 아래와 같은 곳에서 찾았다. "그들(이주 한인)의 최소한도의 생활수요는 중국인의 그것보다 낮지만 그들은 중국인보다 인내력에 있어서는 지지 않았다. 최저 노임을 받고 살아감으로써 그들은 중국인과 능히 경쟁할 수 있고 또는 나아가 중국인의 위치를 탈취할 수 있는 까닭이다. 이 말은 확실히 옳은 말이라고 생각된다. 왜냐하면 旣成 지주나 기성 정착인은 중국인임은 말할 것도 없고 또 국가적인 보호와 자국지라는 유리한 조건에 있는 중국인 사이에 신래 한국민은 갖은 편파적인 조건과 이국의 낯설은 환경하에서 거기다가 더하여 거의 맨주먹으로 떨어지게 된 불리한 조건을 가지고 만주 각 지역에서 초기에는 말로 형용할 수 없는 약자의 서러움과 고통 속에서 있었으나 이것을 잘 극복하여 나갔으며 차차 기반을 잡고 이러한 힘지를 뚫고 나갈 수 있었다는 강한 생활력이 바로 그것이다(玄圭煥, 『韓國流移民史』 上卷, 語文閣, 1967, 358쪽).

도시 주변에서 한인 거주지를 형성하면서 점차 도심으로 영향력을 확장하여 나가는 양상을 띠고 있다. 이것은 한인의 경제력과 밀접한 연관성을 가지고 있었다. 경제력이 튼튼하지 못하였던 한인들은 집값이 싸고, 중국인이나 일본인들의 세력이 미치지 못하는 지역을 중심으로 거주지를 형성하고, 이를 바탕으로 자신의 영향력을 끊임없이 도심으로 확장하여 가는 노력을 늦추지 않는다는 점이다. 봉천에서는 '조선인 시가'의 성격을 띠고 있던 서탑(西塔)과 조선인 상점이 밀집되어 있던 십간방이 그러하였고, 신경에서는 매지정(梅枝町), 관성자(寬城子), 팔리보(八里堡) 등 몇 군데 조선인이 모여 사는 '조선인촌'이 그러하였고, 하얼빈에서는 중국인 밀집지구인 부가전(도외)과 일본인들이 주로 모여 살던 부두(도리)구역, 백계 러시아인 빈민가인 신안구[23]가 그러하였다.

다음으로 한인들이 도회지에 거주지를 형성하고 나면 학교를 설립하여 자녀 교육에 착수하는 특징을 보이고 있다. 이러한 특징은 농촌에서 정착하고 나면 2세 교육에 착수하였던 것과 같은 모습이라 하겠다. 그들에게는 삶의 터전을 개척하는 것 못지않게, 2세 교육에 지대한 관심을 보이고 있었다. 경제적인 여건이 아무리 어려워도 2세 교육에 대한 열의는 거의 신념에 가까웠다.[24] 교육에 대한 열정에는 빈부의 차이도 없었다.[25] 따라서

---

23) 김경일·윤휘탁·이동진·임성모 지음, 『동아시아의 민족이산과 도시 20세기 전반 만주의 조선인』, 역사비평사, 2004, 109·197·305쪽.

24) 재만한인들이 2세 교육에 얼마나 열중하였는가 하는 것은 신형철의 아래 글에서도 잘 나타나 있다. "그들은 다만 먹고 살기에만 급급하지는 아니하였다. 굶는 한이 있더라도 자식은 가르쳐야 한다. 그것이 그때나 오늘에 있어 우리 조선인의 굳은 신념중 하나이었다. 그리하여 물을 보면 반드시 수전을 이루는 것과 같이 아무리 僻地窮巷이라도 二三十戶만 모여 촌락을 이루게 되면 반드시 학교를 세우는 것이 의례의 행사이었다. 그들의 자제교육열은 그렇게도 개척의 열에 지지 않으리만큼 불타고 있었다."(申瑩澈, 「在滿朝鮮人敎育의 過去와 現在」, 『半島史話와 樂土滿洲』, 滿鮮學海社發行, 431쪽)

25) 신경 일본영사관의 보고는 조선인의 교육열에 대하여 "부형은 자제의 교육에

도시 진출 목적이 경제적인 부를 거두려는 일차적인 목적 이외에도, 2세 교육을 주요한 과제로 삼은 것은 지극히 자연스러운 일이라 하겠다. 신경특별시의 공립학교·신경 영락(永樂)학교, 봉천시의 서탑학교·소성학교·봉천동광중학교(奉天東光中學校), 안동의 대정(大正)학교·소화(昭和)학교·신흥국민고등학교(新興國民高等學校) 상과(商科)[26] 등 학생들의 등교에 편리한 학교 주변을 중심으로 한인 거주지가 형성되었을 것으로 보인다.

세 번째로 도시에 진출한 한인들이 주로 숙박업, 음식업, 이발점 등과 같은 서비스업에 종사하면서 나타나는 특징이다. 한인들이 주로 서비스업에 종사하게 되는 이유는 그들의 경제적인 여건과 깊은 관련이 있었던 것으로 보인다. 경제적인 여건이 그다지 좋지 못하였던 한인들이 일차적으로 선택할 수 있었던 것이 위에서 살펴본 서비스업이라 하겠다. 따라서 한인들이 경영하는 여관, 식당, 이발점 등을 중심으로 한인 거주지가 형성되는 특징을 띠고 있다. 여기에서 시장 주변에도 한인 거주지가 형성되는 양상을 살펴볼 수 있다. 즉 도시에서 일상 생활을 영위하는 지역을 중심으로

대해 빈부를 불문하고 매우 관심을 가진다. 이 점에서는 조선 내지에 비해서도 손색이 없다."고 하였다(신경총영사관, 『管內在住朝鮮人の概況』, 1933, 26쪽).

26) 1939년 2월말 현재 신경특별시 공립학교의 학급 수는 4, 교사는 6명, 학생은 260명, 인건비는 9,527원, 판공비는 1,364원, 한 학급당 경비 2,723원, 학생 일인당 경비는 42원이었다. 1940년 8월말 현재 안동 대정학교 학급 수는 20, 학생은 尋常科에 1,189명, 高等科에 61명으로 모두 1,250명이었다. 안동 소화학교 학급 수는 26, 학생은 尋常科에 1,085명, 高等科에 142명으로 모두 1,127명이었다. 상기 대정학교과 안동소화학교에 소요된 경비는 100,719원이었다. 봉천 西塔학교 학급수는 21, 학생은 尋常科에 1,283명, 高等科에 104명으로 1,387명이었다. 昭盛학교는 尋常科만 설치되어 있고, 학급 수는 12, 학생은 787명이었다. 서탑학교와 소성학교의 소요 경비는 79,311원이었다. 신경 永樂학교는 학급 수는 21, 학생은 尋常科에 1,269명, 高等科에 117명으로 모두 1,386명이고 소요 경비는 58,210원이었다. 중등학교에 속하였던 安東新興國民高等學校 商科는 1940년 3월말 현재, 수업 연한이 4년이고, 학급수는 3, 직원은 9명, 학생은 173명이었다. 역시 중등학교인 奉天東光中學校는 학급수 5개였다(申瑩澈, 「在滿朝鮮人敎育의 過去와 現在」, 『半島史話와 樂土滿洲』, 滿鮮學海社發行, 435~437쪽).

한인 거주지가 형성되는 모습을 보이고 있었다.

　만주 도시에 진출한 한인들의 직업을 살펴보기로 하자. 우선 '만주국'관료로 진출한 경우를 들 수 있다. 여기에는 '만주국' 말단 행정관료, 경찰 등이 포함된다. 1937년 7월 만주국 행정개혁 당시 조선인으로는 간임관 4명, 천임관 21명으로 증가하여 조선인 상층관리를 형성하였고, 1937년 12월 치외법권 철폐 때는 조선총독부의 2,127명 관원을 만주국 정부 관원으로 채용하여 조선인 하층 관리를 형성하였다.[27] 1940년 말 만주국의 조선인 경찰관은 2,801명(경사는 606명)에 달하였다. 그 가운데서 간도성 내에는 조선인 경찰관리가 1,753명으로 가장 많았고,[28] 나머지는 만주의 다른 도회지에 주로 거주하였을 것으로 보인다. 이들은 도시 거주 한인사회에서 친일성격이 가장 짙은 계층이라 하겠다. 이들은 일제가 만주국에서 식민통치를 실시하는 하수인으로 그 역할을 다하여 갔다.

　다음으로 일제의 기관에 취직한 만철 직원, 교육기관 교원과 직원, 은행직원 등이 포함된다. 1934년 6월말 현재 이들은 약 3,400여 명에 달하고 있었다.[29] 이들 역시 일제의 식민지 체제에 순응하면서 살아갔던 계층이라 하겠다. 민족과 조국 보다는 자신의 출세와 영달을 제일가는 목표로 삼던 계층이라 하겠다. 그들 가운데 교육기관에 종사하였던 교원들이나 언론기관에 있는 식자층들은 재만한인들을 일제의 식민지 지배 질서 속으로 편입하는 데 제일 앞장섰던 계층이다. 이들은 교육 현장에서, 언론 기고를 통하여, 사회 조직을 통하여 재만한인의 친일화, 황민화, 협화화 작업을 집요하게 추진하여 나갔다. '만주국' 건국 10주년을 기념하여 발간한 『半島

---

27) 解學時, 『僞滿洲國史新編』, 人民出版社, 1995, 578쪽.

28) 만주국의 각 민족별 경찰관리 수를 보면 일본인 8,101명, 중국인(滿系) 68,602명, 몽고인(蒙系) 2,952명, 러시아인 798명이었다(만주국치안부경무사, 『제4회 경찰통계년보』, 1942, 119·121쪽).

29) 玄圭煥, 『韓國流移民史』上卷, 語文閣, 1967, 218~219쪽.

史話와 樂土滿洲』가 대표적인 친일서적이라 하겠다. 한국의 역사와 문화와 관련된 문장들은 나름대로 사학사상의 의미를 찾을 수 있겠지만, 재만한인과 관련한 문장들은 철저하게 일제의 식민지배 논리를 대변하고 있었음을 알 수 있다.30) 그리고 이 책의 제일 마지막 장에 실린 윤해영(尹海榮)이 지은 「낙토만주(樂土滿洲)」란 시를 읽으면 그 시기 지식인들에게 만주는 무슨 의미를 지녔는가를 알 수 있을 것 같아 옮겨보기로 한다.

樂土滿洲

一. 五色旗 너울너울 樂土滿洲 부른다
　　백만의 拓士들이 너도나도 모였네
　　우리는 이 나라의 福을 받은 백성들
　　希望이 넘치누나 넓은 땅에 살으리
二. 송화강 천리언덕 아지랑이 杏花村
　　江南의 제비들도 봄을 따라 왔는데
　　우리는 이 나라의 흙을맡은 일군들

---

30) 滿鮮學海社에서 發行한 『半島史話와 樂土滿洲』에는 이후 한국의 학계에 많은 영향력을 발휘하였던 면면들을 발견할 수 있다. 당시 식자층을 대표하는 지식인들이 대거 원고를 투고하였음을 알 수 있다. 역사학자로는 황의돈·이병도·안확·최남선·권덕규·이선근·신기석·유자후 등이 보인다. 특히 재만한인과 관련하여 쓴 만주국명예총영사 金季洙의 「재만 조선인의 장래」; 만선일보사 사장 李性在의 「재만 조선인의 10년 혈한사」; 만선일보사 申瑩澈의 「재만 조선인 교육의 과거와 현재」; 清原雄吉의 「재만조선인 역사적 사명과 지도문제」 등의 문장들은 하나같이 재만한인들이 일본신민으로서, 민족협화를 이끌어가는 핵심민족으로서, '대동아공영권'을 건설하는 참여자로 나설 것을 촉구하고 있다. 이들 문장들은 하나같이 일제의 식민지배 논리에 순응하고 있으며, 일제가 못하는 부분을 대신하고 있음을 알 수 있다. 이런 의미를 가지고 있었기 때문에 전 조선총독 南次郎은 「鮮滿關係는 去益緊密」; 일본총리대신 東條英機는 「日滿華 共同宣言 一周年에 際하여」; 만주국 총리대신 張景惠는 「建國節을 當하여」란 글을 기고하여 식민지 지배 질서 구축에 열을 올렸다.

荒蕪地 언덕 우에 힘찬광이 두르자

三. 끝없는 地平線에 五穀金波 굼실렁

　　노래가 들리누나 아리랑도 興겨워

　　우리는 이 나라에 터를닦는 先驅者

　　한千年 歲月後에 榮華萬歲 빛나리

　　이처럼 윤해영의 눈에 비친 만주는 '낙토' 그 자체이고, 재만한인들을
만주 땅의 개척을 맡은 일군으로, '만주국'에 터를 닦는 선구자라 불렀다.
여기서 그가 생각하고 있던 또 다른 '선구자'의 실체를 보는 것 같아 주목하
지 않을 수 없게 한다.

　　세 번째로 자영업자들이다. 여기에는 음식업, 숙박업, 이발점 등 서비스
업종이 포함된다. 자신의 경제적인 이익을 추구하던 계층이라 하겠다.
식민통치하에서 경제적인 부를 축적하는 데 일차적인 목표를 두고, 생업에
종사하던 계층이라 하겠다. 기요하라 유키치(淸原雄吉)[31]는 이 부류의 재만
한인에 대하여 다소 과격한 어조로 혹독한 평가를 내리는 것을 서슴지
않았다.

　　특히 도시에 집중하고 있는 실업인의 自肅自戒를 요망하는 바이다.
　　도만하여 온 실업인 중 다수가 일확천금을 꿈꾸고 성실히 실업에 종사치
　　않고 투기적 생각을 가진 자가 많다. 혹은 부로-카 혹은 이권에 눈이
　　어두워 사기행위를 乎然히 하는 자도 많고 혹 극단한 자는 아편, 마약
　　밀매 등 부업정자 麻雀 등 도박 상습자도 많다. 이리하여 돈만 벌면 제일이
　　라고 생각하는 배금주의에 경도하여 법률상으로는 사기행위는 되지 않을

---

31) 淸原雄吉, 「在滿朝鮮人 歷史的 使命과 指導問題」, 『半島史話와 樂土滿洲』, 滿鮮學海
社, 630~631쪽.

지라도 도덕상으로 보면 명백한 배신행위를 감행하는 비열한 관념을 가진 자도 많으니 선계 실업인의 상업도덕은 대단히 부패한 現狀이다. 現金주의에 극단으로 경도하여 항간에는 우리는 유태인이 되어도 좋다는 語辭를 弄하는 자도 있는 즉 이런 상태로 경과하면 진정 유태인처럼 될 것이다. 유태인은 두뇌가 좋아서 各才가 즉 일류 과학자, 기술자, 예술가, 사상가 배출되었고 기 중에서도 金滿家가 많으나 그네들은 돈벌이를 위하여서는 여하한 악랄수단이라도 감행하니 세계 도처에서 배척을 받고 세계가 너르다 하더라도 그네들의 안주할 곳이 어디에 있는가. 우리는 自重自戒치 않고 현재와 같이 배금주의에 경도하여 비열 악랄한 음모로 이를 수행한다면 진정 동양 유태인이 되어 만주에도 거주치 못하게 될 것이니 다음 점에 주의할 필요가 있다. 건전한 생활로 선도할 것－奢侈濫費를 방지하여 향락사상을 타파할 것이며 도박의 폐풍을 일소하여야 하겠다. 건실 직업으로 전환하여야 할 것－투기적 사상을 타파하여 착실한 직업으로 전환하여야 하겠다. 즉 요리업, 특수 요리업 등 永系 상업 최소한도 축소, 아편 마약 등 부정업자 박멸, 실업상 신의를 존중하고 절대 신용을 保持할 것－상업도덕을 明徵히 하고 경제 통제 정책에 위반되지 않도록 서로 서로 자숙자계하여야 한다. 이상과 같은 점에 주의하여 정정당당히 실업에 종사할 것이며 특히 부언할 것은 실업에서 장차 개척할 분야는 大衆民族인 만계 사회이니 그네들과 좀더 협화하여 그네들 사회에도 진출하여야 한다. 좀더 만주어를 修得하여 그네들 풍속인격을 이해 존중하여 근거없는 우월감을 저버려야 한다.

즉 그의 눈에 비친 이 부류의 재만한인들은 대부분이 일확천금을 도시에 모여든 사람이고, 성실한 영업보다는 다분히 투기적인 기질이 많다는 것이다. 그들 가운데는 이권에 눈에 어두워 사기행각을 서슴지 않고,

극단적인 자는 아편, 마약 밀매와 같은 부정업과 마작과 같은 상습 도박에 빠져 있는 자들이 있다. 돈이 제일이라는 배금주의 때문에 상업 신용을 저버리는 것도 서슴지 않는다는 것이다. 이를 극복하는 방법으로 건전한 생활을 선도하고, 건실한 직업으로 전환할 것을 강조하였다. 기요하라 유키치(淸原雄吉)의 논조는 표면상으로 보면 그럴듯해 보이고, 설득력이 있어 보인다. 그럼에도 불구하고 도시에서 실업에 종사하는 대부분의 한인을 모두 모리배와 사기꾼으로 몰고 가지 않나 하는 우려를 불식시키기 힘들다. 경제적인 여건으로 영세업이 대부분이었을 것으로 짐작되는 이들 계층은 얼마 안되는 이윤을 위하여 혼신의 힘을 다하여야 하고, 어려운 이들끼리 서로 돕고 서로 의지하며 고단한 일상을 극복하였던 측면을 간과하여서는 안 될 것이다.

네 번째로 도시 일용직 노동자를 들 수 있다. 이들의 수는 재만 한인 가운데 농업 인구를 제외하고 제일 많이 차지하였다. 1934년 6월말 현재 이들은 전체의 인구의 약 1할 정도를 점하고 있었다.[32] 이들이 도시에 진출하였다 하여도, 마땅한 기술이나 자금을 바탕으로 한 것이 아니기 때문에 그들이 종사할 수 있는 직업은 주로 일용직이 될 수밖에 없었다. 즉 힘들고, 위험하고, 어려운 목수, 석공, 톱장이, 미장이, 대장장이, 인부 등 일용직이 대부분이었다. 따라서 생활여건이 안정되지 못하고, 고정된 일자리가 많은 것도 아니었다. 그들은 대체로 중국인들 보다는 일당을 많이 받는 편이지만 일본인 노동자의 일급에 비하면 훨씬 저렴한 노동력으로 치부되어 노동현장에서 혹사당하고 있었다. 당시 재만 한인·일본인·중국인 일용직 노동자가 받았던 임금을 살펴보면 <표 1>과 같다.

---

32) 玄圭煥, 『韓國流移民史』 上卷, 語文閣, 1967, 219쪽.

종목	한인임금	일본인임금	만주인임금	임금율		
				한인	일본인	만주인
木手	1.80원	3.10원	1.53원	100	142	82
石工	1.60원	3.45원	1.53원	100	216	96
톱장이	1.83원	3.16원	1.58원	100	173	86
미장이	1.81원	3.17원	1.49원	100	175	82
대장장이	1.52원	2.97원	1.37원	100	195	90
인부	1.08원	1.56원	0.80원	100	144	74
평균	1.60원	2.90원	1.38원	100	181	86

출전 : 玄圭煥, 『韓國流移民史』 上卷, 語文閣, 1967, 344쪽 ; 全滿朝鮮人民會聯合會 編, 『圖解表解 在滿朝鮮人現勢要覽』.

<표 1>에서 알 수 있듯이 한인 노동자들은 목수를 비롯한 모든 직종에서 중국인 노동자보다 많은 월급을 받고 있음을 확인할 수 있다. 대체로 0.20~ 0.30원 정도가 차이 나고 있음을 알 수 있다. 일본인을 비롯한 사용자가 노렸던 것은 한인과 중국인 사이의 노동력 가격에 일정한 차이를 두어, 두 민족 노동자들 사이의 경쟁심을 유발하고, 서로 견제하려는 뜻이 다분히 내포되어 있었던 것으로 보인다. 이런 인위적인 장벽을 마련하어 그들이 하나로 뭉치는 것을 미리 차단하고자 하였다.

Ⅲ. '만주국'의 '오족협화'와 재만한인에 대한 지배정책

1932년 3월 1일 일제는 청나라의 마지막 황제 부의를 옹립하여 '만주국' 의 수립을 선포하였다. 그리고 모든 매스컴을 통하여 건국이념에 대한 홍보와 포장 작업에 열을 올렸다. 미래에 대한 황금빛 청사진을 제시하고 나섰다. '오족협화'를 통한 '왕도낙토' 건설이 바로 그것이다.

1932년 3월 1일에 발표한 「건국선언」에서 "무릇 신국가 영토내에 거주하고 있는 자는 모두 종족의 구별과 존비(尊卑)의 구별이 없다. 원유(原有)의 한족·만족·몽족과 일본·조선의 각족뿐만 아니라 기타 국인으로서 장기간 거주하기를 원하는 자도 평등한 대우를 받을 수 있다.”[33]고 규정함으로써 마치 새롭게 건립된 '만주국'내에 거주하는 모든 민족에게 '평등'한 사회지위와 '거주'의 자유가 '보장'되는 것처럼 선전하였다. 이러한 슬로건은 새롭게 출발하는 '국가'권력으로서 인심 무마 차원에서도 지극히 필요하였다고 하겠다.

일제는 '만주국'에서 이렇게 사회적인 '평등'이 보장된 여러 민족을 하나로 새롭게 묶어 새로운 '만주국인(滿洲國人)'을 만들어내는 작업을 추진하였다. 여기서 일제가 제시한 '만주국인'상은 이른바 '건국정신'을 갖춘 근대적인 시민이요, '유교 예법과 덕목을 숭상'하는 국민이었다. 이에 따라 국민들에게는 사해동포주의·박애·만국평화·만국도덕이 강조되었다.[34] 그런데 여기에서 문제가 되는 것은 '만주국인'을 구성하는 85% 이상의 주민이 한족이라는 점이다. 따라서 '만주국인'을 만드는 작업은 주로 한족을 중심으로 기타 민족의 의식구조를 개조하는 데 초점을 맞추었다. 이와 관련하여 주목할 것은, 조선에서는 '동조동근'론과 '내선일체'론을 내세워 민족동화와 민족말살을 획책하였던 일제가 동북에서는 그와 같은 논리를 세울 수 없었다는 점이다. 조선과는 달리 동북지역은 다양한 민족이 함께 생활하고 있었고, 그들의 역사적인 경험도 일본인과는 완전히 상이하였기 때문에 이들 민족과 '동조동근'론을 운운할 수 있는 타당한 근거를 찾을 수 없었다는 점이다. 따라서 일제는 한족의 중화의식을 말살시키기 위한 방법으로 각 민족의 화합을 강조한 '민족협화'를 '만주국'의 국가 이데올로기로 채택하였다.[35]

---

33) 『滿洲國政府公報』 1932년 3월 1일.
34) 韓錫政, 『만주국 건국의 재해석 : 괴뢰국의 국가효과, 1932~1936』, 151~152쪽.

기요하라 유키치는 '만주국'의 건국의 의미를 일본이 동양민족을 위하여 건설한 동양민족의 '왕도낙토'임을 강조하고 나섰다.[36)

1. 만주건국은 일본 황군의 기동력으로 이루어졌다. 건국 당시 세계여론은 전부 반대이었고 갖은 압력과 견제를 받았다. 此 문제가 국제연맹에 제기되매 42 대 1로 부결되었으니 차에 대하여 일본제국은 국제연맹 탈퇴를 결행하였다. 차는 전 세계 적어도 당시 열강을 전부 적으로 삼고 국토를 초토화할 일대 결의하에서 결행한 것이니 차는 세계 구질서에 대한 일대 도전이었고 차를 반면으로 보면 만주건국은 세계 신질서 건설의 일대 전주곡이 된 점이다. 2. 만주국은 왕도낙토 정치를 표방한 점이다. 차는 동양 본래의 정치이상이며 西洋流의 間島的 法治的 정치에 대하여 도의적 德治적 정치이고 서양식 국가 통치에 대하여 동양식 통치의 우수성을 소리높이 세계 선언한 점이다. 3. 만주국은 왕도정치의 이상에 부가하여 오족협화를 표방하였다. 동아민족의 대동단결을 촉진케 히여 백인세력으로부디 동양민족의 해방과 구미제국주의의 희생이 되지 않도록 함인즉 동아연맹의 결성, 대아세아건설 대동아공영권 건설 등등을 高調하는 것을 차를 의미함이다.

이와 같이 기요하라 유키치는 일본군의 총칼에 의하여 세워진 '만주국'을 일본민족이 자신의 모든 것을 걸고, 동양 민족을 백인세력의 침탈로부터

---

35) 일제는 "만주국"에서 내건 "민족협화·왕도낙토"라는 슬로건과 함께 華北에서는 "北支人의 北支", 내몽고에서는 "몽골민족 부흥" 등을 식민지배 이데올로기로 채택하였고, 아시아태평양전쟁으로 돌입한 이후에는 "白色帝國主義"에 대항한다는 이른바 "大東亞共榮圈" 이데올로기로 발전시켜 나갔다(임성모, 「'만주국' 협화회의 대민지배정책과 그 실태」, 『동양사학연구』 42, 1993, 101쪽).

36) 淸原雄吉, 「在滿朝鮮人 歷史的使命과 指導問題」, 『半島史話와 樂土滿洲』, 滿鮮學海社, 626쪽.

보호하기 위한 '성전'으로 규정하고, '만주국'의 건립을 계기로 시작된 '대동아공영권 건설'이야말로 동양민족의 '왕도낙토'가 될 것임을 거듭 강조하고 나섰다. 즉 일제는 백인세력으로부터 동양 민족을 보호하고, 해방하기 위한 구세주적인 이미지로 둔갑하고 나선 것이다.

일제는 이러한 '민족협화'를 기반으로 한 각 민족의 사회적인 분업 구도도 수립하였다. 일본 군부의 대외 침략이론의 대표주자격인 이시하라 간지(石原莞爾)는 '만주국'에서 "일본인은 군사와 대기업을 장악하고, 지나(중국)인은 상업과 농업노동에 종사하고, 조선인은 수전 농사를 하고, 몽고인은 목축업을 하는" 것을 '민족협화'에 기반한 "진정한 공존공영"[37]이라 하였다. 즉 일본인에게 경제명맥과 정권(총칼)을 장악시킴으로서 식민분업에서도 주도적인 지위를 확보할 수 있도록 구상하였다.

일제는 '만주국'에서 '민족협화'를 부르짖었지만 '일본신민'에게는 치외법권을 부여하였다. 따라서 1910년 이후로 '일본신민'의 범주에 포함된 재만한인에게도 자연스럽게 치외법권이 부여되었다.[38] 1937년 11월 일제가 '만주국'에서 치외법권을 철폐하기 전까지 재만한인은 일본대사관·영사관·조선총독부의 직접 지배를 받았다. 그러나 여기서 분명히 하고 싶은 것은 일제가 재만한인에게 부여한 '치외법권'은 재만한인의 법적 권리를 신장시키기 위한 것이 아니라는 점이다. 이 문제와 관련하여 우선 일제의 입장에서 보면 러일전쟁 이후부터 동북지역에 이주한 재만한인을 '일본신민'의 범주에 포함시키던 정책을 하루아침에 헌신짝을 버리듯이 바꿀 수 없었다는 점을 들 수 있다. 동북지역을 강점하기 전까지만 하여도 재만한인의 신분을 이용하여 동북에서 침략세력을 확장하던 일제가 이번에는 재만

---

37) 角田順編, 『石原莞爾資料集·國防論策』, 原書房, 昭和46年, 71쪽.

38) 당시 만주국에서는 거주자들을 '만주국인'·일본인·외국인 등으로 구분하고 있는데 재만한인은 일본인 속에 포함시켰다(『滿洲國政府公報』 1936. 1. 29).

한인에게 '치외법권'을 부여하여 '만주국'에서 일본인과 동등한 '특수한 지위'를 인정하는 것으로 재만한인사회에서 저들의 식민통치의 기반으로 확대하려는 목적 이외에도, 재만한인에 대한 직접 통치를 통하여 식민지 조선과 '만주국'의 식민통치를 위협하던 재만한인의 항일무장운동을 효과 적으로 탄압하고자 하였다. 다른 한편 '치외법권'을 통하여 '만주국'내 각 민족간의 차별화 정책을 부각시켜 통일적인 반만항일세력의 형성을 저지하고 민족간에 상호 견제하는 일석이조의 효과를 거두고자 하였다. 따라서 1937년 '만주국'에서 식민지배체제가 어느 정도 다져지자 일본인의 치외법권을 철폐시켰다.

  그러나 일제는 치외법권을 철폐하는 대신 특별 규정을 마련하여 일본인 의 특별 지위를 그대로 유지하였기 때문에[39] 결과적으로 재만한인의 '치외 법권'만 박탈하는 꼴이 되고 말았다. 위에서 살펴본 대로 일제는 '만주국'을 명실상부한 '병영국가'로 구축하였고, 식민지배를 유지하기 위한 각종 법 체제를 마련한 상황에서 굳이 재만한인을 '치외법권'으로 직접 통치할 필요성을 느끼지 못하였던 것으로 보인다. '만주국"의 식민지배가 어느 정도 안정을 찾아가자 일제는 재만한인의 '치외법권'을 박탈하였다. 즉 현재까지 치외법권에 의하여 파생하는 민족간의 '불평등'과 불화음을 최대 한 줄이고, 재만한인도 '만주국 국민'속에 통합시켜, 이제 더 이상 민족간의

---

39) 일제가 만주국에서 치외법권을 철폐하였다고 하지만, 치외법권 가운데 핵심내용 인 일본인에 대한 재판권에 대하여 특별 규정을 마련하여 사실상 치외법권을 그대로 유지하였다. 즉 "1. 외국인과 관련한 사건은 涉外사건으로 처리한다. 2. 섭외사건을 처리하기 위하여 당분간 사법부 대신이 지정한 법원에 涉外廳과 涉外 담당 심판관(일본인)을 둔다. 3. 섭외청을 둔 법원은 섭외사건과 관련된 토지 관할에 대하여 별도로 규칙을 제정한다. 4. 형사사건에 대한 검찰 사무는 검찰관 외에 검찰 사무를 처리하는 전담 요원을 두고 일본인 警務指導官이 담당한 다. 또한 檢察官 사무처리 요원을 두고 일본인 서기관이 담당한다."(『滿洲國現勢』, 康德五年版, 93쪽 ; 副島昭一, 「'滿洲國'統治と治外法權撤廢」, 『滿洲國の硏究』, 152 쪽).

'차별'이 존재하지 않는, 각 민족이 평등한 '민족협화(民族協和)'라는 건국이념으로 '만주국'의 식민지배체제를 강화하려는 데 궁극적인 목적이 있었다.

일제는 재만한인에게 만주국 국민으로서 갖추어야 할 자격 요건을 제시하면서 철저한 순응을 강요하였다. 이를 위해 제일 먼저 착수한 작업이 바로 일제의 세력을 등에 업고 일신의 영달만을 추구하던 일부 몰지각한 한인들이 가지고 있던 이른바 '일본신민'이라는 철없는 우월감을 박탈하는 것으로부터 시작하였다. 그리고 선진민족이나 지도적 입장이 아닌 '만주국'의 구성분자로서 다른 민족들과의 협화를 강조하였다. 만주국의 구성분자라는 확고한 자각을 가지고 만주국에 대한 충성할 것을 강요하였다.[40]

> 따라서 각 민족의 創意를 존중하며 의견을 존중하고 있다. 적어도 만주에서는 어느 정도 능동적이며 명랑성이 있다. 또 만계 국민에 비하면 조선인은 30여 년이나 일본정신하에 교육도 받고 통치도 받은만큼 문화정도가 고등하므로 선진민족으로서 취급을 받고 있으니 우리가 정당하게만 처신하면 만계 국민에 대하여 지도적 입장에 있으며 따라서 존경을 받을 처지에 있다. 이를 형식적으로 표현하면 조선인은 만주국 구성분자로서 인정되어 있으므로 협화회 각급 연합회 특히 全聯에 대표를 참가시켜 우리 입장을 말할 수도 있으며 또 그 의견을 어느 정도까지 용납하고 있다. 이런 점이 서양 제국의 착취적 경영과는 類가 다른 점이다. 이상은 요컨대 만주는 도의를 주로 한 왕도정치이며 민족협화를 지향한 협화정치이다. 특히 조선인에 대하여서는 역사적으로 인연이 깊은 곳이며 이곳에서 안심하고 살만한 낙토이므로 우리는 만주를 墳墓의 땅으로 삼고 만주국 구성분자라

---

40) 清原雄吉, 「在滿朝鮮人 歷史的使命과 指導問題」, 『半島史話와 樂土滿洲』, 滿鮮學海社, 627~628쪽.

는 확고한 자각으로 만주국에 대하여 충성을 다하여야 할 것이다.

　재만한인을 '만주국'의 통치체계 속에 확실하게 묶어 두려는 속셈을 엿볼 수 있다. 이를 바탕으로 재만한인들로 하여금 '만주국'을 기반으로 하는 '대동아공영권 건설운동'에 적극 동참할 것을 강요하였다. 이를 위하여 재만한인들이 가져야 할 자세에 대하여 다음과 같이 언급하고 나섰다.[41]

　　그러면 우리 조선인은 어떤 태도로 동아공영권 건설운동에 임할 것이냐? 만주건국 자체가 동아공영권 건설의 제1계단이며 만주국 자체가 건설적 역할을 다하고 있음인즉 우리는 차를 인식하여 건설적 역할에 참가하여야 한다. 환언하면 동아공영권 건설에 우리도 적극적으로 참가하여 우리의 地步와 입장을 얻어야 한다. 1. 생산인으로써 국가에 공헌하자. 현금은 자유주의 경제시대로부터 통제 내지 계획경제시대로 이행하여 왔다. 자유주의경제시대에는 상품은 갑지로부터 을지로 옮겨 와서 이윤을 취하였으나 통제경제시대에는 차 이윤이 양적으로나 질적으로 대단히 제한을 받은 것이나 금일같이 계획경제시대로 이행되면 생산과 소비는 고도로 계획성으로 규정되었으므로 전부가 배급제도로 되어 자유주의 경제시대의 이윤은 배급에 관한 수수료로 代位되었다. 따라서 이윤 추구를 목적으로 한 상업의 분야는 점점 협소하여 간다. 그러므로 우리는 유통경제 상업 보담 생산의 우위를 인하여 매매선수 보담 생산 선수가 되어야 한다. …… 2. 국내 치안 확립에 적극적으로 협력할 것! 세계정세가 대단히 긴박하여 온 이때 황군은 전부 국방 제일선에 출병하면 국내 치안은 도시에서는 의용봉공대, 촌락에서는 자위단에 일임하게 된다. 다시 말하면 일조 유사지

---

41) 淸原雄吉, 「在滿朝鮮人 歷史的使命과 指導問題」, 629~630쪽.

시는 의용봉공대가 우리 치안을 맡고 우리의 생명재산을 보호함인즉 평시부터 대중의 보호자로써 부끄럽지 아니할만한 교양과 훈련을 받으며 일반 민중은 차를 적극적 응원을 하여야 한다. 일지사변 당초 通州사건의 예를 들면 일선인은 전부 학살을 당하였다. 또 최근에도 만계와 선계 간에 알력이 많은 사건이 있었다. 이 사실을 볼때 일본민족과 조선민족은 명실공히 운명공동체이다. 우리는 자위상으로도 국내치안에 적극적으로 협력하여야 할 것이다. 일보 나아가 국내치안은 우리가 맡을 만치 적극적이 되어야 한다. 이 점과 관련깊은 東南지구 특별공작 후원회의 의의를 말하면 동변도 급 동만지구의 비적토벌공작에 대한 후원회다. 이 회가 설립된 동기는 유감스럽지만은 비적중에 우리 동포도 섞여있는 고로 우리 양민은 여러 가지 점으로 악영향이 많은 즉 차를 귀순시키겠다는데 있다. 이것을 상설하면 其一은 토벌대의 신고에 대하여 그 신고를 위문하는 의미 其二는 비민의 경계를 명백히 하는 의미 즉 대내적으로 보면 비적에 대한 확고한 관념을 가지게 하고 대외적으로 양민을 비적과 혼동치 말게 하는 의미 其三은 비적에게 그릇된 義勇心을 가지게 만든 점 즉 비적들이 반만항일로써 양민들 자신이 하지 못하는 정의를 대신하여 한다는 그릇된 의용심을 갖게 말고 양민들에게 얼마나 폐단을 끼치는 가를 명백히 하는 의미 其四는 선전 宣撫와 귀순 권고 등을 우리도 차 공작에 소극적이나 협력한 점 등이다. 차 운동도 단시일간이었으나 전만선인이 다 함께 협력하였으며 많은 수확리에 종료하였다. 차 운동은 종료되었을지라도 차 운동의 정신만은 일상 가져야 한다. 3. 징병법 적용을 촉진하여 직접 국방을 담당하는 동시에 국민훈련을 받아야 할 것, 병역에 복역하는 의의는 국방을 직접 담당하므로써 우리도 동아공영권 건설에 직접 참가하여 동아공영권내에 조선민족의 地步와 입장을 획득할 수 있는 것이며 또 국민의 최대 의무를 다하므로써 국민의 권리를 주장할 수가 있는 것이다. 이뿐만 아니라 병역에 복종하여 실전에 참가하면 사선에 임하는 것이니 사선에 임하면 사물에 대하여 一劒히 사려하면 자신 내지 신념이 생기고 신념이 생기면 담력이 생기나니 即 정의에 불타오르는 왕성한 정신력이 양성된다. 그리고 엄격한 통제 규율 생활하에서 수만 衆力을 통합시켜 일대 總力을 발휘하는 통제력을 양성하는 것이니 이런 의미에서 병역의 직접 목적은 국방이니 간접으로 국민훈련상 절대 필요하다. 그런 고로 조선지원병 제도는 일일이라도 속히 전적 징병제도실시를 요망하는 것이며 차 제도가 실시되지 않은 금일 만주국병법을 우리 조선인에게도 적용하기를 요망하는 바이다. 그렇지 않으면 국민의 최대 의무를 다한 만계국민이 최대의무를 다하지 않은 조선인은 무슨 권리가 있는가를 반문할 때에 우리는 무어라고 대답할 것이냐. 또 국민훈련을 받지 못한 조선인이 10년 20년후에 있어 훈련받은 만계와 대비할 수 있을 것이냐. 즉 국민훈련을 받으면 마치 근대 고층건축에 철근처럼 심신중에 철근이 들게 되고 왕성한 정신력과 통제력을 가지게 되는 것이니 우리는 일일이라도 속히 징병제도 우는 국병법 적용을 촉진할 필요가 있다. 4. 교육 일층 주력하여 국가에 인재를 보내라. 교육에 관하여는 조선인은 노소 남녀 직업 여하 계급 여하를 물론하고 열열한 열성을 가지고 있다. 그러므로 우리 경제생활로서 감당할 최대한도의 부담을 하고 있든 바다. 교육은 조선인에게 민족 종교라고 하여 과언이 아니다. 이 교육에 대하여 절대적 신앙을 가지고 있다. 이런 교육에 即應하여 조선에서는 의무교육제가 실시되려고 준비중이다. 그러나 만주에서는 여러 가지 문제가 미해결중에 있다. 그런데 만주에서는 교육에 대한 관심은 초등교육에 집중되고 있는 現狀이나 고등교육에 대하여는 막연한 생각을 가지고 있다. 고등교육을 받을려면 조선이나 일본으로 보낼려고 하나 그것이 되지 않으면 만주 고등교육기관에는 보내지 않아도 좋다는 막연한 생각을 가지고 있는 예가 많다. 현재는 각 관서 특수회사는 일본 조선에서 인재를 수입하고 있으나 조금 있으면 우선적으로 현지 調辦을 할 것이니 그때에 만주 고등교육을 재인식하여도 믿지 못할 것이니 지금부터 만주 고등교육에 대하여 심대한 관심을 가지고 학풍을 우리 조선인에게도 相祫하도록 진력하며 일보 나아가 우리 손으로 고등교육기관을 요소요소에 설립하도록 진력하여야 한다. 그렇지 않으면 국가의 간부가 현금에도 적은데 금후 10년 20년 후에는 만계와 비교할 적에 퍽 적어질 것이다. 현금 보다 간부가 적어지면 우리의 사정을 누가 대변해 줄 것이냐. 우리는 고등교육에 대하여 좀더 관심과 열성을 가지고 인재를 배양하여 국가에 인재를 보내어 일일이 라도 속히 동아공영권 건설에 선수가 되도록 하여야 한다.

기요하라 유키치(淸原雄吉)는 '대동아건설운동'에서 재만한인의 지위와 역할을 상업에 종사하는 매매인 보다는 생산인으로, 사회 치안의 담당자로 규정하고, '만주국'의 국병법이나 징용법 적용을 추진하여 재만한인도 국방의 의무를 다하도록 하고, 교육발전에 주력하여 인재를 배양하여 '동아공영권 건설'의 참여자가 될 것을 촉구하였다. 필자 한 사람의 생각만이 아니었을 것이다. 일제의 식민지 지배에 철저하게 동조하고 나섰던 식자층의 일반적인 인식이라도 하여도 과언이 아닐 것이다. 그들은 재만한인을 일본인과 운동공동체임을 강조하고, 민족협화를 실현하는 핵심민족으로서 자긍성을 가지도록 하고, 온갖 미사여구를 동원하여 재만한인을 '대동아공영권' 건설의 일선에 내몰고자 하였다. 이런 관점에서 기요하라 유키치는 한인청년층에 대단히 기대를 걸고 그들을 통하여 한인사회의 변화를 시도하고자 하였다. 청년들과 관련된 그의 논점은 다음과 같다.[42]

---

42) 淸原雄吉, 「在滿朝鮮人 歷史的使命과 指導問題」, 『半島史話와 樂土滿洲』, 滿鮮學海社, 630~631쪽.

청년층 지도훈련 강화 사회의 중견이 되어야 할 청년층이 금일과 같이 무력하고 오이려 사회에 해독을 끼치고 있는 現狀이니 일일이라도 이런 환경으로부터 청년을 구출치 않아서는 안된다. 청년층이 무력한 원인, 조선인 전체 사회가 신념이 없고 목표가 없이 다만 돈벌이에만 注心하고 고상한 정신생활이 없다. 그러므로 청년들도 역시 탐리에만 경도하므로 금일과 같이 무력한 존재가 되고 건강한 身力으로 전체 사회에 공헌하여야 할 청년들이 반동적으로 惡道 행락 생활에 정력 발산하고 있는 現況이며 또 사회 유지층은 이런 청년층에 대하여 무관심하며 지도 훈련의 방도를 강구치 않았다. 청년의 특장은 누구보담 양심적이고 정의감이 왕성하므로 사회는 津津明朗케 하고 心身이 건전하므로 교육훈련을 받아 진보향상할 수도 있고 심신이 왕성하므로 실천력이 많다. 그러므로 청년들은 일일이라도 속히 교육훈련을 시켜 사회 중견이 되도록 지도할 것이며 특히 만주 도시에는 협화 의용봉공대가 조직되어 있으므로 此를 활용하여 청년층의 재생을 도모하여야 한다. 의용봉공대의 임무는 전시에는 국내치안에 대하여 중대한 역할을 담당하고 우리의 생명재산을 보호하며 국방의 일부를 담당한 것이니 평시부터 교육과 훈련을 받아 명실공히 사회중견이 되도록 하지 않으면 오히려 해독을 끼칠는지 모른다. 평시에는 사회의 중견이 되어 만사에 지도적 역할, 봉사적 역할을 담당한 것이니 더욱 此 의용봉공대를 강화하기 위하여서는 아낌없는 노력과 관심과 열성를 갖기를 요망한다.

여기서 기요하라 유키치는 전체 재만한인을 돈벌이에 눈이 어두운 모리 배로 매도하고, 사회지도층이 청년들에게 무관심하고 지도 훈련 방법을 강구하지 않은 상황에서 청년들은 무기력하고 행락생활에 정력을 발산하는 현실을 개탄하고 있음을 알 수 있다. 그가 여기서 한인청년들에게 강요한 것은 '대동아공영권 건설'이란 거창한 슬로건 밑에서 청년들의 양심과

정의감에 적극 호소하여 그들로 하여금 협화 의용봉공대에 참여하여 전시에는 국내 치안의 중대한 역할을 담당하고, 국방의 의무를 담당할 것을 종용하였다. 즉 일제의 식민지배체제를 구축하는 데 한인청년들을 적극 활용하고자 한 것이다.

일제는 재만한인사회에 조선인 민회를 설립하여 '만주국'의 식민지배에 순응시키는 도구로 적극 활용하였다. 중국 동북지역의 대표적인 친일단체인 조선인 민회는 1913년에 설립되기 시작하여 1930년대 '만주국'의 설립과 더불어 식민지배를 구축하는 첨병으로 충당되면서 비약적인 발전을 거듭하였다. 조선인 민회는 1934년의 75개로부터 1935년에는 104개로, 1936년에는 123개로 증가하였다. 즉 약 2년 사이 무려 48개 민회조직이 신설되었다. 1936년 조선인 민회에 가입한 회원은 무려 176,299명에 달하였다. 이는 당시 재만한인 총인구수 875,908명[43)]에 비하면 약 20%에 달하는 것이었지만 회원 대부분이 현성 소재지나 교통중심지에 거주하는 자들이라고 판단할 때 민회조직이 한인사회에 대한 영향은 막대하였을 것으로 보인다. 그리고 동 시기 '만주국'의 인구 3천만 명에 비해 협화회 회원은 겨우 19만 명에[44)] 불과하였던 점과 비교해 보아도 조선인 민회의 확대와 더불어 한인사회가 급속히 친일화되어 가고 있는 상황을 보여주고 있다고 하겠다.

조선인 민회는 일본영사관 '시정보조기관'으로서 재만한인사회를 통제하고 식민지배를 구축하는 데 첨병이 되었다. 조선인 민회는 일본영사관 세력을 등에 업고 정치·경제·사회·교육 등 각 분야에 걸쳐 민생과 직결된 여러 가지 권리를 장악할 수 있었기 때문에 한인사회를 무난하게 잠식하여

---

43) 1936년 6월말 현재 : 전만조선인민회연합회, 『在滿朝鮮人現勢要覽』, 1937, 1쪽.
44) 任城模, 『滿洲國協和會의 總力戰體制 構想 硏究—'國民運動' 路線의 摸索과 그 性格—』, 연세대학교 대학원 사학과 박사학위논문, 1997, 216쪽.

갈 수 있었다.[45]

일제는 간도협조회(間島協助會)·간도특설부대·훈춘정의단 등 친일무장
단체를 설립하여 반만항일세력을 타파하는 최전방에 배치하였다. 그 가운
데 간도협조회가 대표적인 경우라 하겠다. 간도협조회는 1934년 9월 6일
일본관동군 헌병사령부 연길헌병대의 외곽조직으로 설립되었다. 연길헌
병대 대장 가토(加藤) 중좌, 연길독립수비대 대장 다카모리(鷹森) 중좌 등은
김동한(金東漢) 등과 모의하고 한인을 주체로 한 간도협조회를 설립하였다.
간도협조회가 내건 행동강령을 보면 일본의 '아세아주의 정신'으로 공산주
의 사상을 배격하고, 일만일체(日滿一體) 사상에 기반하여 일만합작을 완성
하고, 공산당과 반만항일군을 소멸하는 데 친일한인들이 앞장서겠다는
것이었다.[46]

간도협조회는 일본군과 위만주국군에 협력하여 항일유격근거지를 파괴
하는 군사작전, 항일유격대와 지하당 조직에 대한 정보 수집, 항일유격대원
에 대한 투항·귀순공작에 투입되었다. 간도협조회는 일본군도 감히 엄두를
내지 못하는 '공훈'을 세웠다.[47] 여기에 도처에서 유언비어를 날조하여
항일대오 내부의 분열과 자중지란을 유발시켰다. 간도협조회는 '민생단원
들이 이미 공산당 내에 잠입하였다'[48]는 유언비어를 날조하여 동만지역

---

45) 김태국, 『滿洲地域 '朝鮮人 民會'研究』, 국민대학교 박사학위논문, 2001, 243~253
쪽.

46) 延邊朝鮮族自治州公安局檔案室, 「間島協助會」, 『有關間島協助會卷宗』 1-1호.

47) 간도협조회는 설립된 후 10개월 사이에 지하당지부와 연락소 190여 개를 파괴하였
고, 1,800여 명의 혁명가를 체포하였다. 협조회가 활동하던 2년 동안에 陳鴻章·金在
秀·安鳳學 등 중공당 동만특위와 동북인민혁명군 제2군의 주요한 지도자, 지하당
원, 동북인민혁명군 장병과 반일군중 2,509명을 체포하였다. 1936년 3월의 통계에
따르면 협조회는 도합 2,284명을 체포하고 투항시켰다. 이밖에 보총 250자루,
권총 82자루, 탄약 7,568발, 문건 3백여 부를 빼앗아갔다(延邊朝鮮族自治州公安局
檔案室, 『有關間島協助會卷宗』 1-5호).

48) 「間島協助會第1回全體會員大會報告書」, 『偽滿憲警統治』, 中華書局, 1993, 186쪽.

중국공산당과 공청단 내부에서 시작된 '반민생단 투쟁'을 더욱 험악한 상황으로 몰고 가 한인공산주의자 500여 명이 억울하게 학살되고, 수천 명이 의심·배척당하고 박해를 받는 엄청난 비극이 발생하였다.[49]

간도협조회는 일본군의 전위조직으로 암약하면서 일본군도 감히 엄두를 못내는 역할을 담당하면서 막강한 파괴력을 과시하였다. 그들의 파괴력은 반만항일세력의 동향이나 행동패턴을 일본군경에 비하여 더욱 소상하고 적확하게 파악하고 있었고 대응 방법도 잘 터득하고 있는데서 비롯되었다.

Ⅳ. 결론

1932년 3월 1일 일제는 '만주국'이란 독립국가를 수립하였다. 여러 가지 복합적인 계산으로 총독정치가 국가형태를 띤 식민지 지배형태를 선택하였다. 거대한 중국 대륙을 각기 분할하여 요리하기 위한 정치적인 술책이었다. 일제는 '만주국'을 수립하면서 '오족협화'·'왕도낙토'라는 건국이념을 제시하면서 피지배민족을 한곳으로 아우르고자 하였다.

'만주국'이 건립되면서 한인의 만주지역으로의 이주는 더욱 급속하게 진척되었다. 일제의 식민지 이주정책과 밀접한 관련이 있었다. '만주국'이 농촌에 이주한 한인에게 부여한 역할은 논 농사였다. 이주 한인은 아무런 외부 지원이 없는 열악한 환경을 극복하고 광활한 농촌지역에 뿌리를 내렸다. 농촌에서 어느 정도 생활기반을 마련한 한인들이 다시 도회지로 생활무대를 넓혀갔다. 도시에 진출한 한인은 주로 관료·직장인·자영업자·일용직 등에 종사하고 있었다. 관료나 직장인은 식민지 지배체제에 순응하

---

49) 金成鎬, 『1930年代 延邊 '民生團'事件 研究』, 539쪽.

면서 한인사회의 친일화에 동조세력이나 선줄꾼 역할을 담당하였다. 자영업자나 일용직에 종사하였던 한인들은 '만주국'이라는 일본의 식민지에서 보다 나은 생활을 위하여, 하루 생활을 영위하기 위하여 고단한 일상을 살아가는 계층이었다.

이러한 재만한인사회에 대하여 일본은 '오족협화'·'왕도낙토'라는 슬로건을 내세워 '만주국'의 지배체제에 순응하는 민족으로, 논 농사의 주역으로, 반만항일세력을 고사시키는 사회기반으로 육성시키고자 하였다.

이들에 대한 통제는 주로 조선인 민회를 통하여 이루어졌다. 만주국시기 조선인 민회는 연합회를 설립하면서 급속한 성장을 거듭하였다. 1936년에 조선인 민회는 무려 123개나 설립되면서 재만한인사회에서 단일 조직으로 가장 컸다. 조선인 민회는 일본영사관의 '시정보조기관'으로 자임하면서 일제의 식민지배 구축의 첨병으로 나섰다. 한편 간도협조회·간도특설부대·훈춘정의단 등 친일무장단체를 설립하여 반만항일세력을 타파하는 앞잡이로 활용하였다.

상기 친일세력들은 일제를 등에 업고 일제에 의지하여 일신의 영달을 꿈꾸었다. 이들은 일제가 한반도를 침략하면서 부르짖었던 동조동근론이나 내선일체론에 함몰되어 이를 누구보다 앞장서서 실천에 옮긴 반민족세력이다. 이들에게서 민족의 자아의식이라든지 민족의 자존심은 꼬물만치도 찾아볼 수 없었다. 그들은 오로지 '일본인'으로 살기를 원했고 '대일본제국의 신민'으로, 일본 천황폐하의 '충직한 전사'로 일본의 대륙침략에 선봉에 서고자 하였던 세력들이었다. 그들은 자신이 그러하였을 뿐만 아니라 전체 한민족에게 이같은 사상과 이념을 강요하고 주입하고자 하였다. 일본 제국의 이익을 위해서라면 반민족, 반인륜 행위를 서슴지 않았다. 그러면서도 이를 '동양평화'를 위하는 길이라 생각하는 몰지각한 인식을 보였다.

참고문헌

姜念東 外, 『僞滿洲國史』, 長春 : 吉林人民出版社, 1980.

金成鎬, 『1930年代 延邊 '民生團'事件 硏究』, 백산자료원, 1999.

김경일·윤휘탁·이동진·임성모 지음, 『동아시아의 민족이산과 도시 20세기 전반 만주의 조선인』, 역사비평사, 2004.

만주국 건국 10주년 기념책, 『半島史話와 樂土滿洲』, 滿鮮學海社, 1942.

朴永錫, 『萬寶山事件硏究』, 서울 : 아세아문화사, 1985.

尹輝鐸, 『日帝下 '滿洲國'硏究－抗日武裝鬪爭과 治安肅正工作－』, 一潮閣, 1996.

任城模, 『滿洲國協和會의 總力戰體制 構想 硏究－'國民運動' 路線의 摸索과 그 性格－』, 연세대학교 대학원 사학과 박사학위논문, 1997.

韓錫正, 『만주국 건국의 재해석 : 괴뢰국의 국가효과, 1932~1936』, 동아대학교출판부, 1999.

玄圭煥, 『韓國流移民史』 上卷, 語文閣, 1967.

제5장 민족과 국민 사이
: 조선족의 초국가적 이동과 민족 정체성의 갈등[*]

박 금 해

I. 문제제기

1980년대 초반, 친척방문 명목으로 시작된 조선족의 한국이동은 한중수교와 더불어 코리안 드림의 열풍을 일으키면서 전통적인 조선족사회를 강타하였다. 30년 가까운 코리안 드림의 열풍은 조선족의 도시진출을 가속화하고 그들의 경제적 입지를 부추기는 한편, 조선족 인구의 격감, 농촌공동화, 가족해체, 민족교육 위축, 정체성의 갈등 등 일련의 사회문제를 야기하기도 하였다.

중국국민이면서도 한민족 디아스포라라는 조선족의 특정한 입지로 그들의 한국이동은 오늘날 전 지구적인 차원에서 일고 있는 인구이동의 일반적인 속성 외에 모국인 한국으로 역이주하는 한국계 후손이라는 특수성을 지니고 있다. 따라서 근 30여 년간의 모국(고국)으로의 역이주라는 특수한 행정 속에서 그들의 삶의 양식은 물론, 고국과 거주국이라는 두 축 사이에서 그들의 정체성도 다양한 변화를 보이고 있다. 같은 핏줄의 민족성을 내세우

---

[*] 이 글은 중국 국가사회과학기금항목 - 「조선족의 초국가적 인구이동과 동북변강의 조화로운 발전연구」(13BMZ080)의 계열성과의 일부분이다.

고 막연한 기대감으로 한국에 들어선 조선족들은 그들의 신체적 이동과 함께 그 신체에 배여 있는 자신들의 공동체 문화가 한국내의 문화와 전면적으로 접변하고 부단히 상충하는 과정에서 전연 예기치 못한 정체성의 갈등과 곤혹을 경험하게 된다. 특히 그들에게 강요되는 재외동포와 외국인 근로자, 불법자와 합법자, 한국인과 중국인 등 다중적인 경계인으로서의 입지 및 조선족과 한국인 사이에 뛰어넘을 수 없는 무형의 두꺼운 장벽은 조선족을 완전히 타자화시키면서 그들로 하여금 "나는 누구인가"라는 고민과 아울러 국민국가인 중국과 종족(혈통)국가인 한국을 사이에 두고 과계민족으로서의 딜레마에 빠지게 하였다.

그렇게 시작된 한국과의 교류가 서로간의 불신, 반목, 이해를 거듭하면서 어느덧 30년이란 시간이 흘렀다. 강산이 세 번씩이나 바뀌는 사이, 역동적인 초국가적 이동 속에서 재한 조선족사회는 이미 하나의 자체 커뮤니티를 이루어가면서 강한 정주화의 경향을 보이고 있을 뿐만 아니라 조선족들의 귀속의식과 정체성에도 다양한 변화의 양상을 보이고 있다.

본 연구는 2004년 필자가 한국체류 시 서울, 경기지역 부동한 계층의 조선족 16명에 대한 심층구술면접조사 및 2015년 1월 한국체류 시 이들에 대한 재차 추적면담조사에 기초하여 그들의 굴곡적인 정체성의 변용궤적을 살펴봄으로써 글로벌시대 조선족 사회와 그들의 이주 현실을 바라보는 시야를 넓히고 더 나아가 '조선족'에 대한 새로운 인식과 담론을 제공할 수 있기를 기대해 본다.

조사대상자 16명중 본고에서 주로 의거한 12명 대상자의 배경자료는 다음과 같다.

이름	성별	출생연도	학력	입국전직업	국적	경력
ZD	남	1958	대학교	교사	한국/중국	1993년 연수생자격으로 입국 ; 2006년 불법체류자 단속으로 귀국 ; 2009년 재입국 ; 회사, 식당, 김밥가게, 공사현장에서 일함
YJ	여	1964	고등학교	노동자	한국/중국	1993년 연수생자격입국 ; 2003년 위장결혼 ; 현재 대림동에서 악세사리 가게 운영
ZQ	남	1969	중등전문	노동자	한국	2002년 한국입국 ; 2004년 부모의 국적회복으로 한국귀화 ; 현재 식당경영 겸 조선족단체에서 활약
KC	남	1976	대학교	대학생	중국	2002년 한국유학 ; 2009년 대학원 석사와 박사과정 마치고 한국기업 취직 ; 2011년 상해 모대학 취직
YD	남	1971	대학교	대학생	중국	2002년 한국유학 ; 2009년 석사, 박사과정 졸업 ; 2010년 한국 모대학 취직
XY	남	1962	중학교	농민	중국	2003년 입국 ; 2006년 자진출국 ; 2008년에 재입국 ; 선후로 회사, 식당, 공사현장에서 일함
KJ	여	1978	중학교	무직	한국	2000년 한국인과 결혼 ; 2005년 이혼 ; 2007년 재한 조선족과 재결혼 ; 현재 식당 근무
PQ	남	1959	고등학교	군인	중국	2003년 브로커를 통해 입국 ; 2011년 단속에 걸렸다가 다시 풀려남 ; 불법체류자 신분이기에 귀국 못함 ; 현재 김포시주변의 한중소업체 근무
KS	여	1960	고등학교	노동자	중국/영주권	1997년 브로커 통해 입국, 시장근무 ; 2006년 불법체류 자진신고후 귀국 ; 2008년 재입국 ; 2013년 영주권 획득 ; 2015년 3월 父의 병환으로 중국 귀국
LY	여	1955	중학교	노동자	중국	2001년 브로커 통해 입국, 간병인으로 일함 ; 2010년 영주권 취득하려다가 사기당함 ; 2009년 귀국 ; 2013년 재입국하려다가 위조사실이 드러나 입국불허
SL	여	1960	고등학교	농민	중국/영주권	2004년 한국 입국,중소기업체 출근 ; 2005년 딸의 결혼으로 거주 합법화 ; 현재 영주권 획득, 가사노동
FR	여	1962	고등학교	노동자	한국/중국	2002년 위장결혼 ; 2004년 한국국적 취득 ; 식당, 파출부로 일하다가 2006년부터 한중을 오가면서 장사 ; 2010년 중국정착, 한국국적 포기

Ⅱ. 조선족 초국적 이동의 양상 및 특징

중국의 개혁개방 특히 1992년의 중한수교를 계기로 중국의 조선족사회
는 미증유의 격변기에 들어서게 되었다. 개혁개방의 물결과 더불어 일기
시작한 조선족의 중국내 대거 이동은 한중수교를 계기로 그 이동반경이
일약 중국 경내를 벗어나 한국을 비롯한 세계 각지로 넓어졌으며 초국가적
노무송출이 조선족사회의 기본적인 경제기반과 '기둥산업'으로 부상하게
되었다. 따라서 중국에서의 초국가적 인구이동 및 노무송출을 말한다면
단연 조선족이 첫손 꼽힐 정도로, 그들의 인구이동은 규모, 유형, 사회적
효과 등 면에서 중국내 '농민공'과는 사뭇 다른 나름대로의 특유의 양상을
연출하고 있다. 30여 년간의 조선족의 초국가적 인구이동의 궤적을 살펴보
면 대체로 아래와 같다.

1. 인구이동의 형식(유형)

1) 친척방문

조선족의 초국가적 인구이동은 친척방문으로부터 시작되는바, 1980년
대 초 근 반세기동안 적대관계로 대립되었던 중한관계가 풀리면서 1984년
처음으로 '친척방문' 명목의 6개월간의 단기체류 여행증명서가 발급되어
쌍방의 친척방문이 부분적으로 시작되었다. 그러다가 1992년 정식으로
양국간 수교가 이루어짐에 따라 친척방문은 본격화되었으며 조선족과
한국과의 연계 빈도가 급증하는 모습을 보였다. 그러나 혈연상봉의 기쁨도
잠깐, 친척방문 과정을 통해 접한 현격한 빈부의 차이와 고국의 발전모습은
조선족으로 하여금 수익창출에 눈을 뜨게 하였으며 결국 중약(한약) 매매가
치부의 수단으로 활용되어 한동안 중약 매매가 성행하게 되었다. 얼마

뒤 가짜중약이 거래되면서 중약의 신용도가 일락천장하고 중약 매매가 더는 치부의 수단으로 가치를 발휘할 수 없게 되자 사람들은 점차적으로 긴 시각에서 부를 창출할 수 있는 도경을 찾게 되었다. 마침 1990년 초 한국정부의 200만호 주택건설 정책 발표, 일산, 분당 등 신도시 아파트 건설의 본격화와 건설현장에서의 건설노동자의 부족 및 오래 전부터 형성된 한국 내 3D업종을 중심으로 한 비숙련인력시장의 고갈은 별다른 특기나 기능을 소유하지 못하고 또 신분상에서도 불법체류라는 딱지까지 붙어 있는 조선족노동자들에서 무한한 시장과 가능성을 열어주었으며 급기야 미증유의 코리안 드림의 열풍을 연출하기에 이르렀다.

2) 국제결혼

코리안 드림의 유혹은 상당하였으나 그 꿈을 이루기에는 벽이 높았다. 소기의 목적과 달리 친척방문자 중에서 많은 불법체류자가 양산되면서 중국동포에 대한 한국인들의 초청열기도 식기 시작하였으며 친척방문의 길이 더는 통하지 않았다. 거기에 1999년에 제정된 한국의 '재외동포법'마저도 중국 및 CIS지역에 거주하는 동포들을 동포법에서 배제하면서 조선족의 입국은 그야말로 하늘의 별 따기였다. 강렬한 이동욕구와 이에 수반되는 한국의 입국규제 강화는 편법이거나 불법으로 입국하려는 양상을 조장하였고 그중에서도 국제결혼이 비교적 안정적이고 실용적인 입국통로로 부각되었다. 국제결혼은 비단 결혼당사자의 한국입국 목적을 성사시킬 수 있을 뿐만 아니라 결혼자의 부모 및 형제, 심지어 친척까지 불러들이는 마중물 역할을 할 수 있기에 1990년대 중반부터 국제결혼이 성행하기 시작하였다.

연변조선족자치주의 국제결혼 통계를 보면 1996년부터 2001년 사이 총 혼인등록 수는 14,316명으로, 이중 98%가 한국으로 나타난다. 매년

2,300여 명의 조선족 여성들이 한국으로 혼인이동을 하고 있는 셈이었다.[1] 이와 같은 혼인이동은 줄곧 상승선을 긋다가 2007년 '방문취업제'가 제정 되면서 점차 하강선을 긋기 시작하였다.(<그림 1> 참조) 방문취업제 전후 의 조선족 여성의 국제결혼 변화양상은 국제결혼 역시 한국으로의 입국을 위한 편법수단으로 많이 이용되었음을 반증해 준다.

3) 노무송출

국경을 넘는 이동은 흔히 경제적 수입의 격차에 의한 이동이라는 요인이 작용한다. 1990년대부터 시작된 조선족의 초국적 이동은 그 형식의 여하를 불문하고 모두 경제적인 요인을 떠날 수 없으며 따라서 조선족 인구이동의 주요한 형식은 단연 한국 내 단순노무직을 목적으로 한 노무송출이었다. 노무송출은 일찍 수교와 더불어 시작되었는바 1993년 11월 산업연수생제 도의 도입, 조선족에게 부여된 '특례제도' 및 1994년 7월의 '친척초청 확대조치', 1997년 9월의 '연수취업제도' 등 일련의 한국정부의 조치는 조선족의 한국이동을 가능케 하였다. 그러나 한국입국의 장벽은 여전히 높아 브로커를 통한 위장친척방문, 위장결혼 및 밀입국이 성행되면서 대량 의 불법체류자가 양산되기도 하였다.

2004년 2월 한국내 조선족들의 헌법소원으로 개정된 「재외동포의 출입 국 및 법적 지위에 관한 법률」이 비록 중국과 구소련 지역 동포들에게 전면 시행되지 않았지만 이를 계기로 조선족들의 한국입국규제가 어느 정도 완화의 조짐을 보였다. 특히 2004년 한국정부가 외국인 고용허가제를 실시하면서 취업관리제를 '특례고용허가제'로 이름을 바꿈에 따라 한국에 호적이나 친척이 있는 조선족들이 방문동거체류자격으로 입국할 수 있게

---

1) 이병기, 「연변 조선족 농촌사회의 인구이동 실태와 그 시사점」, 『농업경영정책연 구』 제33권 제3호, 2006.

되었다. 그러나 호적이나 친척이 있는 경우는 극히 소수에 불과하기에 조선족의 한국입국은 여전히 한정적이었으며 브로커에게 거액의 비용을 주고 서류를 위조하거나 편법을 사용하는 불법 혹은 편법입국이 여전히 기승을 부렸다. 그러다가 2007년에 이르러 '방문취업제'가 실시되면서 과거에 한국입국 기회가 원천적으로 차단되어 있던 무연고 조선족의 한국입국에 청신호가 켜져 조선족의 노무송출은 일대 전성기를 맞이하였다. 특히 불법체류자에 대한 규제가 여러 가지로 완화되면서 조선족의 노무송출은 연령, 성별, 지역, 출신을 벗어나 조선족사회 전반으로 확산되었다.

4) 유학 및 어학연수

한국이동에서의 또 하나의 중요한 통로가 유학이다. 그러나 교육의 수단에 의한 지위상승에 목적을 둔 한국유학은 노무송출, 국제결혼, 친척방문에 비하여 그 범위와 대상이 상대적으로 한정되어 있고 자격 또한 까다로워 "아무나 선택할 수 있는 통로가 아니었다." 따라서 해마다 증가되는 재한 조선족의 숫자에 비하면 재한 조선족유학생의 규모는 그리 크지 못하다. 그러나 그들은 한국내의 조선족 엘리트층으로, 비단 자신들의 학업과 생계유지에 매진할 뿐만 아니라 재한 조선족유학생네트워크(KCN)를 결성하여 부모세대들의 합법적인 권익을 대변하거나 재한 조선족공동체의 구축에 상당한 관심을 보이고 있으며 조선족과 한국인 사이의 소통과 화합을 위해 열심히 뛰고 있다. 또한 이들 세대들의 한국진출이 한국 사람들도 선망하는 대기업체, 언론사, 대학교, 법조계 등 영역으로 신장되면서 조선족들의 일자리를 '진화'[2]시키고 조선족의 전통적인 3D업종이란 이미지를 바꾸고 있다.

---

2) 신동흔, 「50만 조선족, 일자리가 진화하고 있다」, 『조선일보』 2011년 9월 17일자.

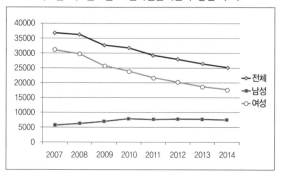

〈그림 1〉 연도별 조선족결혼이민자 증감 추이

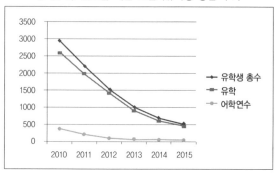

〈그림 2〉 연도별 재한 조선족유학생 증감 추이

자료 : 법무부출입국·외국인정책본부 : 「출입국·외국인정책통계
월보」 2007~2015년 6월(2010년 전의 유학생 수는 중국인과 한국계
중국인을 구별하여 통계하지 않았기에 조선족 유학생수를 추정할
수 없음)

2. 인구이동의 특징

1980년대부터 시작된 근 30여 년간의 조선족의 초국적 이동의 궤적에서
아래와 같은 몇 가지 특징을 살펴볼 수 있다.

1) 인구이동의 규모와 이동의 주기성

비록 중한수교 이후 한국의 입국장벽은 여전히 높았지만 각종 경로를 통한 조선족의 이동은 놀라울 정도로 그 규모를 확대해 나갔다. 특히 2007년의 '방문취업제' 실시로 산발적으로 이루어지던 조선족의 인구이동은 대폭 증가되어 2015년 현재의 통계로 633,650명이라는 엄청난 숫자를 기록하고 있다. 중국경내의 1/3의 조선족인구가 한국에 머물고 있는 셈이다. 지금 조선족사회는 한국을 빼놓고는 얘기할 수 없을 정도로 한국과 밀착되어 있다.

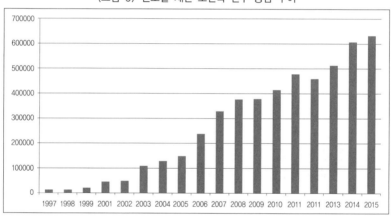

〈그림 3〉 연도별 재한 조선속 인구 증감 추이

자료 : 2009~2015년의 수자는 법무부출입국·외국인정책본부의 「출입국·외국인정책통계월보」를 참조, 기타의 수치는 김현선의 「한국체류 조선족의 밀집거주 지역과 정주의식」, 『사회와 역사』 제87집(2010)을 참조.

조선족의 인구이동은 비단 규모가 클 뿐만 아니라 이동의 주기도 중국내 기타 민족인구의 이동에 비해 상당히 긴바, 흔히 길게는 15~20년, 짧게는 3~4년으로, 이는 1년에 춘절을 계기로 적어도 한 번씩은 집으로 돌아가는 중국내 '농민공'의 이동과 현저하게 대별된다. 쉽게 넘을 수 없는 한국의 입국장벽, 한번 돌아오면 다시 나갈 수 없다는 불안감과 한국입국정책에 대한 불신감, 불법체류자의 신분, 입국에 소요되는 거액의 수속비와 왕복여비 부담 등 다양한 요인으로 일단 한국에 들어간 조선족노동자들은 쉽게 귀국을 택할 수 없는 위치에 놓이게 되며 따라서 그들의 이동주기는 상당히 긴 '지구전(持久戰)'의 특징을 지니게 된다.

뿐만 아니라 조선족의 한국거주는 앞으로도 장기화의 추세를 보이고 있다. 한중수교 후 조선족의 인구이동의 붐이 일기 시작할 초기 허다한 사람들의 이동 동기는 "한국에 가서 몇 년 돈을 벌고 돌아와야지"라는 짧은 시간 내의 경제적 성취가 주목적이었다. 그러나 '몇 년'이라는 시간이 수없이 거듭되는 사이 그들의 이동도 산발적이고 단순한 개체이동으로부터 질적인 변화를 보이기 시작하였는바, 그 주요한 표현의 하나가 바로 2000년대에 진입하면서, 특히는 '방문취업제'의 출범으로 한국방문기회와 고용범위가 한층 확대됨에 따라 과거 조선족의 개체적 이동흐름은 가족을 수반하는 연쇄적인 흐름으로 바뀌고 있다.

2) 이동인구의 신분성격

60만을 넘는 조선족의 초국가적 이동은 시간의 흐름에 따라 친척방문, 혼인, 유학, 노무송출, 상업, 무역 등의 다양한 인구이동의 양상을 보이고 있지만 그중에서 주종을 이루고 있는 것은 단연 단순노무직에 종사하는 노동자들이다. 이동인구의 대부분이 취업을 목적으로 하는 경제적 요인의 이동인 만큼 그들이 한국 내에서 종사하는 직업은 대부분 한국인들이 꺼려하는 3D업종이며 설령 국제결혼이라 할지라도 그 근저에는 결혼의 본연의 의미보다는 경제적 요인이 더 중요하게 깔려있기에 이들 역시 신분상 주로 단순노무직 종사자들이다.[3]

재한 조선족 체류자격 유형 및 숫자(2014년 11월)

총계	H2	F4	F5	불법체류	기타
604,553	269,304	205,335	73,351	18,298	38,265

자료 : 법무부출입국·외국인정책본부, 「출입국·외국인정책통계월보」 2014년 8월

위의 도표에서 볼 수 있듯이 취업자격(H2)으로 한국에 거주하고 있는 조선족의 인구는 27만 명으로 집계되고 있으며 여기에 2만에 가까운 불법체류자 및 기타의 F4, F5자격의 거주자중 상당수가 노무직에 종사하고 있다는 점을 감안하면 한국 내 조선족노무자들은 30만을 훨씬 초과하고 있다고 보아야 할 것이다. 이들은 한국 내 외국노동자 중에서 가장 규모가 큰 군체로, 전체 외국인노동자의 44.4%를 차지한다.

성별적으로도 조선족의 인구이동은 중국이나 세계 각지에서 진행되고 있는 인구이동에 비하여 여성인구의 비중이 상당한 높은 것으로 나타난다. 여성이동인구가 많은 원인은 한국내의 노동력시장수요와 무관하지 않다. 이중노동시장으로 분류된 한국의 인력시장 특징을 감안할 때 식당, 간병인, 가사도우미 등 한국인들이 기피하는 서비스업종의 수요가 월등히 높았다. 따라서 언어적으로 소통이 가능한 조선족 여성들의 취업이 상대적으로 쉽게 이루어졌으며 지금은 한국 내 그 어느 지역의 식당에 들어가도 조선족 여성을 쉽게 찾아볼 수 있을 정도로 그들의 이동은 광범위하게 확산되어 있다. 국제결혼 역시 조선족 여성들만의 '특권'으로, 결혼의 진실여부를 떠나서 많은 조선족 여성들이 혼인의 경로를 통하여 한국으로 이동하였다. 2007년 방문취업제를 계기로 조선족의 이동이 완화되자 조선족 여성들의 국제결혼도 현저하게 하강되는 추세를 보인다.(<그림 1> 참조)

---

3) 16명의 면담조사대상자 중, 3명의 위장결혼 사례가 있었는데, 2015년 1월의 추적조사에서 3명 사례자 중 1명은 영세업자로 작은 액세서리 가게를 가지고 있고 나머지 2명은 줄곧 식당, 파출부직에 종사하고 있는 것으로 나타났다.

3) 한국 내 새로운 커뮤니티의 형성

2000년 전후까지만 하여도 한국 내 조선족은 대부분 "몇 년간 한국에서 돈을 벌고 중국에 돌아가 자식뒷바라지를 하겠다"는 일념으로 오로지 돈만을 위하여 전전긍긍하면서 '치부'외의 다른 것에 대하여 신경을 쓸 겨를이나 여유가 없었다. 따라서 그들은 직장을 중심으로 각지에서 산발적으로 움직이면서 특별한 커뮤니티를 이루지 못하였다. 2000년대에 들어서면서 2004년의 '재외동포법' 개정 및 같은 해 '특례고용허가제'의 적용으로 조선족은 기존의 산업연수생제도의 틀 속에서 외국인노동자의 취급을 받던 데로부터 최소한 법적으로 재외동포의 반열에 접근하게 되었으며 이어 2005년, 2006년의 조선족 불법체류자에 대한 구제로 조선족들이 합법적으로 한국에 입국할 수 있는 전제가 주어졌다. 그 뒤 2007년 '방문취업제'의 실시로 무연고자들도 방문취업제로 한국에 입국할 수 있게 되는 등 한국정부의 일련의 정책변화는 과거 오로지 돈만을 위하여 불법체류자라는 사각지대에서 촉각을 곤두세워야만 했던 조선족의 사회구도를 서서히 바꾸어 놓았다.

조선족에 대한 법적 처우 및 입국규제의 완화로 재한 조선족의 숫자가 급증세를 보였을 뿐만 아니라 그들의 거주형태, 정착방식에도 질적인 변화를 가져왔다. 2000년대 초반까지만 하여도 한두 명을 단위로 한 개체적인 움직임은 가족, 친지를 아우르는 연쇄적인 이동과 정주로 양상을 바꾸었으며 지역적으로도 구로구의 가리봉동과 영등포구의 대림동 및 경기도의 안산일대를 중심으로 밀집지대를 형성해 나갔다. 밀집거주구역의 형성에 따라 부대적인 중국음식점, 식품점, 전화방, 환전소, 직업소개소, 번역소, 여행사, 화물취급소, 교회 등 한국생활에 필요한 각종 생활편의 서비스시설과 술집, 노래방 등의 유흥시설이 들어서 자체의 상권을 구축하였다.

기본 생존권과 환경의 보장을 토대로 조선족들은 진일보한 자신의 권익

신장, 사회복지, 공동체 결속 등에 관심을 드러내기 시작하였다. 동포사회의 친목, 권익신장 등을 목적으로 한 자발적인 민간사회단체, 신문사 등의 결집으로 조선족 밀집 지대들은 단순한 물리적 공간의 의미를 벗어나 점차적으로 다양한 분야에서 한국사회에 새로운 이슈와 문화를 만들어 나가고 있는 커뮤니티를 형성하였다. 돌잔치, 결혼잔치, 환갑잔치, 동창모임, 동향모임 등 단체모임은 물론, 지역사회 봉사활동, 권익신장 추구 등 한국사회와의 조화를 도모하는 움직임도 활발하게 일고 있다. 거기다 인터넷을 이용하여 버츄얼커뮤니티를 형성하여 서로의 연대성을 넓혀가며 외부로부터의 여러 가지 영향력에 능동적으로 대응해 나갔다.

끊임없는 정주화경향의 추세는 입국초기 '돈만 벌고 오겠다'던 조선족의 단순한 삶에 커다란 변화를 불러일으켰다. 굴곡적이고 변화무쌍한 삶의 역정에서 한국 및 한국인을 바라보는 그들의 태도도 수없이 변화를 거듭하면서 자신들의 정체성에 다양한 양상과 혼선을 보이기 시작하였다.

Ⅲ. 곤혹 : '동포'와 '외국인' 사이의 타자로서의 정체성

재한 조선족의 정체성은 한국정부의 정책의 변화에 따라 역동적인 변화의 모습을 보여온바, 2004년 전의 이주초기에는 '동포'와 '외국인' 사이의 타자로서의 정체성이 크게 부각되어 있었음을 알 수 있다.

1. '동포'와 '외국인' 사이 : 종족성의 약화

중국의 조선족은 19세기 후반부터 경제적 및 정치적 요인으로 중국에 이주한 사람들로, 1949년 중화인민공화국의 건립과 더불어 그들은 자의와 상관없이 일괄적으로 중국의 국민, 및 중국의 소수민족이라는 법적 지위를 부여받았다. 중국이라는 다민족국가에서 그들은 한 세기 남짓의 역사적 행정에서 주류민족인 한족과 비교하여도 주눅이 들지 않을 정도로 자신들의 민족성에 자긍심을 보여 왔다. 이와 같은 민족성에 대한 집착은 그들로 하여금 비록 근 반세기동안 한국과 단절상태에 처해있었고 또한 제도, 이념적으로도 줄곧 중국과 대치상태에 있었던 한국에 대하여서도 같은 핏줄, 같은 종족으로서의 선천적인 동질감과 유대감을 품게 하였다.

1884년, 친척방문 명목으로 조선족은 처음으로 동포의 자격으로 친척방문의 길에 올라 상상으로만 그려오던 한국 및 한국인과 조우하게 되었다. 그뒤 1992년의 중한수교 및 산업연수제의 실행으로 수천수만의 조선족들이 코리안 드림의 꿈을 안고 막연한 기대감으로 앞 다투어 한국문턱을 넘어서지만, 정작 그들을 맞아준 한국은 결코 그들이 그리던 종족적이고 포용적인 '모국'이 아니었다.

무엇보다도 먼저 같은 민족이라는 종족 정체성과 모국 기대감은 한국사회의 편견과 기시라는 높은 벽에 부딪치게 된다. "한국=한국인=한민족"이라는 국적과 민족개념이 동일한 단일민족국가로서의 한국인 입장에서는 국적과 민족이 별개의 개념인 조선족의 중국국민이면서도 한민족이라는 입장이 쉽게 납득되지 않았으며 거기에 언어, 문화적 차이, 경제기반의 취약, 공산권의 음영 등 복합적인 요인으로 조선족의 입지는 결국 점점 한민족의 테두리에 밀려나 경계인으로 추락되었다. 한국이나 한국인의 시각에 비친 조선족은 어디까지나 동족이나 동포나 동등한 사회일원이 아닌, 그렇다고 또한 '다문화'도 아닌 한낱 이주노동자에 불과한, 이질적인 존재였다. 2004년 16명의 대상자에 대한 조사에서 보편적으로 드러나는 화두가 바로 '기시', '편견', '무시' 등이었다.

처음에는 (한국에 대한)기대가 컸습니다. 같은 민족이고, 같은 언어고 하니깐, 근데 한국에 처음 와보니깐 완전히 다른 세상이지. 어이쿠, 말두 마시우. 뭐 민족이고 뭐고 ⋯ 제일 괘씸한게 바로 사람에 대한 무시지요. 난 그래도 중국에서 대학교를 졸업하고 학교선생까지 하였는데, 사장이란 사람은 겨우 고등학교를 졸업한 주제에 조선족을 어찌나 무시하는지. '당신들 나라에는 TV가 있나' 식으로 물으니깐 거기다 뭐라고 말하겠습니까? 더 참을 수 없는 것은 같은 직원이라도 한국 사람한테는 대놓고 뭐라고 안하는데 유독 조선족한테만 으시대죠. 대놓고 조선족직원을 싸가지가 없다니, 눈치가 없다니 막 욕을 퍼붓고, 중국에서야 언제 이렇게 남한테 욕 먹구 살았겠습니까? 생각 같아선 하루에도 수십 번 일이고 뭐고 다 때려치우고 중국가고 싶지만, 중국에 있는 가족을 생각하면 꾹 참을 수밖에 ⋯

(ZD씨의 사례, 2004년 5월 8일 가리봉동에서의 인터뷰)

한국의 정책도 조선족을 경계인으로 전락시키는 데 한 몫 하였다. 조선족의 종족성에 결정적인 타격을 안겨준 정책은 바로 1998년 국회에서 통과한 '재외동포법'으로, 국적에 입각한 동법은 대한민국 재외동포의 대상범위를 "① 대한민국 국적을 보유한 재외국민과 ② 대한민국 국적을 보유하였던 자 또는 그 직계가속으로서 외국국적을 취득한 자 중 대통령이 정하는 자"로 규정함으로, 결국 재외동포 중 1948년 정부 수립 이전에 외국 국적을 취득하여 대한민국 국적을 보유한 적이 없는 중국 및 러시아 경내의 고려인 등은 이 법의 적용대상에서 제외되었다.[4] 종족이거나 혈통이 아닌 국적주의에 입각한 재외동포법과 디아스포라의 다른 지역인 미주 및 일본 동포에

---

4) 구지영, 「이동하는 사람들과 국가의 길항관계－중국 조선족과 국적에 관한 고찰」, 『동북아문화연구』 제27집, 2011, 27쪽.

비하여 현저하게 격하된 조선족의 '동포' 지위와 대우는 결국 조선족으로 하여금 한국인과 동족이 아님을 깨닫게 하고 한국에 대한 막연한 기대와 환상을 깨도록 하였다.

문화적인 차이에서 오는 이질감도 한국인과의 거리를 넓혔다. 많은 노무자들의 경우, 같은 민족, 같은 언어를 가지고 있음을 큰 자본으로 간주하고 갖은 경로를 통해 한국에 들어서지만, 그들은 무엇보다도 먼저 언어구사에서 상당한 불편을 느끼게 될 뿐만 아니라 자신들의 언어가 결국 신분노출의 이질적이고 부정적인 이미지의 근거로 됨에 당혹감을 느낀다. 특히 연변과 요녕성의 조선족의 언어는 서울이거나 한반도 남부의 언어와 완연히 구별되는 특유 억양의 함경도, 평안도 방언으로 무심코 던진 한마디 말에 다짜고짜 "중국에서 왔냐?" "연변에서 왔냐?" 식의 차가운 시선에서 열등감을 경험하게 되며 심지어 매스컴, 오락프로에서까지도 연변 말, 북한 말이 심심찮게 조롱의 대상으로 등장함에 충격을 받는다.[5] 960만㎢의 거대한 땅덩어리에 56개의 민족을 아우르는 다민족, 다문화권의 중국에서도 아무런 거리낌 없이 민족의 징표로 자신의 언어, 문자를 당당하게 사용하고 지켜왔던 그들로서는 자기들의 이른바 모국에서 겪게 되는 문화적 차이로 새삼 한국인과는 별개인 조선족의 정체성을 확인한다.

나두 이전에 연변에 있을 때 조선족들이 한국말을 하는 것을 되게 우습게 생각했습니다. 저 뭐 제말을 두고 되지도 않는 서울말을 하느라고 저리 꼴보기 싫게 노느냐고 했는데, 내가 정작 서울에 와보니 나도 모르게

---

5) 2001년, 강성범씨의 '연변개그'의 과장된 말투와 내용은 한국 내에서 폭발적인 인기를 끌면서 일약 그를 최고의 전성기를 누리는 개그맨으로 부상시켰지만, 장작 조선족들은 자기들의 언어가 '비하'된 연변사투리로, 자기들의 삶의 환경이 전혀 실제와 부합되지 않는 과장된 내용으로, 또한 조선족 자체가 개그의 소재로 이용되었다는데 대하여 강한 반발의식과 불쾌감을 표출하였다.

되지도 않는 서울말을 쓰게 되더라구요. 허허, 글쎄 연변말을 하면 대뜸 중국서 왔냐 하며 우스운 시선으로 나를 보니깐. 중국에서는 언제 언어 때문에 눈치 본 적 있습니까? 참, 여기에 오니깐 제말도 제대로 못하구 ….

(YJ씨, 2004년 5월 10일 대림동에서의 인터뷰)

이념, 사회제도의 차이 역시 조선족의 종족 정체성에 의구심과 한국사회에서의 타자화를 더욱 부추기게 된다. 자본주의제도하의 노사관계, 고용관계, 임금착취 등은 사회주의제도권에서의 민족과 사회성원지간의 평등관계 및 일련의 소수민족 우혜정책 등에 길들여진 조선족들에게는 사뭇 다른 사회풍경으로 다가왔다. 3D업종의 열악한 노동환경, 임금체불, 노동시간의 연장, 아무런 보장도 없는 노동현실 등 일상의 도처에서 부딪치게 되는 낯선 자본주의 생활환경과 사각지대에 놓인 인권 등은 조선족 스스로를 동족 개념에서 벗어나 경계영역에 놓인 타자로서 인식하도록 만들었다.

여기 와서 자본주의라는 걸 알았습니다. 중국은 8시간 근무면 딱 8시간이지 언제 연장이랑게 있습니까? 근데 우리 식당사장은 면접 볼 때는 10시부터 20시까지 10시간 근무라 해놓고 쩍 하면 연장근무시키구, 제시간에 퇴근할 때가 거의 없었습니다. 나이도 나보다 어린게 쩍 하면 반말하구. 월급도 제날짜에 줄때가 드물죠. … 고분고분 일하니깐 아예 종부리듯이 부리죠. 하루는 좀 일이 있어 지각했더니 글쎄 시간관념이 없니, 뭐니 하면서 야단질 하기에 너무 화가 나서, 내가 연장근무할 때는 왜 시간관념이 없었느냐고 확 대들었지요. 그리곤 다른 사람을 찾으라고, 그만두겠다고 하니깐 그제서야 사장이 바빠가지고 제발 고깝게 생각하지 말라고 얼리고 닥치고하면서 …

(FR씨, 2004년 4월 25일 광진구 천호동에서의 인터뷰)

한마디로 한국인의 심한 배타성, 기타 선진국 동포와 전연 다른 차별적인 한국정부의 정책 및 외국인노동자의 신분으로 3D현장에서 겪는 언어폭력, 임금착취, 불법체류자로서의 취약계층의 삶 등은 결국 조선족 자신을 객관화시키게 하고 그들로 하여금 동일한 종족성을 확인하기보다 일종의 배신과 환멸을 느끼게 하였다. 따라서 그들은 한국에서 살지만 대한민국의 낯선 일원으로의 편입을 꾀하기 보다는 이들의 지역공동체에 자리를 마련하는 것을 우선시하여 중국에서부터 유지되어온 지인, 동향, 혈연 등에 의존하여 자신들만의 공동체를 만들어갔다.

2. '경계'인으로부터 '중국 국민성'의 환기

적어도 2007년 '방문취업제' 출범 전까지만 하여도 조선족에 대한 한국정부의 정책은 오락가락하였다. 초기의 동포입장에서의 친척방문으로부터 외국인 노동자로서의 산업연수제도, 1999년 조선족을 배제한 재외동포정책으로부터 2003~2004년 이른바 '인간사냥'으로 불렸던 불법체류자 정부합동단속, 그리고 2004년의 재외동포법 개정 등 우왕좌왕하는 정책으로 늘 외국인과 '동포', 불법과 합법 등의 경계영역에 끼여 있던 조선족의 불투명한 입지는 단지 타자로서의 입지를 정립하도록 이끌고 그들의 한국 주류사회로의 문화적 적응을 지연시켰을 뿐만 아니라 그들의 강력한 정서적 연대감을 자극하였으며 더 나아가 거주국-중국에 대한 '조국애'를 정립하도록 이끌었다. 즉 모국에서의 이질적인 존재 취급은 그들로 하여금 '중국 조선족' 혹은 '중국국민'으로서의 정체성을 다시 성찰하고 부각하는 요인으로 작용하였다. 조선족이라는 호칭 자체가 중국경내의 조선족을 가리키는 호칭임에도 불구하고 이 시기 굳이 중국을 덧붙인 '중국조선족'이라는 낱말이 자주 사용됨은 바로 타자, 즉 한국내 한민족과의 차이를 미묘하

게 부각, 강조하기 위한 일종의 사회현상이라 할 수 있겠다. 상기의 면담자
료에서도 심심찮게 드러나는 한국과 중국의 비교에서 그들의 잠재적인
의식 속에 묻어 있는 '중국정결(中國情結)'을 느낄 수 있었다.

　　나 비록 한족은 아니지만, 또 뭐 애국자도 아니지만, 중국이거나 중국사
　　람을 짱개라 부르는 것이 은근히 신경에 걸리더라구요. 사람 욕할 때도
　　쩍하면 '니들 중국에선 그렇게 배웠니?', '에잇, 짱개들 …' 하는 식으로
　　자꾸 중국을 들먹이니깐 …. 그래서 간혹 축구시합할 때 어느 나라를
　　응원하냐고 물으면 별로 마음속으로 그렇게 생각하는 것은 결코 아니지만
　　어쩐지 다짜고짜 중국을 응원한다고 말하게 되더라구요.
　　　　　　　　　　　　　　(ZD씨, 2004년 5월 8일 가리봉동에서의 인터뷰)

　　항간에서는 "한국에 가면 다 애국(중국)주의자가 된다"는 말이 나돌
정도로 종족성에 대한 회의와 환멸은 조선족의 중국국민으로서의 입지를
환기시키는 결과를 낳게 되었다. 바로 이런 까닭에 적지 않은 중국학자들은
"개혁개방은 조선족의 중국인으로서의 의식을 강화"하였다고 보고 있다.
왕철지(王鐵志), 이홍걸(李紅杰)은 그들의 논문에서 "페스카마호 사건을 통
하여 우리나라 조선족 동포들은 긴요한 관두에 조국이야말로 자신들의
든든한 뒷심이고 고향의 친인들만이 따뜻한 인정의 손길을 내민다는 것을
절실하게 인식하였으며 중화민족 일원으로서의 신성한 가치를 체험하게
하였다. 때문에 일부 노동자들은 외국의 선박에서 내려 중국에 들어서면서
'중국만세'를 고창하기도 한다."[6] 또한 중한교류를 통해 조선족은 자신의
"중국 조선족", "중국인"이라는 신분을 더욱 자각하게 되었다고 보고 있

---

　　6) 王鐵志, 李紅杰, 「對外開放與中國朝鮮族」, 『民族研究』 1997(6), 24쪽.

다.[7] 한국은 더는 같은 민족의 나라보다 '돈을 벌 수 있는 나라'로 탈바꿈되었다.[8]

Ⅳ. 갈등 : 민족과 국민 사이에 끼인 '과계민족(跨界民族)'의 딜레마

입국초기 한국의 오락가락하는 정책, 한국인의 차별시 등으로 높아만 가던 조선족과 한국인사이의 장벽은 결국 2004년의 재외동포법 개정을 계기로 어느 정도 완화의 조짐을 보이기 시작하였다. 이어 2007년의 '방문취업제'로 다시금 '동포'로서의 혜택을 누리게 된 재한 조선족사회는 인구규모의 확대는 물론, 한국 내에서 자체의 커뮤니티를 형성하면서 입국초기와 전혀 다른 사회양상을 연출하였다. 단순한 경제적 목적의 움직임이 정주화의 추세로 접어들고 서로 협동하는 공동체가 결성되는 과정에서 기존의 '기시', '차별'시에 상처를 받아오던 조선족들은 주변의 변화를 능동적으로 받아들이면서 한국과의 귀속관계에서 국적취득자, 영주권자, 중국조선족 등으로 다양하게 분화됨과 동시에 신분지위 등 방면에서도 점차적으로 분화의 조짐을 보이기 시작하였다.

---

7) 周建新, 「跨國民族勞務輸出中的族群認同与國家認同－以龍井市龍山村S屯朝鮮族勞務輸出韓國爲例」, 『思想戰線』 2011(2), 30쪽.

8) 중국학자들뿐만 아니라 외국학자들의 글에서도 "조선족들이 한국인과의 접촉을 통하여 정체성의 공유라는 꿈에서 깨어나면서 자기들은 중국인이라는 것을 자각하고 중국인 조선족이라는 결론을 내리게 되었다."(金正淑, 「黑龍江省朝鮮族における朝鮮人意識の受容と拒否に關する一考察」, 金城學院大學院 『文學研究科論集』, 1998(4), 70쪽)고 제기되고 있으며 또한 "조선족들이 한국에서 취업하면서 받았던 멸시와 차별의 결과 한국인과의 동일시를 포기하고 조선족의 종족성을 강화하게 되었다"고 지적하고 있다.(이현정, 「한국취업과 중국조선족의 사회문화적 변화 : 민족지적 연구」, 서울대 대학원 인류학과 석사논문. 2000, 157~162쪽)

1. 국적취득의 허와 실

2004년을 전후하여 조선족사회에 일어난 변화중의 하나가 바로 한국국적 취득자의 증가이다. 한국국적을 회복하거나 한국에 귀화하는 자, 및 영구정착을 목적으로 하는 등의 속내는 어떠하든 적어도 외관상에서 점차 한국사회에 정착해가는 귀속의 사례가 증가하였다. 국적 취득자의 경우, 2009년 5월 기준의 행안부 통계에 의하면 국적 회복자(동포1세) 13,498명, 동포1세 자녀의 귀화자 10,601명, 결혼귀화자 18,368명으로 총 42,467명[9]으로 집계되며 6년 후인 2015년 현재로는 약 10만을 헤아린다.[10] 그러나 여기서 주목되는 점은 바로 국적 취득자의 다양한 동기이다.

1) 뿌리찾기형

이 경우는 대부분 국적 회복자들로, 한국에서 태어나 호적이 있는 경우와 1949년 10월 1일 이후 중국에서 출생한 동포1세들로 고령 동포들이다. 이들은 한국과 호적 및 혈연관계를 유지하고 있을 뿐만 아니라 정서적으로도 한국과의 귀속의식이 상당히 강하며 한국에서 한국국민으로 떳떳하게 지위를 회복하고자 하는 강한 뿌리의식과 귀소본능을 갖고 있다. 이들의 경우, 자신의 귀속과 정체성에 갈등의 여지가 없이 거주국 중국을 떠나 한국에 귀속하고자 하는 '뿌리찾기형'의 귀속으로, 주로 2004년 국적법 개정 이후 국적을 취득한 이른바 역귀속형의 사람들이다. 이들은 한국에 입국하여 국적을 신청－회복한 후 다시 다음 세대들을 한국에 초청하여

---

9) 「한국국적을 신청 중이거나 취득한 중국동포들에게 좀 더 따듯한 한국사회가 되어 주세요」, 『동포타운신문』 164호, 2009년 12월 05일.

10) 「국내 재외동포(F-4) 30만4천명 방문취업 체류자(28만9천명) 초과」, 『동포세계신문』 제339호, 2015년 6월 24일.

영구정착을 계획한다.

2) 주류권진입형

1990년대 이주초기의 단순경제이익 추구로부터 조선족의 거주형태, 거주목적이 다양하게 변화되면서 일부 조선족들은 '동포'에 대한 차별시와 외국인노동자로서의 스스로의 입장에 대해 고민을 하기 시작하였다. 따라서 동포로서의 지위를 인정받고 한국사회제도 속에 포섭되기 위한 조선족들의 자율적인 움직임이 일기 시작하였다. 그들은 민족적 동질성과 역사성을 내세워 '재외동포'의 틀 안에서 기타 나라 동포와의 평등권과 재외동포법의 형평성을 주장하여 나섰다. 조선족동포의 권익을 대변하고 그들의 법적지위를 보장하기 위한 투쟁에는 한국국적 취득자의 입장이 훨씬 편하고 우세임을 느낀 일부 조선족동포들은 한국국적 취득자라는 합법적인 지위를 활용하여 단체의 결성에 앞장섰으며 재외동포법 개정을 위한 총동원회, 강제추방항의기도, 노동허가제 실시를 위한 집회, F4자격의 전면적용 등 조선족 관련현안을 둘러싸고 자신의 목소리를 내기 시작하였다.

또한 그들은 재한 조선족의 법적권익과 복리 등을 넘어 한국국적 취득자의 권익신장에 시선을 돌리기 시작하였다. 이를테면 2006년 8월에 설립된 '귀한동포연합총회'는 재한 조선족사회에서 유일하게 행정안전부에 등록된 비영리민간단체로, "귀한동포의 한국생활지도를 통하여 올바르게 한국을 이해하고 국민의 권리와 의무 수행을 추진하여 평등한 권익을 향상하는 것"11)을 목적으로 7만 남짓한 귀한동포의 정착과 귀한유권자들의 참정권

---

11) 2014년 제5기 전국귀한동포연합총회 회장 선거에서 당회의 목적을 다음과 같이 규명하였다. "본 회는 귀한동포의 한국생활지도를 통하여 올바르게 한국을 이해하고 국민의 권리와 의무 수행을 추진하여 평등한 권익을 향상하는 데 있다. 각종 동포지원사업 활동을 펼치고 더 나아가 귀한동포의 화합과 공존을 도모하며 동포들의 고충 해결에 도움을 주고 미래지향적인 한민족 공동체를 형성하는

을 위하여 분주하고 있을 뿐만 아니라 한국사회를 대상으로 하는 자원봉사활동을 진행하는 등의 경로로 그들 자신의 사회활동 영역을 넓혀가면서 진정 한국사회 구성원과 별 다를 바 없는 주류사회 구성원으로 되고자 한다. 그러나 그들의 정체성은 결코 국적과 일치한다고 말할 수 없다.

아하, 자주 이런 질문을 듣거든요. 한국국적 취득의 동기를 한마디로 말하기 어렵습니다. 국적은 국적일 뿐, 한국국적이라 해서 내가 중국 사람이라는 것을 부인하는 것도 아니고, 또한 한국 사람들이 나를 제 한국 사람으로 진정 받아주는 것도 아니고 …. 시초의 동기는 한국에 있는 조선족의 처우를 개선해 보자는게 목적이었습니다. 근데 조선족의 신분으로서는 어데가 하소연할 데가 없잖습니까? 그냥 뭐 진짜 동포도 아니고, 그렇다고 외국인도 아니고, 어디가나 애매한 입장이고 …. 아무래도 국적취득자가 움직이기 훨씬 편하더라구요. 그래서 지금은 동포에 대한 정책도 많이 바뀌어지고 … 앞으로도 조선족의 권익문제도 좋고, 귀한동포들의 참정권문제도 그렇고, 지금 귀한조선족 가운데선 아직도 시의원, 국회의원 한명도 없잖습니까? 우리도 10만 넘어 있는데 당연히 우리 대표가 있어야죠 …. 그리고 한중관계에서도 우리가 할 수 있는 일이라면 적극적으로 뛰어야죠. 한국 국적을 취득했다 해서 여지까지 우리를 안아준 중국을 배반했다고 보는 것은 너무 경직된 사고라고 생각합니다.

데 기여하고자 한다.” 상기의 목적하에 당 회가 수행해야 할 구체적인 사업으로는 ① 한국생활안내센터 운영 및 홍보사업 ; ② 귀한동포와 국내 체류동포 전문고충상담 법률구조 본부운영 ; ③ 일자리창출을 위한 일자리 나눔 센터 운영 ; ④ 국내의 관련기관과 정보 교류 및 제휴사업 ; ⑤ 한중 경제 문화교류증진 컨설팅 사업 ; ⑥ 귀한동포 생활제도개선을 위한 법제화 사업 ; ⑦ 정보화 지원 사업 ; ⑧ 한국정착을 위한 사회통합시스템운영 ; ⑨ 연구 용역 및 본회의 존속을 위한 필요한 사업 ; ⑩ 저탄소 녹색성장환경사업 ; ⑪ 위 각호에 부대되는 사업.—전국 귀한동포총연합회 정관(수정본), 2014년 10월 24일.

(ZQ씨, 2015년 1월 18일 대림동에서의 인터뷰)

3) 생계형

2007년 '방문취업제' 실시 전까지만 하여도 조선족이 직면한 한국입국의 문턱은 한없이 높기만 하였다. 1990년대 중반부터 코리안 드림의 붐이 일기 시작하면서 한국진입의 가장 효율적인 방법의 하나로 국제결혼이 떠오르기 시작하였는데, 특정한 사회수요에 의하여 잉태된 국제결혼은 결국 비즈니스 결혼이라고도 불리는 '위장결혼'을 낳게 되었다. 결혼이민자는 국적회복자의 다음으로 한국국적 취득이 용이하였을 뿐만 아니라 국적을 취득할 경우 주변의 가족을 한국으로 초청할 수 있는 부대적인 효과가 있기에 한동안 결혼이민이 급증하였다. 물론 결혼을 목적으로 한 정당한 결혼이민자도 있겠지만, 대부분의 경우 한국입국을 노린 위장결혼이었다. 이밖에 조선족밀집지역이 형성되고 자체의 상권이 이루어지면서 일부 영세업자들은 한국에서의 체류연장, 중국과의 자유왕래 등을 목적으로 국적을 취득한 경우도 적지 않다. 상기의 국적 취득자의 경우, 그 주된 동기는 생존으로, 국적이 그들의 이동의 도구로 이용되는 실용성을 띠고 있다.

그렇다면 위와 같은 여러 유형의 국적 취득자들의 정체성을 어떻게 규명할 것인가? 근대의미에서의 국가는 국가와 개인 간의 진정한 결합관계를 전제로, 개인은 국가에 대한 귀속의식 및 충성심을 요구받게 된다.[12] 이 보호와 충성의 의무는 국제사회에서 '국적 유일의 원칙'으로 귀결되며 이중국적과 무국적은 국적법에 저촉되는 것으로 간주된다. 그러나 오늘날 글로벌화의 영향으로 사람들의 이동은 다원적이며 일상적인 것으로 자립

---

12) 구지영, 「이동하는 사람들과 국가의 길항관계−중국 조선족과 국적에 관한 고찰」, 『동북아문화연구』 제27집, 2011, 20쪽.

잡고 있으며 따라서 국가와 개인의 관계도 단선적이던 국가=국민=아이덴티티의 구도에서 벗어나 복합적인 아이덴티티, 즉 정주민적 아이덴티티, 문화적인 아이덴티티 등으로 다양하게 나타난다. 조선족의 아이덴티티의 복합성을 설명하는 가장 전형적인 사례가 바로 이중국적형과 한가족다국적형이다.

이른바 이중국적형은 한국국적과 중국국적을 동시에 가지고 있는 경우를 말한다. 법적으로 중국은 2중국적이 허용되지 않는 나라지만, 재한조선족 및 중국내 조선족과의 심층면담에서 심심찮게 이중국적자를 발견할 수 있었다. 상기의 16명의 심층면담자 중, 놀랍게도 5명의 국적 취득자중 3명이 2중국적자였다. 2004년의 조사에서 절대 한국국적에 가입하지 않겠노라 장담하던 ZD씨의 경우, 2009년 한국국적에 가입하였지만 중국의 국적을 포기하지 않고 있다.

문 전에는 한국국적에 가입하지 않을 거라 했잖습니까?

답 허허, 그땐 그랬죠. 근데 아무래도 신분이 보장되지 않으니깐 여러 가지로 불편합디다. 2004년 말 불법단속에 걸려 중국에 돌아갔댔습니다. 근데 중국에서 뭘 하겠습까? 마침 내가 잡히기 1년 전에 딸이 한국에 시집오게 됐는데, 한국국적을 따게 되고, 3년 뒤 나를 또 초청하였습지요. 그때까지만 해도 그래도 무슨 생각이 들었던지 내 호적이름으로 안하고 편법으로 이름을 바꾸어 들어왔죠. 한국 들어와서도 중국국적이니깐 자꾸 연장해야지, 연장할 때마다 이름바꾼게 드러날까봐 걱정두 되고 …. 나중에 우리 처도 나오게 되고. 시끄러워 나도 국적신청을 했죠. 하고나니깐 좋은 점이 많습데다. 직업 찾기도 쉽고, 중국도 마음대로 드나들고, 의료보험도 되고.

문 그럼 중국국적은요?

답 그대로 있습니다. 다른 이름으로 나왔으니깐 내 호적은 그대로 중국에 있지요.

문 그럼 중국호적은 그냥 놔둘 생각입니까?

답 오, 그럼요, 당연히 그대로 뒤야지, 이담 어떻게 될지 어떻게 압니까?

(ZD씨, 2015년 1월 13일 안산시에서의 인터뷰)

설사 한국국적에 가입한 경우라도 가족 전원의 한국국적 취득 만큼은 신중한 태도를 보였다. 따라서 '한지붕다국적'형의 사례도 심심찮게 보이는바, YJ여사의 경우가 바로 그러하다.

1993년 다른 사람의 명의로 한국에 입국하여 회사에 출근하다가 월급이 하도 낮아서 아는 사람의 도움으로 도망했습니다. 신원이 항상 보장받지 못하고, 또한 얼마 지나지 않아 중국으로 돌아가야 하는 입장이니깐, 돌아안가면 불법이고, 할 수 없이 국제결혼을 생각했죠. 웃돈을 브로커에게 주고 위장결혼하고, 몇 년간 시간을 끌다가 한국국적을 취득하고. 한국국적이 있으니깐 많이 편리하죠. 아들도 데려오고, 남편도 나오고 …. 근데 내가 한국국적을 딸 때에는 그래도 중국에 내 호구가 있기 때문에 별 생각이 없이 한국국적을 땄지만, 아들과 남편의 국적만큼은 조심하게 되더라구요. 나중에 아들도 몇 년간 회사에 출근하면서 한국국적을 따겠다고 하니깐 그래라 하긴 했는데 좀 뒷걱정이 없는건 아니더라구요. 남편은 2009년에 한국 왔는데, 남편은 절대 국적을 바꾸지 않겠다고 합데다. 이담 중국 가서 살아야지 하면서 …. 지금 우리집은 세 식구에 나는 이중국적이고 아들은 한국국적이고 남편은 중국국적이고. 이담 중국 정책이 어떻게 바뀔지 그때 가서 봐야지.

(YJ씨, 2015년 1월 12일 대림동에서의 인터뷰)

상기의 사례로부터 조선족 국적 취득자들의 정체성을 한마디로 단언하기는 어렵다. 뿌리찾기형의 국적 가입자 외 기타 국적 취득자들은 여전히 조선족, 중국과 끊을래야 끊을 수 없는 연결고리를 가지고 있다. 그들은 신분위조, 여권위조 등의 법적인 허술함을 이용하여 중국국적을 보유하는 한편, 한국국적을 새롭게 취득한 유형으로, 이들의 공통점은 바로 향후의 중국의 부상을 염두에 두고 중국국적을 쉽게 포기하지 않는다는 점이다. 설사 중국국적을 포기하고 한국국적에 가입한 자라 할지라도 한국국적의 '화인(華人)'이라는 새로운 신분을 만들어가면서 한국 내 화인, 화교집단과 네트워크를 구축하고 있는데 한국국적 취득자를 중심으로 한 전국한적화인연합총회(全國韓籍華人聯合總會)의 발족이 바로 그 예이다. 이와 같이 중국조선족-한국국민-한국적화교라는 국적 취득자의 다중적 정체성에 대한 한국사회의 시선은 결코 곱지만은 않다.13)

2. 영주권자의 줄다리기

2010년부터 외국국적 동포 가운데 국적 취득요건을 갖춘 경우에 한하여 영주자격 취득을 허용하면서 조선족의 영주자격자도 대폭 증가세를 보였다. 2013년 조선족 영주권자는 56,134명으로 전체 외국인 영주권자의 56.0%를 차지하였다.14) 영주권에 대한 재한 조선족들의 선호도는 비교적 높은 것으로 보인다. 2005년 16명에 대한 추적조사에서도 5명의 국적 취득자를 제외하고 나머지 전부가 영주권에 대하여 긍정적인 태도를 보였

---

13) 곽재석, 「귀환 중국동포들의 납득하기 어려운 행보」, 『뉴스에듀신문』 2015년 7월 10일.

14) 현대경제연구원, 「국내 외국인 체류자의 특징과 시사점-잠재성장률 제고를 위한 외국인 체류자 관리 대책이 필요하다!」, 『한반도 르네상스 구현을 위한 VIP리포트』, 15-18(통권 615호), 2015.

다. 그 이유는 영주권이 결코 중국국적 포기를 전제로 하지 않고, 또한 중국과 한국이라는 두 축 사이를 자유롭게 오갈 수 있다는 이점에서였다.

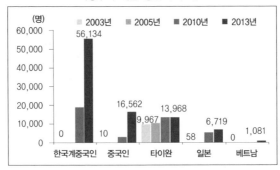

〈영주자 배출 상위국 추이〉

자료 : 현대경제연구원, 「국내 외국인 체류자의 특징과 시사점 – 잠재성장률 제고를 위한 외국인 체류자 관리 대책이 필요하다」, 『한반도 르네상스구현을 위한 VIP리포트』, 15-18(통권 615호), 2015.

사실 나는 지금 국적 취득하자 해도 조건은 됩니다. 근데 남편과 자식들이 자꾸 말리죠. 한국국적을 취득할 경우, 중국국적이 없어질 가능성이 있으니깐. 다들 중국이 이 몇 년이 너무 빨리 발전하니깐 중국을 무서워하고 있잖습니까? 작년에도 중국에 갔다 왔는데, 와, 정말 갈 때마다 몰라보게 변합디다. 특히 농촌도 한국 못지않게 다 변했구. 이판에 중국국적을 포기한다는 것은 너무 모험이지요. 그냥 영주권을 따면 중국국적도 보류할 수 있고 아무 제한 없이 중국을 오갈 수 있고, 그냥 이 상태로 좋습니다.
(SL씨, 2015년 1월 14일 경기도 오산시에서의 인터뷰)

그렇다면 이들은 스스로 자신의 정체성을 어떻게 생각하고 있을까? '당신은 자신을 한국 사람으로 생각한 적 있습니까' 하는 질문에 1997년에 한국입국, 현재 영주권을 취득한 상태의 KS씨는 다음과 같이 말하였다.

우리가 어떻게 한국 사람이 되겠습니까? 설사 한국국적에 가입했다 해도 누가 나를 한국 사람으로 취급합니까? 그저 국적만 한국이지, 껍질을 벗겨도 우린 한국 사람이 될 수 없습니다. 그냥 영주권이 편하죠. 비록 가끔 한국 사람들의 업수임도 받긴 하지만, 그래도 여기가 살기에는 정말 편함다. 교통도 좋고, 깨끗하고, 말도 막히지 않고. 문화생활도 중국보단 낫고, 그리구 어디가나 시설이 얼마나 좋습니까? 그리고 말임다, 한국 사람들, 지내보면 좋은 사람도 많데다, 인정도 있고 …. 여긴 또 자기만 부지런하면 일한만큼 대가를 받고.

(KS씨, 2015년 3월 연길에서의 인터뷰)

한사코 한국민이거나 한국인과는 구별하지만, 어쩔 수 없이 동족으로서의 문화적인 동질감과 정체성이 묻어나고 있음을 실감할 수 있다. 경제적인 측면에서의 실용성과 문화적인 측면에서의 동질성이 혼재를 보이고 있는 사례이다.

3. 중국국민(중국조선족)으로 살아가기

국적 취득자와 영주권자 외에 절대 다수는 중국국적의 소유자로, 재중동포로 일컬어지는 재한 조선족 중의 가장 큰 집단이다. 물론 경제적, 사회적 요인으로 이들 중에는 아직도 한국국적이거나 영주권을 원하는 사람들이 일부 있지만, 2007년의 '방문취업제' 실시로 조선족의 한국입국이 비교적 원활하게 이루어지면서 이들은 한국국적에 대한 관심보다 재중동포-중국조선족-중국국민으로 살아가길 원한다.

비록 한정된 사례조사이기는 하지만, 16명의 조사대상자 중 기타의 계층에 비해 뚜렷한 귀국의식을 보이는 계층으로는 유학생과 농민층이다. 2004

년 조사시 한국 모 대학의 석사과정에 있던 YD씨는 2009년 석·박사과정을 졸업하고 현재 한국 모 대학의 전임강사로 취직하고 있지만, 언젠가는 중국에 돌아가 마땅한 일자리를 찾을 것이라 하였다. 역시 2004년 조사 당시 한국석사 재학 2년째이던 SZ씨는 2009년에 박사학위를 취득하고 한국대기업에 취직하여 일하다가 결국 2013년 상해 모 대학의 교수로 취직하였다. 2015년 상해에서 그를 다시 만나 귀국동기에 대해 물었다.

사실 이전에도 말씀드렸지만 난 한국에서 영구 살 생각은 없었습니다. 부모님들은 한국에 계시니깐 은근히 내가 한국서 발전하기를 바라지만 …. 2009년 박사졸업하고 회사에 들어가 회사생활도 해봤습니다. 아예 제 체질에 맞지 않습디다. 뭐 깔보고 기시하고 그런 것 보다, 회사의 경직된 분위기, 그리고 있잖습니까, 상하급, 선후배 그런 위계질서 …. 그리구 우린 중국에서 자라서 사실 한국에 아무런 사회배경도, 학연도 없지 않습니까? 어쩐지 같은 민족이긴 하지만 여러 가지로 한국에서 발전한다는 건 한계가 있겠다는 생각이 들면서 …. 놀아도 큰데서 놀아야죠. 나중엔 엄마가 극구 반대했지만 상해를 영구거주지로 택했죠.

(SZ씨, 2015년 1월 29일 상해에서의 인터뷰)

연변 용정시 삼합향의 농민출신인 XY씨의 경우, 2003년에 한국에 입국하여 2006년에 자진출국, 2008년에 재입국, 2015년 한국서 다시 그를 만났을 때 그는 2004년의 면담 때보다 훨씬 강한 자신감과 우월감을 비치였다.

그게 언제던가, 2004년입지, 선생님 만날 때가, 그때까지만 해도 농촌에서 왔지, 배운게 없지, 맨날 노가다 뛰면서 사람 축에도 못갔지유. 그냥 소처럼 꾹 참고 벌 수밖에. 언제까지 이렇게 벌어야 되나 앞이 감감했읍지요. 그런데 글쎄 중국두 정책이 이렇게 좋아지게 될 줄 누가 알겠습까? 작년에 집에 들어갔댔는데 마을에 글쎄 초가집 한 채도 없고, 또 촌장이 하는 말이, 집을 짓겠으면 본인이 1/3만 대고 나머지는 다 나라에서 대준다 해서 집까지 져놓고 작년 말에 다시 한국 들어왔습니다. 이젠 한국서 이만 벌고, 집에 돌아가 농사할 생각도 납니다. 몇 년 전까지만 해도 농촌 돌아갈 생각은 아예 안했습니다. 그래서 용정에다 집도 사놓았는데 ···. 근데 나이 드니 어쩐지 지금은 농촌에 가고 싶어집니다. 한국테레비도 자꾸 귀농, 귀농하잖습니까? 중국도 지금은 다 기계화니깐 여기서 기계 살 자금만 벌고 ···. 이젠 한국생활도 진절머리 납니다, 10년도 넘었는데, 내 나이두 50넘었구. 야, 근데 지금 생각하면 2003년에 한국 올 때 그래두 땅과 집을 그대로 두고 온 게 얼마나 다행인지 모르겠습니다. 인젠 농민들의 대우가 좋아져서 땅만 있으면 큰소리 땅땅 치면서 살수 있다니깐.

(XY씨, 2015년 1월17일 경기도 평택시에서의 인터뷰)

조선족으로 살아가기에서 발견되는 또 하나의 특별한 경우로는, 기득한 한국국적을 포기하는 사례이다. FR씨의 경우, 2000년에 위장결혼, 2004년 한국국적으로 취득하였지만, 2010년에는 결국 한국국적을 포기하기에 이른다.

한국국적을 취득한 자체가 주로 자유롭게 이동하자는 게 목적이지, 그렇다 해서 뭐 내가 한국 사람이 됩니까? 2007년에 한국서 번 돈을 가지고 연길에 와서 집도 사놓고, 자그마한 식당도 차려놓고, 근데 장사가 별로 잘 안됩디다. 다시 한국 들어가 몇 년간 식당, 가정부를 뛰다가, 인제 나이도 있고 몸도 아프고, 중국을 오가면서 자그마한 보따리 장사도 하고. 그런데 중국에서도 단기비자니깐 자꾸 연장해야 된단 말입니다. 그것도 어찌 시끄러운지, 아무리 생각해봐도 인젠 이 나이에 한국 들어가 돈 번다는 것도 힘들고, 한국 갈 일도 별로 있을 것 같지 않고, 나중엔 연장도 안하고 그냥 내버려뒀지요. 연길엔 또 내 원래 호적이 있으니깐.

(FR씨, 2015년 2월 23일 용정에서의 인터뷰)

물론 중국조선족으로서의 귀속의식을 갖고 있는 사람이라 해서 한국과의 동질성을 전혀 부정하는 것은 아니다. 2015년의 심층면담을 통하여 한국내 조선족의 반한정서가 많이 누그러지고 거주환경 및 사회제반정책 등의 요인으로 그들의 민족적 동질감도 많은 변화를 거듭함을 느낄 수 있었다. 축구경기를 관람함에 있어서도 "한국에 있으면 중국을 응원하게 되고 중국에 있으면 한국을 응원하게 된다."는 위의 FR씨의 말과 함께 중국조선족에게 있어서 민족의 동질성과 중국인으로서의 국민정체성이 묘하게 아우러져 혼선을 빚고 있음을 알 수 있다.

V. 맺으며

본 연구는 거주경력 10년 이상의 재한 조선족의 사례를 통해 이주 30여 년간 조선족의 한국이동 과정에서 그들의 정체성에 어떤 변화가 일어났는지 구술을 통해 인식하고자 했다. 상술한 것처럼 조선족은 현재 한국내 주변 환경의 변화, 중국형세, 나아가서 글로벌화를 맞이하면서 아이덴티티의 선택의 범위를 넓히고 있다. 따라서 그들의 정체성을 규명함에 있어서 간단히 '국민'과 '민족'이라는 양자택일의 논리로 설명할 수 없는 복잡한 양상을 띠고 있다.

결론적으로 아래와 같은 몇 가지 방면으로 본 연구의 내용을 요약하고자 한다.

첫째, 재한 조선족의 정체성은 국적 취득자, 영주권자나 비국적 취득자를 막론하고 정체성의 변용을 겪고 있다. 입국초기의 일시적인 돈벌이라는 입국동기와는 별개로 재한 조선족은 점차 한국사회에 영주하려는 현상을 보이고 있다. 10만이라는 국적 취득자와 6만 남짓한 영주권자의 숫자가 이를 설명한다. 그러나 재한 조선족들의 생활문화의 미정착과 한국의 제도적 배타성 및 중국의 관용적 정책 등의 여러 방면의 변수를 고려하면 그들의 정체성에 대하여 한마디로 귀납하기에는 아직 시일이 필요하다. 오히려 그들의 정체성의 변용을 진행형의 관점에서, 그리고 미래의 변화가능성을 동시에 유념하여 고찰하여야 할 것이다. 국적 취득자, 영주권자의 증가가 꼭 중국국적의 포기거나 중국국민으로서의 신분포기 및 한국인, 한민족으로서의 정체성의 강화와 맞물리는 것도 아니고 중국국적의 고집이 꼭 한민족 정체성과 배치되는 것도 아니다. 홀(Hall, 霍爾)은 소수자의 정체성을 "이미 완성된 형태의 사실로 간주하고 새로운 문화행위를 그 토대 위에서 체현할 것이 아니라 정체성을 하나의 '생산과정'으로, 하나의 종래로 완성되지 아니한 시종 진행상태의 생산과정으로 보아야 할 것"이라고 하였다.[15] 조선족의 정체성도 시종 진행상태에 있는 생산과정으로, 중한 양국의 정책 및 무수한 개인들의 이해관계가 경합하며 공존하는 가운데서 끊임없이 구축되고 있는 미완의 과정이라 할 수 있다. 따라서 그들의 태어나서부터 갖게 되는 소위 고유한 불변의 아이덴티티와 내셔널 아이덴티티가 추구하고 있는 현황 속에서 늘 변화하는 가변적 아이덴티티가 어떻게 병행하고 충돌하며 교차하는지에 대한 객관적인 조명이 필요하다.

---

15) 杜亮, 「社會話語與少數族群身分認同建構探析」, 『敎育學術月刊』, 2014(4), 21쪽.

둘째, 재한 조선족의 정체성의 변용에는 모국과 거주국의 정책이 크게 작용하고 있음을 알 수 있다. 한국 내 조선족의 정체성의 변화궤적은 한국의 대조선족정책과 밀착되어 있는바, 이주초기 즉 2004년 동포법 개정 이전까지 조선족들은 동포가 아닌 외국인노동자라는 입지에 강한 거부감을 드러냈으며 그것이 결국 그들이 모국에서의 타자로서의 정체성을 확인하는 계기로 작용하였다. 그러나 그 뒤 '방문취업제'를 계기로 한국정부의 정책이 긍정적인 방향으로 바뀌면서 조선족은 서서히 한국 내에 자체의 새로운 커뮤니티를 형성하였으며 한국에 대한 인식도 과거의 '반한'정서에서 국적취득, 영주권 취득, 권익신장 등 다양하게 분화되었다. 그러나 흥미로운 것은, 그들은 한국사회, 한국인에 한발짝씩 다가가면서도 또한 중국인의 입장을 선뜻 포기하기를 꺼린다. 중국의 무한한 발전 가능성, 이주조선족에 대한 관용과 포용정책, 농민지위의 상승, 2세들의 중국내의 활동가능성, 무수한 변화의 가능성은 그들로 하여금 중국의 연결고리를 쉽게 끊어버리지 못하게 한다. 혈통과 국적으로 한국과 중국 사이에 끼인 그들은 한쪽에서 채울 수 없는 부분을 다른 한쪽에서 채우려 하는, 혹은 '경계인'으로서의 우세를 최대한 활용하려는 복합적인 정체성을 발현하고 있다.

셋째, 글로벌사회에서 디아스포라로서의 조선족의 정체성의 변용 및 다양성에 대한 폭넓은 이해가 필요하다. 단일민족국가인 한국과 달리 본의 아니게 여러 가지로 복수적 장소에 귀속된 조선족의 문화적 차이와 정체성의 다중성을 인정하고 상호이해의 폭을 넓혀가는 과정이 필요하다. 특히 디아스포라의 이산 및 그들의 특정한 생활환경과 다양한 문화접변 등으로 그들의 정체성을 하나의 잣대로 평가하기에는 무리다. 오늘날 한국 내 다문화가족의 증가로 다문화에 대한 관심이 증폭되고 있다. 물론 다문화에 대한 관심과 연구도 중요하겠지만, 다문화를 수용하기에 앞서 선행되어야 할 것이 바로 한민족 디아스포라들이 지닌 생소하고 낯선 문화가 나란히 공존할 수 있도록, 또한 출신, 지역을 벗어나 한민족 디아스포라를 한민족 구성원으로 인정하고 받아들이는 포용적 자세이다. 편협한 단일성, 순수성에 벗어나 서로 다른 개성과 차이를 인정하고 이해하고 보듬어주는 마음가짐과 자세, 그것이야말로 정녕 한민족공동체의 힘을 키우는 지름길이 아닐까.

참고문헌

김영옥 외, 『국경을 넘는 아시아 여성들』, 이화여자대학교출판부, 2009.

곽재석, 「귀환 중국동포들의 납득하기 어려운 행보」, 『뉴스에듀신문』 2015년 7월 10일.

구지영, 「이동하는 사람들과 국가의 길항관계 - 중국 조선족과 국적에 관한 고찰」, 『동북아문화연구』 제27집, 2011.

金正淑, 「黑龍江省朝鮮族における朝鮮人意識の受容と拒否に關する一考察」, 金城學院大學院 『文學研究科論集』, 1998(4).

김현선, 「한국체류 조선족의 밀집거주 지역과 정주의식」, 『사회와 역사』 제87집, 2010.

김면, 「국내 거주 조선족의 정체성변용과 생활민속의 타자성 연구」, 『통일인문학』 제5집, 2014.

박우, 「한국체류 조선족 '단체'의 변화와 인정투쟁에 관한 연구」, 『경제와 사회』 2011년 가을호(통권 제91호).

방미화, 「재한 조선족의 실천전략별 귀속의식과 정체성」, 『사회와 역사』 제98집, 2013.

법무부출입국·외국인정책본부, 「출입국·외국인정책통계월보」 2007~2015.

신동흔, 「50만 조선족, 일자리가 진화하고 있다」, 『조선일보』 2011년 9월 17일.

오경희, 「'중국 조선족' 이주 담론에 나타난 디아스포라의 삶과 정체성」, 『다문화사회연구』 제7권 1호, 2014.

이현정, 「한국취업과 중국조선족의 사회문화적 변화 : 민족지적 연구」, 서울대 대학원 인류학과 석사논문.

이정은, 「'외국인'과 '동포' 사이의 성원권 - 재한조선족 사회의 지위분화에 따른 성원권 획득 전략」, 『경제와 사회』 2012년 겨울호(통권 제96호).

이병기, 「연변 조선족 농촌사회의 인구이동 실태와 그 시사점」, 『농업경영정책연구』 제33권 제3호, 2006.

현대경제연구원, 「국내 외국인 체류자의 특징과 시사점 - 잠재성장률 제고를 위한 외국인 체류자 관리 대책이 필요하다!」, 『한반도 르네상스구현을 위한 VIP리포트』, 15-18(통권 615호), 2015.

王鐵志, 李紅杰, 「對外開放與中國朝鮮族」, 『民族研究』 1997(6).

周建新, 「跨國民族勞務輸出中的族群認同与國家認同 - 以龍井市龍山村S屯朝鮮族勞務輸出韓國爲例」, 『思想戰線』 2011(2).

杜亮, 「社會話語與少數族群身分認同建構探析」, 『教育學術月刊』, 2014(4).

제6장 철조망 안의 사람들
위만주국시기 '집단부락'과 이주민들의 삶을 중심으로

최 민 호

I. 머리말

1933년부터 1935년까지 일제는 조선총독부의 주도하에 연변지역에 총 28개의 집단부락을 설치하였다.[1] 일제는 항일근거지 주변의 한인을 집단부락에 집중시킴으로써 이들 사이의 연결고리를 끊어놓고 나아가 항일무장투쟁세력을 탄압하고자 했다. 그러다가 1936년 9월 만선척식주식회사가 설립되면서 일제의 집단부락 건설은 또 다른 양상을 보이게 된다. 물론 항일무장투쟁세력에 대한 탄압도 있겠지만, 이 시기가 되면 한인의 대량이주를 통해 만주지역을 개발하고자한 목적도 지니게 된다. 따라서 1937년부터 연변지역에는 만선척식회사의 주도하에 대량의 집단부락이 만들어지고, 그곳에 일제는 한반도 중남부의 농민들을 대거 집단이주 시켰다.

집단부락의 집단이주민들은 만주로 이주해온 그날부터 계약에 따라 채무자로 전락되면서 경제적으로는 만선척식회사에 수탈을 당하고, 정치적으로는 일제의 통치기구에 이용될 수밖에 없었다. 이들은 농사를 지어

---

1) 유필규, 「만주국시기 한인의 강제이주와 집단부락 연구」, 국민대학교 일반대학원 국문학과 박사학위논문, 2015, 51쪽.

빚을 갚는 동시에, 강제로 토성에 갇혀 총을 들고 싸워야 했고 또 일제의 각종 부역에 무보수로 동원되어야 했다. 이들은 재만 조선인들 중에서도 가장 비참한 삶을 살 수밖에 없었던 사람들이었다. 광복 70주년이 되는 오늘, 우리는 일제의 반인류적인 만행을 폭로하고 민족의 아픈 역사를 되짚어 보는 차원에서, 당시 재만 집단이주민들이 겪었던 인간지옥의 참상을 재조명할 필요가 있다.

만주지역 집단부락에 대한 연구는 손춘일, 정광일, 유필규 등 역사학자들에 의해 본격적으로 이루어졌고 이미 많은 연구결과가 축적되었다.[2] 그리고 만주 조선인의 삶에 대한 연구도 박금해, 천수산 등에 의해 이미 상당부분 이루어졌다.[3] 다만 기존의 집단부락 연구는 설립배경·과정·규모·분포·영향·성격 등에 초점을 두고 있었던 관계로, 그곳에 살고 있었던 이주민에 대해서는 크게 주목하지 않았다. 그리고 당시 재만 조선인 중에서도 경제적 또는 신분적으로 특수계층을 이루고 있었던 집단이주민의 삶에 대한 전문적인 고찰은 아직까지 시도된 적이 없다. 따라서 본 연구는 연변지역 집단부락에 갇혀있었던 집단이주민들의 삶에 초점을 맞추고 일제의 무자비한 식민통치와 식민지 백성들이 처했던 비참한 운명을 재조명하고자 한다. 이를 위해 본고에서는 연변의 향토역사학자 리광평이 다년간 수집 정리한 집단이민조사 자료를 주된 참고자료로 활용하고자 한다. 90여 만자에 달하는 이 조사 자료는 김춘선 주필의 『중국조선족사료전집』(역사편 이주사 11권)으로 2013년에 출간되었다.

---

2) 孫春日, 『中國朝鮮族移民史』, 北京 : 中華書局, 2009 ; 鄭光日, 「日僞時期東北朝鮮族 '集團部落'硏究」, 延邊大學世界史專業博士學位論文, 2010 ; 유필규, 「만주국시기 한인의 강제이주와 집단부락 연구」, 국민대학교 일반대학원 국문학과 박사학위논문, 2015.

3) 박금해, 「구술 자료로 보는 광복 전 재만조선인의 민속문화」, 김도형 외, 『식민지시기 재만조선인의 삶과 기억』, 서울 : 선인, 2009 ; 천수산, 『중국조선족풍속백년』, 심양 : 료녕민족출판사, 2011.

II. 이주와 정착

당시 조선의 가난한 농민들이 집단이주에 대거 동참하게 된 것은 일제의 감언이설과 밀접한 관련이 있다. 일제는 만주에 가면 땅과 집을 무상으로 제공해 주고, 게다가 만주는 무산천리로 땅이 넓을 뿐만 아니라 토지가 비옥하여 "감자 한 알이 놋 사발 하나에 넘어나고 옥수수 이삭이 팔뚝만큼 크며 조이이삭으로 허리를 감고도 남음이 있다"[4]고 하면서 농민들을 기만했다. 당시 땅 없고 힘겹게 살아가던 가난한 농민들에게 일제가 묘사한 만주는 천당이나 다름이 없었기 때문에 이들은 부푼 꿈을 안고 너도나도 이주를 선택하게 되었다.

만선척식회사에서 이주민의 선정부터 이주과정, 집단부락의 건설 및 운영을 전담했으며, 이들에 이해 주도면밀하게 이주가 진행되었다. 이주는 대체로 음력 2월을 전후해서 시작되는데, 이렇게 하면 도착하는 날부터 농사를 준비할 수 있었기 때문이다. 회사로서는 비용을 줄이는 동시에 상대적으로 많은 노동력을 착취할 수 있는 방법이었다. 그리고 추운 2월에는 이주민들이 쉽게 도망을 치지 않으리라는 판단도 있었다. 이주민들은 회사에서 배정한 기차에 앉아 만주로 오는데, 식사시간이 되면 정거장에서 변또밥(도시락)을 올려 보내 이주민들에게 나누어주었다. 그리고 연도에 경치가 좋은 곳이 있으면 기차를 세워놓고 구경을 하게 하였다. 그러나 밤에는 도망치는 사람이 있을까 걱정되어 절대로 정차하지 않았다.

기차가 목적지에 도착하면 그곳의 만선척식회사에서 사람을 파견하여 일사불란하게 이들을 맞이했다. 어떤 역에서는 일인당 찹쌀 주먹밥을 2개

---

4) 리명선, 女, 1931년 강원도 금화군 통구면 장안리에서 출생, 1938년 안도현 스치개 한층구에 집단이민을 옴.(김춘선 편, 『중국조선족사료전집』(역사편 이주사 11권), 연길 : 연변인민출판사, 2013, 258쪽.)

씩 나누어 주기도 했다. 일부 지역에서는 동네의 주민들을 동원하여 일장기를 흔들고 만세를 부르면서 이들을 환영했다. 이주민 여성들에게 가장 인상이 깊었던 것은 역전 마당에서 서성이고 있던 중국 사람들의 모습이었다. 검은 옷을 입고 큰 쾅재(광주리)를 메고 다니는 중국 사람들을 이들은 처음 보았는데, 당시에는 매우 무서웠다고 했다.

1944년 2월 충청남도 예산군 광시면 운산리에서 온 집단이주민의 경우, 안도현 명월구 기차역에 내리자 만선척식회사에서 트럭을 보내 이들을 류수툰에 내려놓았다. 회사의 사전 배치에 따라, 이들이 차에서 내리는 족족 당지의 주민들이 한 가족씩 이름을 확인하고 자신들의 집으로 데려갔다. 동청툰 집단부락이 건설될 때까지 이들은 류수툰에서 곁방살이를 하였다.5)

위와 같이 후기 집단이민의 경우 만선척식회사의 사전준비가 잘 되어 있었기 때문에 큰 고생이 없이 정착생활을 시작할 수 있었다. 그러나 대부분의 경우 집이 완성될 때까지 근처에 가리고야라 불리는 임시 막집을 세우고 그곳에서 길게는 반년까지 살아야 했다.

가리고야란 땅을 조금 파고 그 위에 삼각으로 된 나무틀을 세우고 거기에 삿자리를 두 겹으로 친 막이다. 길이가 약 15미터에서 30미터에 달하며 내부 양쪽에 팔뚝만큼 두터운 통나무를 편 다음 그 위에 마른 새를 깔고 다시 삿자리를 펴 놓았다. 그리고 가운데에 복도를 내고 그 양쪽에 한집씩 들 수 있도록 막아놓았다. 복도에는 몇 집 건너로 양철로 만든 작은 난로를 설치해 추위를 막고자 했다. 식솔이 많으면 복도를 마주한 두 칸을, 식솔이 적으면 한 칸을 배정해 주었다. 밥은 가족 단위로 가리고야 밖에서 해

---

5) 리명재, 男, 1934년 충청남도 예산군 광시면 운산리에서 출생, 1944년 안도현 대사하촌 동청툰에 집단이민을 옴.(김춘선 편, 『중국조선족사료전집』(역사편 이주사 11권), 연길 : 연변인민출판사, 2013, 339쪽.)

먹었다. 돌을 몇 개 주워놓고 그 위에 솥을 올리고 밥을 지었는데, 당시 회사에서 준 것은 뜬 좁쌀과 미역, 그리고 무센기리(무말랭이)가 전부였다.[6] 이 세 가지는 거의 모든 집단이주민들에게 배급된 식재료였다.

가리고야는 당시 이주민들의 말대로 돼지굴과 다름이 없었다.[7] 생활하면서 가장 힘든 것이 바로 추위와의 싸움이었다. 음력 2월초면 연변지역의 최저기온은 영하 20~30℃까지 내려가는데, 이런 상황에서 삿자리 두 겹으로 추위를 막는다는 것은 불가능한 일이었다. 조금이라도 추위를 피하기 위해 콩깍지기를 주워 까래 밑에 가득 깔기도 했다. 그리하여 까래 위에 앉으면 콩깍지기가 꺼져 내리면서 사람도 잘 보이지 않았다. 어른들은 밤을 지새워가면서 번갈아 난로에 불을 지폈지만 살을 에는 추위 속에서 면역력이 약한 노인과 어린 아이들은 무리죽음을 당했다. 실제로 1938년 강원도 금화군에서 안도현 스치개로 200호가 함께 집단이주를 했는데, 당시 이들 중에서 약 20여 명의 젖먹이 아이들이 추위와 굶주림에 견디지 못해 가리고야에서 목숨을 잃었다. 그 중에는 한 살과 두 살이 되는 리명선의 남동생들도 있었다.[8]

---

6) 리범구, 男, 1923년 강원도 철원군 오동리에서 출생, 1937년 안도현 대전자에 집단이민을 옴.(김춘선 편, 『중국조선족사료전집』(역사편 이주사 11권), 연길 : 연변인민출판사, 2013, 50~51쪽.)

7) 양옥남, 女, 1926년 경상남도 함양군 마천면 땅벌에서 출생, 1937년 연길현 봉녕촌 복리툰에 집단이민을 옴.(김춘선 편, 『중국조선족사료전집』(역사편 이주사 11권), 연길 : 연변인민출판사, 2013, 40쪽.)

8) 리명선, 女, 1931년 강원도 금화군 통구면 장안리에서 출생, 1938년 안도현 스치개 한충구로 집단이민을 옴.(김춘선 편, 『중국조선족사료전집』(역사편 이주사 11권), 연길 : 연변인민출판사, 2013, 259쪽.)

Ⅲ. 집단부락의 건설

1. 집짓기

이민 후 가장 먼저 하는 작업이 바로 집짓기이다. 대부분의 경우 집을 지은 다음 토성을 쌓지만, 항일무장이 빈번하게 활동하는 지역에서는 먼저 토성을 쌓고 집짓기를 시작했다. 간혹 집짓기와 토성 쌓기를 동시에 추진하는 곳도 있었다.

집을 지을 때 만선척식회사에서는 인근지역의 목수들을 고용하여 기둥을 세우고 보를 얹고 서까래를 펴주었다. 적게는 열 집에 목수 한 명씩 배정해 주며, 이들도 이주민들과 함께 가리고야에서 먹고 자면서 일을 하게 했다. 기본 골조가 완성되면 나머지 일, 예를 들면 벽을 바르고 이엉을 이고 구들을 놓는 등의 일들은 해당 가족에서 마무리해야 했다.

집 한 채에 두 호가 드는 경우가 있고 한 호가 드는 경우도 있었다. 한 채에 두 호가 들 경우 각각 3칸짜리로 지었다. 그러나 집 한 채에 한 호가 들 경우에는 스스로 칸수를 정할 수도 있었다. 안도현 대사하촌 춘양툰의 경우 토성 쌓기와 집짓기를 동시에 시작했다. 목수들은 목재를 켜고 이주민들은 토성 쌓기에 동원되었다. 토성을 다 쌓을 무렵, 목수들도 이미 재료를 다 준비해 놓았다. 이어 반장들이 집집마다 돌아다니면서 몇 칸짜리 집을 지을지 통계를 내고 요구에 따라 집을 지어주었다. 일반적으로 4칸에서 8칸까지 지을 수 있으며, 집터는 반별로 제비를 뽑아 결정했다.[9]

---

9) 리원갑, 男, 1924년 강원도 춘천군 춘천면에서 출생, 1939년 안도현 대사하촌 춘양툰에 집단이민을 옴.(김춘선 편,『중국조선족사료전집』(역사편 이주사 11권), 연길 : 연변인민출판사, 2013, 379쪽.)

2. 토성 쌓기

토성은 네모로 쌓는데 거의 모든 지역에서 뗏장을 주재료로 썼다. 도문시 량수진 정암촌의 경우 먼저 강변의 돌을 실어다 약 1.5미터 높이로 쌓고 그 위에 뗏장을 떠서 약 1.5미터 높이로 더 쌓아 올렸다.[10] 그러나 이런 경우는 극히 드물었다.

토성의 두께는 밑 부분이 2.5미터 좌우이고 윗부분이 1미터 좌우였다. 토성바깥은 직선으로 곧게 쌓아올려 사람이 오를 수 없게 했다. 그리고 토성의 네 귀에 포대를 만들어 세우고 총구멍을 여러 개 빼놓았다. 토성 안쪽은 2층으로 되어있고 사다리를 놓아 오르내릴 수 있어 토성의 어느 곳이나 통할 수 있었다. 일부 부락에서는 토성안벽에 둑을 둘러쌓아 복도를 만들고 구석구석에 주먹만큼 큰 돌들을 모아놓았다. 만약 항일부대가 진공 하면 그 돌을 무기로 사용하기 위해서였다. 자위단원들은 이 복도 위로 순찰을 다니면서 마을과 밖의 동정을 수시로 살필 수 있었다.

토성 바로 밖에는 훈개 또는 호리가닥이라 불리는 해자를 판다. 해자는 너비가 3미터, 깊이 2미터 되는 깊은 도랑이다. 도랑 밑바닥에는 참나무를 창날모양으로 깎아 끝이 위로 향하게 박아 넣었다. 사람이 토성을 오르다 떨어지면 거기에 찔려 죽을 수 있다. 이것도 모자라 해자 밖에 또 높이 4미터 좌우가 되는 참나무로 목책을 만들어 세우고 그 밖에 다시 철조망을 친다. 토성 네 변의 중심위치에는 동서남북으로 대문을 네 개 혹은 두 개를 내며, 네 개의 경우 평소에는 두 개만 열어 놓았다.

토성 쌓기에는 부락의 모든 인력이 동원되었다. 안도현 남도툰을 건축할

---

10) 박찬용, 男, 1930년 충청북도 옥천군 안남면 연주리에서 출생, 1939년 도문시 량수진 정암촌에 집단이민을 옴.(김춘선 편, 『중국조선족사료전집』(역사편 이주사 11권), 연길 : 연변인민출판사, 2013, 772쪽.)

당시 만선척식회사에서는 모든 세대주들더러 부락을 세울 남도툰에 가리고야를 치고 그곳에서 먹고 자면서 밤낮으로 일을 하게 하고, 여자와 아이들은 곁방살이를 하는 북도툰에서 걸어 다니면서 일을 하게 했다. 회사에서는 1반부터 9반까지 토성 쌓기 임무를 떼어주고 먼저 완성한 반에는 장려를 준다고 했다. 당시 매개 반에는 11세대가 있었고 8반에는 정해련의 아버지 정유종이 반장을 했다. 일 욕심이 많았던 정유종은 12살짜리 아들 정해철을 학교에 보내지도 않고 그의 형과 함께 토성 쌓기에 투입시켰다. 그리고 그의 아내 윤성녀도 세 살짜리 아들을 업고 펫장을 이여 날랐다. 11세대가 악전고투한 결과 8반은 계획보다 먼저 임무를 끝내고 다른 반의 일까지 도와주었다. 1940년 4월 16일 만선척식회사에서는 남도툰에서 토성쌓기총화회를 열고 정유종이 이끈 8반 사람들에게 광목을 장려로 나누어주었다. 그러나 너무 흥분한 나머지 정유종은 술을 마시고 그날로 세상을 떠났다.[11] 결국 술이 아닌 과로 때문에 목숨을 잃었던 것이다.

3. 집단부락의 내부구도

집단부락의 내부공간은 치밀하게 배치되어 있었다. 우선 동서와 남북으로 마을을 가로질러 십자가 모양으로 신작로를 내고 그 중심위치에 핵심부서들을 배치했다. 통제를 위해 대부분의 부락에서는 중심위치에 경찰분주소와 자위단실, 그리고 툰장 또는 부락장의 집을 배치하고 그 주변에 반장들의 집을 배치했다. 백성들의 집은 반별로 집중시키되 제비를 뽑아 위치를 정하게 했다. 학교나 회사 사무소가 있으면 역시 중심위치에 배치했다.

---

11) 정해련, 男, 1927년 전라북도 무주군 부남면 장안리에서 출생, 1939년 안도현 안도촌 남도툰에 집단이민을 옴.(김춘선 편, 『중국조선족사료전집』(역사편 이주사 11권), 연길 : 연변인민출판사, 2013, 222~224쪽.)

안도현 대사하촌 동청툰을 예로 들면, 토성 안에는 집집마다 바자를 세웠는데, 네 집이 어울려 널 바자를 세우고 중간 지점에 디딜방아를 하나씩 걸어주었다. 그리고 십자모양으로 난 신작로를 경계로 전 부락을 네 구역으로 나눌 때, 각 구역의 중심위치에 우물을 파 놓았다. 동청툰의 경우 약 24호에서 한 우물을 쓰게 되는데, 우물마다 물맛이 다르기 때문에 맛이 좋은 우물로 사람들이 많이 모였다고 한다.[12]

Ⅳ. 이주민들의 삶

1. 농사짓기

봄이 되면 이주민들은 농사를 시작했다. 일부지역에서는 드물게나마 처음 몇 년간 공동농사를 하기도 했다. 그러나 노동효율이 떨어져 공동농사가 크게 보급되지 않았다. 농사일에 가장 필요한 것은 소나 수레인데 이런 것들은 만선척식회사에서 우선 지급해주었다. 대체로 호당 소 한 마리와 수레 한 채가 차려지며, 공급이 딸릴 경우 우선 두 호당 소 한 마리와 수레 한 채를 지급하고 나중에 조선에서 소를 구매해 와서 그 수를 보충해준다. 물론 이런 것들은 고가로 계산해 고스란히 이주민들에게 빚으로 남을 수밖에 없었다.

땅은 있으나 대개는 황무지나 다름이 없었다. 운이 좋으면 쑥대밭이 차려지고, 운이 나쁘면 나무가 무성한 숲이 차려진다. 그러면 나무를 베고

---

12) 리명재, 男, 1934년 충청남도 예산군 광시면 운산리에서 출생, 1944년 안도현 대사하촌 동청툰에 집단이민을 옴.(김춘선 편, 『중국조선족사료전집』(역사편 이주사 11권), 연길 : 연변인민출판사, 2013, 340~341쪽.)

뿌리를 뽑아야 하는데 그 고생은 말로 표현할 수 없었다고 한다. 노동 효율을 높이기 위해 일부지역에서는 만선척식회사가 인근의 한족들을 고용하여 밭갈이를 시켰다. 이들은 말 네 필을 메운 양가대기로 밭을 갈아주었는데 그 속도가 대단했다. 이주 한인들은 자고로 소를 메운 전통 가대기를 쓰는데, 크기나 효율에서 한족들이 쓰는 양가대기와 비교가 되지 않았다.

밭을 일구고 나면 만선척식회사에서 콩·옥수수·감자·보리 등 종자를 지급해 주었다. 종자를 심고 나면 또 김매기가 시작된다. 아침 일찍 김매기를 나가면 가장 견디기 힘든 것이 잠태미라 불리는 작은 벌레들의 공격이었다. 잠태미를 쫓기 위해 사람들은 간지메통(통조림통)에 쑥을 담고 거기에 불을 달아 목에 걸거나 옆구리에 차고 일을 했다. 그러면 벌레들이 쑥 연기 때문에 사람에게 달려들지 않았다.[13] 간지메통도 없으면 쑥으로 태나 다발을 따서 목에 걸거나 머리에 썼다. 쑥이 타서 불이 살에 닿으면 다시 길이를 조절해야 했다. 여름에 논김을 맬 때 서로 품앗이로 대여섯 명이 한데 어울려 일을 하는데, 멀리서 바라보면 사람한테서 연기가 모락모락 나 근처가 파랗게 물들었다.[14] 낮에 해가 뜨면 또 벌만큼 큰 등에가 덮쳤다. 하루 내내 쑥불 연기 속에서 일을 하다보면 온몸에서 역겨운 냄새가 진동했다.

그리고 여름이 되면 또 멧돼지나 곰이 내려와 옥수수나 감자를 파먹었다. 산짐승을 쫓으러 나가려 해도 항일부대와 연락을 취한다고 순사들이 제지했다. 그러면 멧돼지가 제멋대로 곡식을 먹어치우는데, 농민들이 한해

---

13) 리영자, 女, 1923년 경상남도 밀양군 모암면에서 출생, 1938년 연길현 봉녕촌 북만툰에 집단이민을 옴.(김춘선 편, 『중국조선족사료전집』(역사편 이주사 11권), 연길 : 연변인민출판사, 2013, 45쪽.)

14) 서완석, 男, 1923년 강원도 금화군 김성면에서 출생, 1939년 안도현 영경향 태평툰에 집단이민을 옴.(김춘선 편, 『중국조선족사료전집』(역사편 이주사 11권), 연길 : 연변인민출판사, 2013, 100쪽.)

농사가 순식간에 거덜 나는 것을 보고 기가 막혀 항의를 하면 순사들은 마지못해 부락출입을 허용하기도 했다.[15] 이 때문에 사람들은 낮에는 뼈 빠지게 일을 하고도 저녁이 되면 수저를 놓기 바쁘게 밭에 나가 모닥불을 피우고 퉁재(양철통)를 두드리며 멧돼지나 곰을 쫓았다. 이렇게 고함을 지르며 밤새 보초를 서야 했다. 그럼에도 불구하고 일부 지역에서는 한 해 농사의 절반 이상을 산짐승들에게 빼앗긴다고 했다.[16]

가을이 되면 만선척식회사에서는 항일부대가 두려워 가을을 재촉하며 사람들을 밭으로 몰아냈다. 그 때면 서리가 하얗게 내리는데 어른 아이 할 것 없이 맨발바람으로 밭에 나가 일을 했다. 아이들은 발이 시려 울고불고 야단인데, 그래도 어른들은 하루빨리 일을 끝내야 하기 때문에 우는 아이들을 돌볼 겨를이 없었다. 점심은 밭머리에서 감자나 옥수수를 따서 대충 삶아 먹고, 날이 어두워지면 부락으로 향했다. 그러나 대문에는 자위단들이 지키고 있어 한두 사람은 들여놓지도 않았다. 아무리 어둡고 추워도 밭에 나갔던 사람들이 다 함께 모여야 대문을 열어주었다. 추위와 배고픔에 지친 아이들의 울음소리는 하루 내내 끊이지 않았다. 아침이면 순사들이 몽둥이를 들고 집집마다 돌아다니면서 사람들을 밭으로 내몰았다. 조금만 늦어도 몽둥이찜질을 받아야 하기 때문에, 죽어도 밭에 나가 죽는다고 아픈 사람도 쩔뚝거리며 집을 나서야 했다. 이들의 말처럼 집단이민부락은 지옥이나 다름이 없었다.[17]

---

15) 최동봉, 男, 1925년 경상남도 의령군 정곡면 석곡리에서 출생, 1938년 안도현 량병향 연통라자에 집단이민을 옴.(김춘선 편, 『중국조선족사료전집』(역사편 이주사 11권), 연길 : 연변인민출판사, 2013, 111쪽.)

16) 허상욱, 男, 1930년 경상남도 의령군 대의면 중촌리에서 출생, 1938년 안도현 량병향 연통라자에 집단이민을 옴.(김춘선 편, 『중국조선족사료전집』(역사편 이주사 11권), 연길 : 연변인민출판사, 2013, 123쪽.)

17) 장금인, 女, 1931년 전라북도 김제군 백산면에서 출생, 1939년 왕청현 중앙향 목단지에 집단이민을 옴.(김춘선 편, 『중국조선족사료전집』(역사편 이주사 11권),

집단이주민들에게 논밭은 거의 차려지지 않았다. 초기에는 황무지를 개간해 밭농사를 하다가 몇 년이 지나면 여건이 되는 마을에서나 간혹 논을 풀어 벼를 심었다. 논을 만들 곳에 우선 논두렁을 만들어놓고 쇠갈고리로 논판을 긁고 그 다음에 나뭇가지와 아치로 만든 써레에 소를 메워 끌고 다녔다. 논판이 평평하게 되면 거기에다 산종을 했다. 이렇게 2, 3년을 가꾸면 논이 된다. 산종을 하면 먼저 논에 물을 대며, 피와 풀이 얼마간 크고 벼가 아직 나오지 않았을 때, 논물을 낮추고 낫이나 쇠줄로 풀을 제거해 버렸다. 그런 다음 다시 논물을 대면 피와 풀은 죽고 벼만 자라게 된다. 당시에는 이앙법이 보급되지 않았고 농약도 없었기 때문에 벼 수확고가 그리 높지 않았다. 쌍당(정보당) 6, 7천근이면 높은 편에 속했다. 그리고 벼는 한 알도 남기지 않고 전부 출하로 바쳐야 했다. 게다가 벼는 찧어서 쌀로 바쳐야 하는데 대부분이 디딜방아를 사용했다. 지금 사람들은 그 고생을 상상할 수도 없다. 그래서 물레방아를 만들어 찧기도 하고 여건이 되는 가정에서는 세를 주고 연자방아에 찧기도 하였다.[18]

한전이 끝나면 곡식을 베어 도리깨로 두드리고 채로 쳐서 알뜰하게 다듬었다. 그러나 수확한 곡식들은 거의 대부분을 빚으로 갚아야 했다. 1938년 음력 2월 경상남도 밀양에서 연길현 복만툰으로 집단이민을 온 리영자 가족은 그 해 가을에 풍년이 들어 벼 15마대, 콩 20마대, 감자 10마대를 수확했다. 리영자의 부친은 곡식을 수레에 가득 싣고 안도시장에 팔러 나갔다. 그런데 시장에는 만선척식회사 사람들이 무리를 지어 다니면서 이들의 곡식을 전부 빚으로 빼앗아 갔다. 곡식을 팔아 아이들의 옷을

연길 : 연변인민출판사, 2013, 431~432쪽.)

18) 리봉운, 男, 1934년 황해남도 곡상군 예면리에서 출생, 1937년 안도현 대사하촌 류수툰에 집단이민을 옴.(김춘선 편, 『중국조선족사료전집』(역사편 이주사 11권), 연길 : 연변인민출판사, 2013, 306쪽.)

해주고 소비 돈도 마련하고자 했는데 모든 것이 물거품이 되어버렸다. 당시 곡식을 빼앗긴 마을 어른들은 너무 통분하여 땅을 치며 통곡을 했다.[19]

2. 의식주

배고픔에 대한 기억은 지금까지도 집단이주민들의 마음을 괴롭히고 있다. 광복이 될 때까지 집단이주민들 중에서 쌀밥을 한 번이라도 배불리 먹어본 사람은 거의 없었고, 당시에는 굶어죽지 않고 보릿고개를 넘기기만 해도 고맙게 생각했다.

이주초기 만선척식회사에서는 대부분의 집단부락에 뜬 좁쌀이나 통 강냉이를 배급으로 주었다. 반찬감으로는 하나같이 무말랭이를 주었는데 간혹 미역을 주는 곳도 있었다. 좁쌀은 몇 년씩 창고에 묵혀두었던 것을 배급으로 나누어 주어 뜬내가 나서 먹을 수가 없었다. 그리하여 사람들은 좁쌀을 먼저 가마에 찌고 그것을 다시 말려 가루를 내서 먹었다. 당시 남선사람들은 고향에서 강냉이를 먹어본 적이 없었다. 먹는 방법을 몰라 처음에는 통 강냉이를 가마에 넣고 끓인 다음 그 알을 빼먹고 물을 마셨는데, 대부분의 사람들은 도무지 먹을 수가 없었다고 기억하고 있다. 후에 강냉이 알을 맷돌에 갈아 밥을 지어 먹거나 가루를 내어 먹기도 했다.

배급을 타는 방식은 촌민들이 직접 수레를 몰고 가서 가져오는 경우가 있고, 회사에서 좁쌀·강냉이·감자 등을 차에 실어다 각 반에 나누어 주는 방식이 있다. 간혹 생활개선이라는 차원에서 간장이나 통조림을 나누어주기도 하는데, 툰장·부락장·반장 등이 차례로 가로채고 나면 일반 백성들에

---

19) 리영자, 女, 1923년 경상남도 밀양군 모암면에서 출생, 1938년 연길현 봉녕촌 북만툰에 집단이민을 옴.(김춘선 편, 『중국조선족사료전집』(역사편 이주사 11권), 연길 : 연변인민출판사, 2013, 45쪽.)

게 돌아오는 것은 극히 적었다.

배급은 절대로 여유 있게 주지 않았다. 항일부대의 손에 들어간다고 한 번에 며칠정도 먹을 수 있는 양만 나누어 주는데, 적을 때에는 한 가구당 하루 식량으로 통 강냉이 한 이삭이 차려졌다. 그러면 한 이삭을 까서 알만 가마에 넣고 물을 가득 부은 뒤 소금을 넣고 끓여 맹물 마시듯 마셨다. 이런 것을 먹고 하루를 버텨야 했다. 간혹 겉수수를 주기도 하는데 찧어먹으면 한 끼 먹을 양도 되지 않아 통째로 망에다 갈았다. 그러면 가루와 껍데기가 한데 섞여 양은 많아지나 껍데기가 목에 걸려 잘 넘어가지 않았다. 대체로 "돼지죽만 못한 범벅"을 만들었는데 이 역시 한 공기씩만 먹을 수 있어도 만족이라고 생각했다. 무말랭이도 한 움큼을 주고 며칠 먹으라고 하는데, 마을 사람들이 배고픔을 참지 못해 결국 만선척식회사 사람들을 두들겨 패는 일도 발생했다.[20]

겉보리나 유밀을 배급으로 주는 곳도 있는데, 정미기가 없어 디딜방아나 손절구로 찧으면 그 꺼풀이 그래도 남아 있게 된다. 밥을 해서 먹거나 죽을 쑤어 먹거나 그 꺼풀이 목에 걸려 삼키기가 힘들었다. 아이들이 힘들어 못 먹겠다고 울면, 어른들은 손찌검을 하기가 일쑤였다.

허상욱　집단이민부락 사람들은 누구를 막론하고 먹고 입는 것이 정말로 구차하기가 말이 아니었다. 먹는 것이란 보통 나물과 보드라운 겨, 도토리나 언 감자가루, 도토리묵, 나물을 넣은 콩죽이었다. 또 석탄가루가 섞인 수수쌀, 뜬 좁쌀, 대수 찧은 옥수수 등을 먹었는데 이것은 그래도 고급음식이었다. 고기라곤 혹시나 운수가 좋은 사람들이 덫에 치운 멧돼지나 옥노에

---

20) 서완석, 男, 1923년 강원도 금화군 김성면에서 출생, 1939년 안도현 영경향 태평툰에 집단이민을 옴.(김춘선 편, 『중국조선족사료전집』(역사편 이주사 11권), 연길 : 연변인민출판사, 2013, 98쪽.)

걸린 노루, 혹은 차꼬에 치운 꿩들을 요행 얻어먹는 것이었다. 사람들이 먹기조차 힘든데 짐승들을 키운다는 것은 생각도 하지 못했다. 60호 가운데서 개나 닭을 치는 집이 몇이 있었지만 그런 집들의 생활형편이 좀 나은 편이었다. 이런 것들만 먹으니 모두들 변비증에 걸려 대변을 보지 못해 울고불고 하였다. 정말 이런 정황을 곁들어서 "밑이 찢어지게 가난하다"는 말이 생기지 않았는지 모르겠다.21)

농사를 지어 수확이 되면 회사에서는 배급을 정지하고 출하를 받아갔다. 벼는 전부 몰수하고 다른 잡곡도 조금만 남겨놓고 전부 거두어갔다. 이유인즉 많이 남겨놓으면 항일부대가 빼앗아 간다는 것이다. 배를 굶지 않으려면 곡식을 감추는 방법밖에 없었다. 순사들이 때를 가리지 않고 집을 수색하기 때문에 웬만한 곳에 숨겨두면 발각되기 일쑤였다. 어느 집에 연기가 나면 곧바로 쳐들어가 가마를 열어보고 밥그릇을 뒤집어 보았다. 그래도 쌀이 보이지 않으면 쌀뜨물도 부어놓고 그 속에서 쌀알을 찾았다. 어떤 집에서는 쌀밥이라도 한 먹어보려고 변소나 소똥무지 밑에 벼를 숨겼다가 봄이 되면 파내서 먹기도 했다. 그러다 한 번이라도 순사들에게 발각되면 구치소에 잡혀가 큰 봉변을 당하게 된다. 무슨 '도적'이라니, "빨갱이한테 공급하련다"는 누명을 씌워선 호되게 때리지 않으면 가둬놓고 고문을 들이댔다. 위만주국시기 식량을 감추었다가 순사들한테 죽도록 얻어맞은 사람은 부지기수이다.

어떤 사람은 누룩을 만들었다는 죄 때문에 잡혀가기도 했다. 왕청현 요자구에 살던 신수길의 아버지는 밀을 빻아 가루는 먹고 그 꺼풀을 버리기

---

21) 허상욱, 男, 1930년 경상남도 의령군 대의면 중촌리에서 출생, 1938년 안도현 량병향 연통라자에 집단이민을 옴.(김춘선 편, 『중국조선족사료전집』(역사편 이주사 11권), 연길 : 연변인민출판사, 2013, 121쪽.)

아까워서 누룩을 잡아놓았다. 그런데 새벽에 경찰들이 그의 집에 양식을 들추러 쳐들어왔다. 그때 누룩을 발견하고는 다짜고짜로 경찰서에 끌고 갔다. 그의 아버지는 경찰서의 찬 콘크리트 바닥에 버려져 모진 매를 맞고 비인간적인 모욕을 당했다. 결국 경찰서에 출근하는 동네 처녀의 도움으로 일주일 뒤에 간신히 풀려날 수 있었다.[22]

일본사람들에게 곡식을 빼앗기고 나면 사람들은 나물과 겨, 도토리 등으로 배를 채워야 했다. 보릿고개를 넘기기 위해 집집마다 보리는 반드시 심었다. 보리이삭에 물이 들면 그 이삭을 잘라다가 솥에다 찌고 그것을 디딜방아에 찧으면 보리떡이 된다. 이 역시 별미에 속했다. 그래도 먹을 것이 없으면 사람들은 공출로 바치는 식량을 훔쳐 먹기도 했다. 공출한 곡식은 대체로 부락의 신작로에 쌓아두었는데 그 때면 사람들은 나무막대기로 마대를 찔러 알곡을 훔쳐갔다. 물론 경찰에게 발각되기만 하면 비참한 대가를 지불해야 했다.

먹는 일 못지않게 입고 자는 일도 집단이주민들에게는 힘든 나날이었다. 천과 솜이 귀했던 시절이어서 가족 구성원들이 제각기 이부자리를 펴고 자는 일은 거의 없었다. 이불은 한 가정에 많으면 두 채가 있었고, 한 채도 없는 가정이 상당수 되었다. 큰 이불 하나에 온 집식구가 누워서 그것을 덮고 자는데, 이쪽에서 당기면 저쪽 사람은 등이 나온다. 여인들은 이불 없이 가마 목에서 쪽잠을 자는데, 새벽이 되면 춥다고 아궁이에 불만 지폈다.[23]

---

22) 신수길, 男, 1933년 경상북도 경주군 강서면에서 출생, 1938년 왕청현 요자구에 집단이민을 옴.(김춘선 편, 『중국조선족사료전집』(역사편 이주사 11권), 연길 : 연변인민출판사, 2013, 579쪽.)

23) 리영원, 女, 1932년 충청북도 청주군 사주면 발산리에서 출생, 1939년 안도현 영경 립자구에 집단이민을 옴.(김춘선 편, 『중국조선족사료전집』(역사편 이주사 11권), 연길 : 연변인민출판사, 2013, 89쪽.)

웬만한 상점에는 천이 없고, 설사 파는 것이 있다 해도 이주민들은 돈이 없어 살 수가 없었다. 혹시 조선에 갔다 무명베나 얻어오면 그걸로 옷을 해 입었다. 어른들은 고향에 다녀올 때 옷을 크게 해 입고 와서 그것을 다시 뜯어 아이들에게 옷을 해 입혔다. 일본 사람들이 변경을 지키면서 천을 마음대로 가져오지 못하게 했기 때문이다. 가정 형편이 어려운 집에서는 여인들이 입을 옷이 없어 치마대신에 마대를 둘러 입는 경우도 간혹 있었다.[24]

1940년대에 들어서면서 일제는 조선 여인들이 치마를 입는 것조차 금지시켰다. 간혹 장마당에서 치마를 입은 여인을 발견하면 순경들은 달려가 주변 사람들이 쳐다보는 앞에서 치맛자락을 찢어버리고 일본식 몸뻬를 입으라고 으름장을 놓았다. 그러나 재미있는 사실은 1945년 일본제국주의가 투항하자 만주에 있던 일본사람들은 조선족 마을에 들어와 조선 사람들의 옷을 훔쳐 입고 도망쳤다고 한다.

사람들은 겨울이 아니면 신발을 거의 신지 않았다. 맨발로 다니다 보니 발바닥에 살이 배겨 아픈 줄도 몰랐다. 겨울이면 가정에서 삼은 짚신을 신었는데, 그것조차 쉽게 헤어지다 보니 아껴서 신었다. 간혹 학교에서 운동화를 나누어 주면 아이들은 보배 다루듯이 했다. 한 반에 60명의 학생이 있을 경우 20장 좌우의 신발표가 배급되는데, 어쩌다 순서가 돌아오면 아이들은 운동화를 얻어 신을 수 있었다. 그러면 헤어질까 근심이 되어 길에서는 안고 다니고, 학교에 등교해서야 신고 다녔다.[25]

---

24) 지창원, 男, 1934년 강원도 화천군 풍산면에서 출생, 1942년 안도현 소사하 양초툰에 집단이민을 옴.(김춘선 편, 『중국조선족사료전집』(역사편 이주사 11권), 연길 : 연변인민출판사, 2013, 415쪽.)

25) 신수길, 男, 1933년 경상북도 경주군 강서면에서 출생, 1938년 왕청현 요자구에 집단이민을 옴.(김춘선 편, 『중국조선족사료전집』(역사편 이주사 11권), 연길 : 연변인민출판사, 2013, 581~582쪽.)

3. 부역과 단속

만선척식회사에서는 집단이민들의 정착과정에 소요된 모든 비용을 빚으로 받아내고자 했다. 거기에는 기차를 타고 온 비용, 만주에 와서 집짓기와 소, 수레 등 생산도구를 대준 비용, 밭과 논의 개척비용과 그 땅값 등을 모두 계산하여 이민세대마다에 빚을 안겼다. 물론 자신들이 투자한 것보다 더 많이 계산했다. 따라서 집단이주민들은 만주 땅에 발을 들여놓는 순간부터 만선척식회사의 채무자가 되어 행동의 자유를 상실하고 이들의 감시와 착취를 받을 수밖에 없었다. 빚을 갚고 먹고 살기 위해서 이들은 다양한 부업에 종사해야 했고, 그 외에도 일제의 강압에 의해 온갖 부역에 나가야 했다.

부업이라 해봐야 부역과 다름이 없었다. 빚 때문에 연변의 많은 집단부락에서는 남성들이 겨울에 숯구이에 나서야 했다. 일제는 이들에게 기술자를 파견하여 숯을 굽는 방법을 가르쳤다. 보통 집집마다 숯가마 두세 개씩 운영하는데, 한 번 굽는데 약 일주일이 소요되었다. 이와 동시에 싸리를 베어다 볏짚을 섞어 숯을 담는 토리를 짜야 했다. 안도현의 경우 한 토리에 50근의 숯을 넣어야 하고 그것을 수레에 싣고 명월구까지 가서 바쳐야 했다. 토리당 단가는 5원에서 6원을 하며, 한 번에 약 20~30토리씩 바쳤다. 그러나 만선척식회사에서는 한 토리의 값만 현금으로 지급하고 나머지는 빚값으로 몰수해버렸다. 이 돈으로 수수쌀을 사면 한 가족이 2~3일밖에 먹을 수가 없었다.[26]

남성들이 숯을 구우면 여성들은 집에 앉아 가마니를 짜야 했다. 호당

---

26) 리교영, 男, 1924년 경상남도 합천군 가회면에서 출생, 1938년 안도현 명월구 도안구에 집단이민을 옴.(김춘선 편, 『중국조선족사료전집』(역사편 이주사 11권), 연길 : 연변인민출판사, 2013, 178쪽.)

해마다 가마니를 40장씩 바쳐야 하며, 이외에도 목화·아편 등도 바쳐야 했다. 만약 임무를 완성하지 못할 경우에는 경찰서에 잡혀가 큰 봉변을 당하게 된다. 안도현 소사하에서는 '봉사'라는 이름으로 봄에는 고사리를 바치고 가을에는 머루를 바쳤다. 당시 일제는 지금의 안도현 복만학교 자리에 송근유공장을 세웠다. 이들은 이주민들을 산에 몰아넣고 소나무뿌리를 캐게 했다. 소나무뿌리로 송근유를 짤 수 있는데, 일제는 석유 대용으로 쓰고자 했다.[27] 이런 송근유공장이 왕청현에도 만들어졌다.

이외에도 일제는 수요에 따라 집단부락을 단위로 각종 부역을 안겼다. 당시 로투구에 큰 탄광이 있었는데, 안도현의 거의 모든 집단부락에서는 사람을 차출하여 그곳에 가 석탄을 캐게 했다. 한 번 가면 약 3개월간 일을 하게 되는데, 어떤 사람은 몇 번씩 차출되기도 했다.

이주민들은 이외에도 마을 내부의 각종 부역에 시달려야 했다. 집단 이주민들이 가장 많이 했던 일이 바로 보초서기였다. 일제는 항일부대의 습격을 막고자 부락마다 자위단을 조직했다. 자위단원으로는 해당 부락의 젊은이들이 충당되었는데, 자의보다는 의무적으로 가입을 했다. 비록 일정한 군사훈련을 받았다고 하나 이들 대부분은 일반 백성과 크게 구별이 없었다. 만약 항일부대가 부락을 습격하게 되면 대부분의 자위단원들은 총을 내려놓고 숨어버리거나 아예 대문을 열어주는 경우도 있었다. 자위단원들의 주된 임무는 보초서기였다. 그런데 대문과 포대를 포함하여 보초설 곳은 많고, 게다가 몇 시간에 한 번씩 교대를 해주어야 하기 때문에 부락 안의 성인 남성들은 보초서기에 자주 동원될 수밖에 없었다.

이외에도 분주소 경찰의 주도하에 밤낮 없이 군사훈련을 시키는데, 이때

27) 구진우, 男, 1930년 충청북도 청주군에서 출생, 1940년 안도현 소사하에 집단이민을 옴.(김춘선 편, 『중국조선족사료전집』(역사편 이주사 11권), 연길 : 연변인민출판사, 2013, 79쪽.)

면 청년이던 노인이던 관계없이 제대로 하지 않으면 따귀를 안기고 폭언을 일삼았다.

지옥 같은 삶에서 벗어나고자 많은 이주민들이 위험을 무릅쓰고 도주를 선택했다. 만약 빚을 다 갚지 못한 상태에서 도주하다 잡히기만 하면 반죽음이 되도록 얻어맞았다. 그래도 식솔이 적은 집에서는 길에서 먹을 음식만 준비하고 모든 가정기물을 그대로 남겨둔 채 맨몸으로 도주하는 경우가 있었다. 실제로 안도현 남도툰의 경우 1939년에 99호가 집단이주를 왔는데 그 이듬해인 1940년에는 39호가 도주하고 60호만 남아있었다.[28] 일제가 제아무리 단속을 하더라도 생지옥을 벗어나고자 하는 사람들의 마음은 꺾을 수 없었다.

4. 항일부대

일제가 집단부락을 건설한 가장 큰 목적은 항일부대를 고립시키고 그들의 습격을 막고자 한 데 있었다. 그런데 중국공산당이 이끈 항일부대는 백성들로부터 식량과 기타 필수품을 공급받아야 일제와 싸울 수 있었다. 이 때문에 집단부락은 항일부대와 불가분의 관계를 맺을 수밖에 없었다. 이들의 관계는 대체로 항일부대의 무장습격으로 이루어진다. 비록 집단부락에는 경찰분주소가 있고 자위단이 있다고 하지만 이들의 힘으로 항일부대의 습격을 막는다는 것은 거의 불가능했다. 싸움이 시작되면 경찰들이 먼저 도망을 가고 자위단은 총을 놓고 투항을 하는 경우가 대부분이었다.

마을에 들어오면 항일부대는 주로 식량과 소금을 가져가며, 이외에도

---

28) 정해련, 男, 1927년 전라북도 무주군 부남면 장안리에서 출생, 1939년 안도현 안도촌 남도툰에 집단이민을 옴.(김춘선 편, 『중국조선족사료전집』(역사편 이주사 11권), 연길 : 연변인민출판사, 2013, 229쪽.)

만선척식회사에서 내준 소도 가져간다. 만선척식회사에서 내준 소는 뿌리에 도장이 찍혀있어 한 눈에 구별할 수 있었다. 그러나 개인들이 돈을 주고 구매한 소는 절대 다치지 않았다. 소에 관한 이야기는 집단부락에서 매우 많이 전해 내려오고 있다. 항일대원들은 이주민들에게 일제의 통치하에 언제 쇠고기를 먹어보겠는가고 말하고는 회사에서 내준 소를 총으로 쏴서 사살하고 그 고기를 마을 사람들에게 나눠주기도 했다. 항일부대 덕분에 살아 처음으로 쇠고기를 실컷 먹었다는 이야기가 지금도 곳곳에서 전해지고 있다.

식량을 포함한 여러 가지 물품을 운반하기 위해 항일부대는 마을을 떠날 때 장정 여러 명을 짐꾼으로 함께 데려가기도 했다. 물론 소도 함께 몰고 갔다. 훗날 이들이 오는 길을 찾지 못하도록 하기 위해 될 수 있으면 길을 에돌아 산 속으로 들어간다. 숙영지에 이르면 이들에게 함께 남아 항일투쟁에 참가할 것을 권고하나 강요하지는 않았다. 이들이 마을에 돌아오면 일본경찰들은 이들을 하나하나 심문한 후 다시 이들에게 짐을 지워 오던 길로 항일부대의 숙영지를 찾아가게 한다. 그러나 대부분의 경우 목적지를 찾지 못하고 같은 산을 몇 바퀴 에돌고 올 때가 많았다.

일제는 항일부대를 탄압하기 위해 일부 집단부락에 신설대라는 민간군사 조직을 만들었다. 신설대 대원은 당지의 포수 중에서 뽑으며 대체로 명사수가 많았다. 이들은 총을 잘 다룰 뿐만 아니라 인근 산 속 지형을 손금 보듯 꿰고 있었다. 이 때문에 일본군의 '토벌'작전 때 맨 앞에 투입되어 많은 항일대원을 살해하기도 했다. 신설대 대원들에게는 최신식의 보총이 지급되며, 이들은 평소에 일을 하지 않고 산 속을 누비면서 사냥을 하고 다녔다. 안도현 도홍촌 집단부락에는 전태경이란 신설대 대원이 있었는데, 그는 만주국 시기 일제로부터 8급 훈장까지 받았던 인물이다. 그러나 광복 이후 1947년에 있은 투쟁대회에서 친일행적으로 백성들에게 맞아죽었다.[29]

5. 강제징병

청년들은 징병대상에 선정되면 인근 훈련소나 징병단실에 들어가 일정 기간 군사훈련을 받고 다시 연길에 가서 신체검사를 마친 후 참군하게 된다. 훈련소에 들어가면 지옥에 들어간 것과 다름이 없다고 사람들은 당시를 회상하고 있다. 훈련 시 조금만 늦어도 몽둥이찜질을 당하게 되고, 한 사람이 착오를 범해도 전 대원들을 두 줄로 마주 세워놓고 '다이꼬벤또' 라 해서 서로 상대방의 따귀를 후려치게 했다. 강도 높은 훈련을 하고도 먹을 것은 늘 모자랐다. 그래서 일부 젊은이들은 기회를 봐서 슬그머니 인근 부락에 가서 밥을 빌어먹고 올 때면 누룽지를 얻어 가지고 오기도 했다. 물론 보초병에게도 조금 나누어주기도 했다. 연길현 복리툰의 한 훈련병은 변소에 숨어 누룽지를 먹다가 발각되어 죽도록 얻어맞았다.[30]

신체검사까지 합격되면 곧바로 일본군대에 입대하게 된다. 참군한 사람이 전쟁터에서 무사하게 돌아오길 바라는 마음에서 가족들은 '천인발'이란 수건을 만들어 선사했다. '천인발'이란 천을 찢어 네모난 수건을 만든 다음 그 위에 천 사람이 천 개의 매듭을 매다는 것이다. 그럼에도 많은 젊은이들이 일제가 일으킨 전쟁 때문에 소중한 목숨을 잃었다. 당시 도문시 정암툰에 살고 있던 성복수는 참군하는 오빠를 위해 '천인발'을 만들어 주었으나, 결국 전쟁터에서 오빠를 잃고 말았다.[31]

---

29) 구진우, 男, 1930년 충청북도 청주군에서 출생, 1940년 안도현 소사하에 집단이민을 옴.(김춘선 편, 『중국조선족사료전집』(역사편 이주사 11권), 연길 : 연변인민출판사, 2013, 81~82쪽.)

30) 최봉식, 男, 1921년 경상남도 함양군 마천면 강천리에서 출생, 1937년 연길현 봉녕촌 복리툰에 집단이민을 옴.(김춘선 편, 『중국조선족사료전집』(역사편 이주사 11권), 연길 : 연변인민출판사, 2013, 75쪽.)

31) 성복수, 女, 1930년 충청북도 청주군 북이면 하상리에서 출생, 1938년 도문시 정암촌에 집단이민을 옴.(김춘선 편, 『중국조선족사료전집』(역사편 이주사 11권),

6. 전염병

집단부락에는 전염병이 많이 돌았다. 당시에는 머저리병 또는 장질부사라 불렀는데, 일단 이 병에 걸리면 그 집에 새끼줄을 두르고 모든 사람의 출입을 금지시켰다. 전염성이 강해 한 사람이 걸리면 얼마 지나지 않아 온 가족 또는 온 마을에 퍼지게 된다. 병원이 없고 확실한 처방도 없기 때문에 사람들은 그저 죽기만 기다렸다.

광복 전에 안도현 도안구에서도 머저리병이 돌았다. 당시 진찬제의 집에는 모두 일곱 식구가 살고 있었는데 이 병으로 며칠 사이에 네 명이 목숨을 잃었다. 어른이 사망했을 때에는 그래도 관을 만들어 묻었으나 아이 둘이 연이어 죽는 바람에 진찬제는 그 타격을 이기지 못해 결국 정신이상에 걸렸다. 그는 막내아들이 죽자 울기는커녕 새끼줄로 주검을 묶은 후 질질 끌고 뒷산에 가서 버리고는 큰소리로 웃고 돌아왔다.[32] 어떤 마을에서는 사람이 죽으면 관을 미처 준비하지 못해 노전에 둘둘 말아 묻기도 하고, 겨울에는 심지어 눈장을 하기도 했다. 눈장이란 시체를 눈 속에 그대로 묻는 것을 말하는데, 이럴 경우 눈이 녹기도 전에 개들이 시체를 다 뜯어 먹어버리기도 했다.[33] 참으로 인간 지옥이 따로 없었다.

연길 : 연변인민출판사, 2013, 805쪽.)

32) 김동수, 男, 1913년 경상남도 합천군에서 출생, 1938년 안도현 명월구 도안구에 집단이민을 옴.(김춘선 편, 『중국조선족사료전집』(역사편 이주사 11권), 연길 : 연변인민출판사, 2013, 174쪽.)

33) 지창원, 男, 1934년 강원도 화천군 풍산면에서 출생, 1942년 안도현 소사하 양초툰에 집단이민을 옴.(김춘선 편, 『중국조선족사료전집』(역사편 이주사 11권), 연길 : 연변인민출판사, 2013, 416쪽.)

V. 맺음말

　결론적으로 집단이주민들은 감옥이 아닌 '감옥'에서, 지옥이 아닌 '지옥'에서 노예보다도 못한 삶을 살았다. 이들은 경제적으로는 만선척식회사에 구속되고, 정치적으로는 일제의 식민통치에 예속되어 있었다. 뼈 빠지게 일을 해서라도 만선척식회사에서 뒤집어씌운 빚을 갚아야 했고, 동시에 일제의 경제침략과 식민통치를 위해 자신들의 모든 것을 희생해야 했다. 이들이 바로 집단부락에 살았던 집단이주민들이었다.

　본고에서는 연변의 향토역사학자 리광평이 다년간 수집 정리한 구술사 자료를 바탕으로, 이국땅에서 만주국의 신민으로, 그리고 식민지 조선인으로 살았던 집단이주민들의 비참한 삶을 재구성해 보았다. 역사와 민족이라는 큰 틀에서 벗어나 한 가족의 가장으로서, 혹은 두 아이의 어머니로서, 혹은 김 아무개라는 이름으로 당시를 살았던 평범한 사람들의 일상을 통해, 우리는 역경 속에서도 보다 나은 삶을 추구하고자 끈질기게 노력했던 개개인들의 능동성에 경의를 보내는 동시에, 이들이 그런 삶을 살 수밖에 없었던 식민지배라는 구조적인 틀을 재확인할 수 있다.

참고문헌

김도형 외, 『식민지시기 재만조선인의 삶과 기억』, 서울 : 선인, 2009.

김춘선, 『중국조선족통사』, 연길 : 연변인민출판사, 2010.

김춘선 편, 『중국조선족사료전집』(역사편 이주사 11권), 연길 : 연변인민출판사, 2013.

북경대학 조선문화연구소, 『중국조선민족문화사대계 : 민속사』, 북경 : 민족출판사, 2000.

孫春日, 『中國朝鮮族移民史』, 北京 : 中華書局, 2009.

유필규, 「만주국시기 한인의 강제이주와 집단부락 연구」, 국민대학교 일반대학원 국문학과 박사학위논문, 2015.

鄭光日, 「日僞時期東北朝鮮族'集團部落'硏究」, 延邊大學世界史專業博士學位論文, 2010.

천수산, 『중국조선족풍속백년』, 심양 : 료녕민족출판사, 2011.

제7장 〈최고운전〉에서 〈최충전〉으로의 변이와 개작

유 광 수

I. 서론

소설을 창작할 때 작가는 자신의 의도에 따라 인물과 사건을 조직하고 서사를 구성한다. 그 목표를 효과적으로 드러낼 최적의 방법을 모색하고 고심하여 이야기를 창작한다. 그러나 일단 작품이 작가의 손을 떠나면 그런 의도와는 별개의 텍스트가 되고 만다. 독자가 작가의도에 동의하거나 반대하는 수용적 편폭이 존재함은 물론이고, 텍스트를 오독·오해하는 경우까지 그 양상이 다양하다. 때로는 텍스트가 지닌 메시지를 불편하게 여긴 일부 독자가 내용을 바꾸려는 시도를 하기도 한다. 고소설은 경전(經典)과 달리 권위 있는 텍스트도 아니기에, 그런 교정·개작의 시도를 부정적으로 여기지 않았다. 오히려 '잘못된 것'을 '바르게 고쳐 세운다'는 떳떳한 의식까지 가질 수 있었다. 이런 적극적 의미의 개작은 저작권 개념의 발생과 출판을 통한 이윤 획득이라는 외적 요소가 고소설 유통에 개입하기 전까지는 쉽게 일어났다.

저작권과 이윤획득이란 요소가 끼어들기 이전의 고소설 유통은 주로 필사에 의해 이루어졌다. 필사는 텍스트의 변이가 상대적으로 쉬운 매체였다. 필사하다 빚어지는 소소한 실수나 오류를 고치고 결락된 것을 보충해

넣는 것은 일반적으로 이루어지는 행위였다. 자신이 원작자는 아니지만 텍스트의 완결미를 더하기 위한 행동으로 스스럼없이 이루어졌다. 하지만 이런 변이가 몇 번에 걸친 전승을 통해 누적되면, 선의로 행한 오류 교정이나 보결 행위가 오해를 빚어내 텍스트를 엉뚱한 내용으로 바뀌게 하는 경우가 발생할 수도 있다. 이런 비의도적인 변이는 긍정적인 것은 아니지만 불가피한 측면이 있었다. 그런데 처음부터 적극적인 의도에서 텍스트를 바꾸려고 손을 대는 경우가 있는데, 특히 한문으로 된 텍스트를 한글 텍스트로 번역할 때 그런 일이 더 많이 생겼다.[1]

이렇게 후대의 독자인 필사자가 의도적으로 텍스트를 변개하는 이유는 텍스트가 담고 있는 내용에 대한 불만 때문일 가능성이 높은데, 이런 적극적 개작으로 인한 변이는 의미 있게 주목해야할 부분이다. 왜냐하면 원작 텍스트의 의도에서 벗어난 이본 텍스트가 출현해도 독자들은 그런 총체적 상황에서 해당 텍스트를 수용하는 것이 아니기 때문이다. 텍스트들이 표명하고 있는 작품의 제명(題名)이 같을 경우, 독자들은 '같은 작품을 읽었다'고 생각하지, '다른 작품을 읽었다'고 생각하지는 않는다. 독자들은 자신이 읽은 텍스트를 통해 해당 작품의 가치와 의미를 고정하게 되는데, 의도적 개작이 이루어진 텍스트가 해당 작품군에 끼어있을 경우, 독자들은 서로 다른 가치를 지닌 텍스트를 읽고도 같은 작품을 읽었다고 생각하게 되는 것이다. 특히 상이한 가치를 지닌 텍스트들을 두루 향유하기 어려운 장벽이 있을 경우, 그런 고정된 생각은 변하기 쉽지 않다.[2]

---

1) 권혁래, 「조선조 한문소설 국역본의 존재 양상과 번역문학적 성격에 대한 시론」, 『동양학』 36, 단국대학교 동양학연구소, 2004, 1~25쪽 참조.

2) 이런 장벽은 언어체계의 차이 또는 지역적 격리로 인해 발생하게 된다. 한문본과 한글본은 같은 작품이긴 해도 그 지향이 다를 때, 한문본을 향유하기 어려운 평민층에서는 한글본만으로 해당 작품의 의미지향을 이해하고 수용하게 될 수밖에 없는 경우가 그렇다. 또, 본고에서 주목하는 것처럼 조선과 떨어진 일본에서만 유통되는 텍스트를 수용할 경우, 다른 텍스트를 수용할 수 없었던 일본인들은

개작 수준으로 텍스트를 바꾸는 필사자의 의도는 개인적 이유에서 출발했겠지만, 그 개작 텍스트가 당대에 널리 퍼졌다면, 그리고 지속적으로 영향력을 행사했다면, 그 개작의도에 주목할 필요가 있다. 개작 텍스트가 오랫동안 널리 유통되었다면, 개작자와 후대 독자들이 서로 공유하는 가치와 문화적 기반이 비슷하다는 것을 의미하고, 독자의 심미적 취향과 지향이 당대 문화지형에서 벗어나지 않았음을 시사하기 때문이다. 즉, 최초 개작자는 자신의 개인적 판단으로 개작을 시도했겠지만, 그가 그렇게 판단하고 생각하고 의미를 둔 가치가 결국 그가 사는 당대의 문화적 사회적 상황에 따라 판단한 것이기에, 비슷한 문화지형에서 사는 주변의 또는 후대의 다른 이들에게도 쉽게 받아들여졌던 것이다. 또한, 최초의 개작 텍스트가 권위적인 텍스트로 전파될 경우, 이 개작 텍스트의 유통은 아비튀스(Habitus)를 형성하여 후대 독자들의 문화지형에 결정적인 의미망을 형성하게 할 수도 있다.[3]

이렇게 원작의 의미지향과는 다른 개작된 텍스트의 면모를 살펴보는 것은 당대 문화지형을 가늠해볼 수 있다는 점과 독자들의 심미적 지향에 영향을 미치는 측면을 탐색할 수 있다는 점에서 의미 있는데, 고소설에서 이런 논의에 적합한 것이 <최고운전>과 <최충전>의 관계라고 생각한다.

<최고운전>은 16세기 조선에서 창작된 고소설이다.[4] '崔文獻傳', '최고

그 텍스트의 의미지향만을 일방적으로 수용할 수밖에 없게 된다.

3) 부르디외는 교육을 문화적 취향에 따른 재생산의 고착화에 기여하여 아비튀스(Habitus)를 재생산하여 계층간의 불평등한 관계를 영속화하는 과정이라 보았다. 즉 교육은 사회질서의 위계화를 내재화시키며 지배계급의 지배와 기득권을 정당화시키고 이런 불평등한 문화사회적 구조를 고착화하고 은폐함으로써 지배계급에 의해 정의된 문화를 주입시키는 상징폭력(Violence symbolique)을 행사하는 기제라고 본 것이다. 삐에르 부르디외, 최종철 옮김, 『구별짓기 : 문화와 취향의 사회학』, 새물결, 1995, 11~29쪽 ; 현택수, 「아비튀스와 상징폭력의 사회비판이론」, 현택수 외, 『문화와 권력』, 나남출판, 1998, 101~120쪽 참조.

4) 김현룡은 고상안의 『效矉雜記』 근거를 통해 <최고운전>이 1579년 이전에 창작되

운전', '최치원전' 등으로 다양하게 불리며5) 후대로 전승·유통되면서 많은 필사본들을 남겼고6) 20세기 초에는 활판으로 인쇄되기까지 했다. 그동안 <최고운전> 이본에 대한 연구는 꾸준히 진행되어 왔다.7) 이본 계열을 세부적으로 넷8) 또는 다섯9)으로 나누기도 했지만, 대체적으로 '한문필사본 → 한글필사본→ 한글활판본'으로 변해 온 것으로 논의가 모아졌다. 내용적 차이에 대해서도 비교·대조 연구가 있었지만 그 차이의 동인에 대해서는 크게 주목하지 않았는데, 한문본이 한글본으로 바뀌면서 일어난 개작에 대해서 여성의 능동적 역할이 강조되고, 화해적 세계관으로 바뀌었으며, 행복한 결말을 추구하게 되었다는 분석10) 외에는 별다른 논의가 진행되지

없음을 밝혔고, 박일용은『話東人物叢記』를 근거로 1392년 이전으로 비정했다. 현재로서는『話東人物叢記』의 위작 문제가 있기에 1392년 이전 창작설에 대해서는 어느 정도 유보해야겠지만, <최고운전>이 적어도 1579년 이전에 창작된 것은 분명한 것 같다. 김현룡,「「崔孤雲傳」의 形成時期와 出生談攷」,『고소설연구』4, 한국고소설학회, 1998, 1~28쪽 ; 박일용,「<최고운전>의 창작 시기와 초기본의 특징」,『고소설연구』29, 한국고소설학회, 2010, 85~115쪽 참조.

5) <최고운전>, <최치원전>, <최문헌전> 등 여러 題名이 있지만 이 작품군 전체를 이를 때는 가장 일반적인 '<최고운전>'으로 통일해서 부르기로 하고, 구체적인 해당 텍스트를 지칭할 때는 그 텍스트의 題名을 사용하기로 한다.

6) 현재까지 확인된 이본은 31종으로 한문필사본 15종, 한글필사본 8종, 한글활판본 8종이 있다. 권택경,「「최고운전(崔孤雲傳)」 연구」, 한국교원대학교 박사논문, 2006, 14~27쪽 참조.

7) 정병욱,「최문헌전(崔文獻傳)에 대하여」,『한국고전의 재인식』, 홍성사, 1979, 269~278쪽(「崔文獻傳紹介」,『庸齋 白樂濬博士 還曆記念 國學論叢』, 1955의 재수록) ; 윤영옥,「崔孤雲傳攷-「嶺南大學本」紹介를 兼하여」,『영남어문학』3, 1976, 5~20쪽 ; 성현경,「「崔孤雲傳」 연구」,『韓國小說의 構造와 實相』, 영남대학교출판부, 1989, 280~298쪽 ; 민영대,「崔忠傳 異本研究」,『한남어문학』7·8, 한남대국어국문학회, 1982, 17~50쪽 ; 이혜화,「崔孤雲傳의 形成背景研究-異本攷를 兼하여」, 고려대 석사논문, 1984, 1~142쪽 ; 한석수,「崔致遠傳承의 研究」, 계명문화사, 1989, 37~72쪽 ; 권택경, 앞의 논문, 2006, 14~129쪽 참조.

8) 이혜화를 시작으로 한석수, 이종필의 경우가 여기에 속한다. 이혜화, 앞의 논문, 1984, 1~142쪽 ; 한석수, 앞의 책, 1989, 37~72쪽 ; 이종필,「<崔孤雲傳>의 초기 소설사적 의의에 관한 연구」, 고려대 석사논문, 2006, 8~10쪽 참조.

9) 권택경, 앞의 논문, 2006, 14~129쪽 참조.

못한 상황이다. 실제로 <최고운전>의 한문본이 한글본으로 바뀌며 어느 정도 변이가 발생했지만 그것은 '개작'이라 부를 정도로 의도적인 변이는 아니었다.11) 그러나 <최충전>이란 제명의 한글본들은 의도적 개작이라 할 정도의 변이 양상을 보이고 있는데, 한문본은 물론 다른 한글본과도 차이가 크다. 현재로서는 누구인지 모르나, 최초로 <최충전>을 제작한 이는 분명한 개작 의도를 지니고 있었음이 분명해 보인다. 특히 <최충전>은 일본과 관련이 깊은데,12) 조선어 역관을 양성하기 위한 조선어 교재로 사용되었다는 점은 밝혀졌으나13) 그 내용이 의도적으로 바뀌었다는 점은 주목하지 않았다. 그러므로 <최고운전>과 <최충전>의 거리를 가늠한다면 원작자의 작가의식과 개작자의 개작의식이 어떤 지점에서 차이가 극명하고 왜 그런 차이를 보이는지에 대해서는 분명히 알 수 있을 것이다.

이에 본고에서는 <최고운전> 원작에 해당하는 이본과 <최충전>의 대비를 통해, 원작을 의도적으로 변이시킨 후대 개작자의 의도를 분석하고 그 방법과 개작 이유, 그리고 개작 결과 <최충전>이 갖게 된 의미를 살펴보고자 한다. 나아가 당대 문화지형과 아비튀스 입장에서 원작을 변이시킨 개작자의 의도를 살펴보도록 하겠다.

---

10) 정출헌, 「<최고운전>을 통해 읽는 초기 고전소설사의 한 국면」, 『고소설연구』 14, 한국고소설학회, 2002, 31~62쪽 참조.

11) 이에 대해서는 한석수, 앞의 책, 1989 참조.

12) '최충전'이란 제명을 지닌 이본들은 모두 일본에서 전승되었다. 현재까지 알려진 아스톤본과 활판본 외에도 와세다(早稻田)대학 핫토리문고(服部文庫)에 1종, 도쿄(東京)대학교 도서관 오구라문고(小倉文庫)에 1종, 규슈(九州) 沈壽官 집안에 1종, 교토(京都)대학 언어학연구실에 1종의 필사본이 더 있다. 이런 <최충전> 이본적 성격과 텍스트 간의 관계와 계통에 대한 종합적 검토가 완료되었으나, 이에 대한 구체적인 논증은 본고의 목표인 '<최고운전>에서 <최충전>으로의 변이와 개작'이란 범위를 넘으므로 후속 연구로 미룬다.

13) 정병설, 「18·19세기 일본인의 조선소설 공부와 조선관」, 『한국문화』 35, 서울대 규장각 한국학연구원, 2005, 27~35쪽 참조.

Ⅱ. 개작 양상

<최고운전>이 <최충전>으로 개작된 양상을 살펴보기 위해서는, <최충전>이 작가 원본을 얼마나 바꾸었는지를 살펴야한다.[14] 현재 <최고운전>의 작가 원본은 남아 있지 않으므로, 상대적으로 더 오래되었을 것으로 판단되는 한문본 중 선본(先本)인 <崔文獻傳>을 대본으로 삼고,[15] 다른 이본들을 참고하여 <崔文獻傳>만의 특정 화소나 서술이 비교에 포함되지 않도록 하면 원본에서 그리 크게 벗어나지 않을 거라 상정할 수 있다. <최충전>의 경우는 서로 큰 차이가 없으므로, 현재 가장 널리 알려진 아스톤본 <최충전>을 비교대본으로 삼기로 한다.[16]

---

14) <최충전> 개작자가 原本을 대상으로 개작한 것은 당연히 아닐 것이다. 그가 입수할 수 있었던 어떤 텍스트를 대상으로 바꾸었을 것이다. 그러므로 정확하게는 개작자가 접했던 텍스트를 대상으로 하는 것이 옳다. 그러나 현재 그 텍스트가 남아 있는지를 떠나 그 텍스트를 찾는 것은 지난하다 못해 불가능할 수도 있다. 다만, <최충전>을 제외한 다른 이본들은 모두 <최충전>과는 다른 의미지향을 지니고 있고 또 그런 양상이 모두 동일하다. 이를 보면 조선에서 유통된 이본들은 원작자의 가치를 변이시키지 않는 전승이 이루어졌다고 할 수 있다. 그러므로 원작에 가장 접근한 가치지향을 보이는 텍스트를 <최충전>과의 비교 텍스트로 상정해도, <최충전> 개작자가 접했던 텍스트의 가치지향과 크게 차이나지 않을 것이라 상정할 수 있다.

15) 겉장이 인멸된 한문단편집을 발굴한 정병욱은 이를 金集(1574~1656)이 필사한 것으로 판단했다(정병욱, 앞의 논문, 1955의 재수록). 정병욱이 입수한 소위 『신독재수택본전기집』에 수록된 <崔文獻傳>은 마모되어 결락된 부분이 있어, 본고에서는 정학성이 교감해 활자화하고 번역한 것을 대본으로 사용하고(정학성, 『역주 17세기 한문소설집』, 삼경문화사, 2000, 57~127쪽) 인용문 끝에 쪽수만 밝히고, 본문에 서술과 같이 인용할 때는 괄호 안에 원문을 인용하는 것으로 한다.

16) 인용은 아스톤본의 해당 장과 쪽수를 인용문 끝에 밝히겠다.

1. 최충의 위상 강화

<최충전>으로 개작되면서 가장 두드러진 변화는 아버지 최충의 위상이 현격하게 높아졌다는 점이다. 이는 제명이 '崔忠傳'인 것에서부터 명시적으로 드러낸 입장이다. 두 텍스트의 첫머리를 보면 이런 점이 분명하게 드러난다.

최치원의 자는 고운으로 신라 사람이다. 문창령 충의 아들이다. 처음에 신라왕이 최충을 불러들여 문창령을 임명하니 충은 집에 돌아와 먹지도 않고 울었다. 그 처가 이유를 물었다. "당신은 소문을 못 들었소? 문창령이 되어 아내를 잃은 자가 십수 명을 헤아린다고 들었소. 나도 이런 변을 당하지 않을까 두려워서 우는 것이오." 하니 아내 또한 걱정과 번민으로 열흘을 먹지 못했다. 열흘쯤 지난 뒤에 가속을 이끌고 문창에 당도하였다. 이에 충은 곧 마을의 父老들을 불러, "이 고을에서 아내를 잃는 변괴가 있다고 하니 과연 이러한 변이 있는가?" 하니, "있습니다." 하고 대답하는 것이었다. 충이 이에 더욱 두려워하여 매양 고을에 딸린 계집종들로 하여금 함께 그 아내를 지키게 하고 자신은 밖에 나가 직무를 다스렸다.(崔文獻傳, 57~58쪽)

녜 실나 시절의 최튱이라 ᄒᆞᄂᆞᆫ 명ᄉᆞ이시되 홍문거족이오 ᄌᆞ조 유여ᄒᆞ나 늙도록 급제를 못ᄒᆞ고 한ᄉᆞ로 울 〃이 지내더니, 마ᄎᆞᆷ 나라히 녜 ᄌᆡ상의 후예라 ᄒᆞ여 문챵령을 ᄒᆞ이시니, <u>문득 즐겨 아니ᄒᆞ거늘</u> 그 실ᄂᆡ 고이히 너겨 그 연고를 무른딕, <u>최튱이 침음부답ᄒᆞ다가</u> 니ᄅᆞ되 "드르니 문챵 고을의 괴이ᄒᆞᆫ 변이 잇셔 가는 원마다 그 실ᄂᆡ도 일코 과년ᄒᆞᆫ 녀식도 일ᄂᆞᆫ다 ᄒᆞ니 <u>아모리 벼슬이 됴타 니르ᄂᆞᆫᆯ</u> 그런 흉ᄒᆞᆫ 곳의 가리오. 벼슬을 글고져 흐나이다." 실니 글오디 "과연 올흘진디 대정흐여 글녀니와 또흔 혜아리건대 온갖 일이 니 밧긔 일이 업스니 귀신이란 것시 사롬을 알히면 단명흔 쟈는 이긔지 못하여 죽는다 흐거니와 육신을 앗사간단 말은 실노 아지 못흐여이다. 우리 늙기야 계유 벼슬흐니 죠션의 긔업을 니어 문호의 빗날가 브라더니 이직 글고 또다른 벼슬을 브라지 못흘 것이오, 이곳을 저마다 염피흐는지라 됴정이 뭇춤내 그라쥬지 아니흐면 엇지 흐리잇가." 최튱 왈 "졍이 일노써 근심흐나이다." 실니 닐으되 "스직흐여 죵시 듯지 아니흐거든 그 고을의 가셔 쳡이 흔 계교 잇스오니 근심 마르쇼셔." 흐더라. 최튱이 여러 번 스직흐되 나라히 듯지 아니흐시매 마지 못흐여 가게되니 그 실니를 두고 가고져 흐나 무즈식흔 부인이라. 금슬이 즁흐여 일시를 써나지 못하난지라. 마지 못흐여 권실흐게 되니 그 실니 긔특흔 계교를 졍흐엿난지라. 퇴일 발힝흐여 문챵현의 니르러 교인흔 후의 하리를 분부흐여 홍사를 거두워드리라 흐여 무슈히 길게 니어 흔긋틀 실니 몸의 미고 잇더니 (최충전, 1앞~2뒤)

　서두부터 <崔文獻傳>은 최치원에 초점이 있고, <최충전>은 제명처럼 최충에 맞춰져 있다. <崔文獻傳>에서 최충은 무능하고 한심하다 못해 비열하게까지 여겨진다. 문창령을 제수받자 "먹지도 않고 울기만"하는데, 그 모습은 <최충전>에서처럼 부임하지 않을 것까지 포함한 고민이 아니라, 부임한다는 것이 전제된 울음으로, 자신의 처를 뺏길지도 모른다는 불안 때문이다. 이는 자기 처에 대한 사랑과 애정 문제가 아닌, 제 위신과 지위가 훼손될지도 모른다는 것에 대한 불안이다. 그는 처를 두고 혼자서 부임할 생각은 하지도 않는데 이는 처가 사라질 것을 두려워해 홀로 부임하는 졸장부로 비쳐지는 것을 염려해서 그랬을지도 모른다. 문창현에 부임하자마자 부로들을 모아놓고 부인이 사라지는 그 사실을 묻고 전전긍긍하는 것이 바로 그런 모습의 일단이다. 아무리 좋게 보아도 <崔文獻傳>의 최충은 옹졸하다는 인상을 떨칠 수 없는데, 이는 최충의 부인이 남편의 말을 듣고 걱정과 번민에 빠져 열흘을 먹지 못하는 것에서도 드러난다. 그녀는 자신이 잡혀갈지도 모른다는 두려움뿐만 아니라 그 일이 피할 수 없는 운명처럼 다가온다는 절망감에 사로잡힌 것이다. 최충은 "두렵다[恐]"고 했지만, 부인은 거기에 "걱정과 번민[憂悶]"까지 더해진 것이다. 어쨌든 잡혀갈 것은 자신이고 남편은 도무지 그 문제를 해결할 능력이나 기미가 보이지 않기 때문이다. 그래서 부인은 후일 금돼지에게 잡혀갔을 때, 남편 최충이 지하세계에 나타나자 눈물을 흘릴 수밖에 없었고, 그 눈물이 남편 최충의 세계로 다시 돌아갈 것인가에 대한 미묘한 망설임의 의미를 담고 있는 것으로 읽힐 수 있었던 것이다.17) 이렇게 <崔文獻傳>의 최충은 옹졸하다 못해 무능하고 비열하게 여겨지기까지 한다.

하지만 <최충전>의 최충은 전혀 그렇지 않다. 일단 최충이 울지 않는다. 처를 문창현으로 데려가는 문제도 "그 실니를 두고 가고져 ᄒ나 무ᄌ식ᄒᆫ 부인이라. 금슬이 즁ᄒ여 일시를 쎠나지 못하난지라. 마지 몯ᄒ여" 데려가게 되는 것처럼 그녀를 배려하는 자상함이 먼저 드러난다. 무엇보다 최충이 문창현에 부임하게 되는 것은 벼슬하고 싶다는 자신의 이기심 때문에 부임하는 것이 아니란 인상이 지배적이다. 최충이 대대로 명문거족이었고 늙도록 벼슬을 하지 않았는데 왕이 문창령을 제수했다는 사실이, 최충이 그 자리를 "ᄉ직ᄒ려" 하면서 "즐겨 아니ᄒ"는 태도를 보이는 것을 통해 새롭게 이해된다. 즉 최충이 무능해서 벼슬을 하지 못한 것이 아니라, 재야에 명망 있고 지조 있는 명사로서 안분지족한 삶을 살고 있었던 것으로

---

17) 이렇게 두 세계 사이에서 최충의 처가 갈등하는 문제에 대해서는 최기숙의 해석이 있다. 최기숙, 「권력담론으로 본 최치원전」, 『연민학지』 5, 연민학회, 1997, 53~105 쪽 참조.

읽힌다. 그래서 그는 <崔文獻傳>의 최충과 달리 벼슬에 연연하지 않는다. 그에게 있어 중요한 것은 벼슬이 아니라 소신이고 절개이며 분명한 가치에 기준한 올바름이기 때문이다. 그가 벼슬을 사임하려고 여러 번 주청하고, '마지못해' 부임하게 된다는 것을 거듭 강조해 서술한 것에서 이런 점을 분명하게 드러낸다.

<최충전>의 최충이 문창현에 부임하게 되는 이유는 부인이 타당한 논거를 들어 남편에게 권유했기 때문이다. 부인은 자신에게 변괴가 닥칠 수 있다는 점을 알면서도 적극적으로 남편을 설득한다. 부인의 논지는 셋으로 요약된다.

① 세상 모든 일은 理에 의해 벗어나는 것이 없다. 귀신이 육신까지 납치하는 것은 있을 수 없다. (있다 하더라도 내게 계책이 있다.)
② 벼슬하는 것은 조상의 기업과 문호를 빛내는 일이다.
③ 다른 사람들이 문창 고을 부임을 피하고 있어서, 조정에서도 바꿔주지 않을 것이다.

두 번째부터 보면, 부인은 비록 처사로 지조 있게 사는 것도 중요하겠지만 가문을 빛내는 것도 중요하다는 사실을 지적한다. 벼슬하는 것은 자기 개인의 창달 때문만이 아니라, 조상에 대한 보답이자 의무라는 지적이다. 이는 최충이 쉽게 무시할 수 있는 것이 아니다. 세 번째 말인, 문창현은 다른 사람들이 부임을 꺼려하는 곳으로 조정에서 골치 아픈 문제로 있는 곳이란 부인의 지적은 벼슬하는 것이 최충 개인의 문제만이 아니라 사회적, 국가적 문제란 점을 강조한 것이다. '다른 사람들이 꺼려하는 그런 골치 아픈 곳이기에 나라에서 당신처럼 은거하고 있는 인재를 불러서 해결하려는 것이 아니겠어요?'라는 말로 들린다. 부인의 이 말은 이후 서사에서 구체적으로 뒷받침되어 나타난다. 최충이 "여러 번 스직ᄒ"려 하지만 조정이 허락하지 않는다는 것은 그가 적임자란 의미를 내포하는데, 정말 문창현으로 부임한 최충은 조정의 바람대로, 과단성 있고 신속하게 문창 고을의 오래된 변괴를 단숨에 해결하게 된다. 귀신이 몸까지 납치한다는 것은 이치에 옳지 않다는 부인의 첫 번째 말은 결과적으로 틀렸다 해도, 성리학적 근거에 기반을 둔 그녀의 언술을[18] 최충은 부정하기 힘들었을 것이다. 더욱 부인이 '계책'이 있다고까지 말하는 상황에선 더욱 그러했을 것이다. 이렇게 <최충전>의 최충은 <崔文獻傳>과 달리 완전히 다른 인물로 그려진다. 떳떳하고 사리가 분명하며 능력 있는 인물로 형상화된다.

부인의 계책은 붉은 실로 몸을 묶는 것이었다. 상당히 미온적인 이 방법으로 자못 어리석게까지 여겨진다. 그런데 그 계책을 <崔文獻傳>에서는 최충이 내는 데 반해 <최충전>에서는 부인이 낸다. 그래서 <최충전>에서는 최충의 한심스러움이 사라지면서 개연성이 높아진다. '육신을 납치해 가는 귀신은 없다'는 인식이 틀렸고, 그 계책이란 것도 한심스러울 정도인데 이런 모든 것이 '여성'인 부인이 '먼저' 제시했다는 것으로 통해, 틀렸어도 그리고 그 틀림으로 인해 부인 자신이 납치되어 가는 문제가 일어나게 된 것이기 때문이다. 그럼으로 인해 이 모든 변괴에 대한 비난의 화살이 최충에게 돌아오지 않게 되었다. 오히려 최충은 부임하지 않으려고 거듭 사임하려 했는데 부인이 '가문을 빛내야 한다'고 말했고, 나서지 않으려 했는데 '나라의 문제를 능력 있는 당신이 해결해야 한다'고 설득했으며, 변고가 일어날지 모른다고 염려하는 것에 대해 '육체를 납치해가는 귀신은

---

18) 성리학에서 鬼神은 천지만물의 법칙에 따라 움직이는 조화의 자취로 생각했다[鬼神者造化之迹也]. 理가 운행하는[往者爲鬼 來者爲神 屈者爲鬼 而伸者爲神也] 것이므로 그 형체와 자취가 있을 수 없었다고[妙用造化之無迹者 如運用而無方 變化而莫測是也] 보았다. 그러므로 귀신이 육신을 뺏어간다는 것은 있을 수 없다는 부인의 말은 성리학적 이치상 옳다고 하겠다. 『近思錄』 권1 道體類 참조.

없으며 자신에게 계책이 있다'고 말했다. 그래서 결국, 모든 잘못은 부인의 판단 착오에서 빚어진 것으로 여겨지게 된 것이다.

그래서 금돼지에게 잡혀간 부인을 구출해 오는 장면도 <최충전>의 최충이 훨씬 더 강하게 영웅성이 부각된다. 즉, 최충은 부인의 잘못된 판단과 계책을 신속하게 바로 잡는 행위를 즉각적으로 수행하는 것이다.

(부인이 사라지자 계집종들이 – 인용자) 크게 놀라 뛰쳐나가 충에게 아뢰니 충은 놀랍고 두려운 마음을 스스로 이기지 못하였다. 이에 앞서 충은 붉은 실을 아내의 손에 잡아맨 뒤에 밖으로 나와 그 직무를 다스리곤 했다. 아내를 잃게 되자 縣吏 이적과 더불어 붉은 실을 찾아가니 관아 뒤쪽 일악령 바위 골짜기 아래 이르렀으나, 다만 험준하고 막혀서 들어갈 수 없었다. 충이 아내를 부르며 통곡하니 이적이 꿇어앉아 위로하며, "부인이 이미 사라졌는데 통곡은 해서 무엇 하시겠습니까? 듣자하니 古老들이 '이 바위 틈이 밤이 되면 절로 열린다' 합니다. 공께서는 우선 읍으로 돌아가셨다가 밤이 되기를 기다려 이곳에 와 보시는 것이 좋을 듯합니다." 하였다. 충이 그 말대로 고을에 돌아가 밤이 되기를 기다렸다가 일악령의 바위 사이에 닿으니 촛불 비치는 빛이 있는 듯하였다. 가서 살펴보니 과연 바위 틈이 절로 열렸다. 충이 곧 기뻐하며 마침내 바위 틈으로 들어가니 땅이 넓고도 기름지며 기이한 꽃과 무성한 숲에 세상에서 볼 수 없는 새들이 꽃 사이에서 지저귀고 있었다. 충은 크게 탄식하며 이적을 돌아보고 말했다. "세상에 어찌 이런 곳이 있으랴? 반드시 신선이 사는 곳일 것이다." 하고는 마침내 동쪽으로 가 오십 걸음 정도 이른 곳에 큰 집이 한 채 있는데 매우 장려하여 마치 천궁의 자미전과도 같았다. 충은 그 음악 소리를 들으며 가만히 꽃 사이로 들어가 창 밖에 기대 들여다보니 금색 도야지가 아내의 무릎을 베고 용문석에서 잠을 자고 있었으며 아름다운

여인 몇 천 명이 늘어서서 그 뒤를 둘러싸고 있었다. (崔文獻傳, 58~59쪽)

    (부인이 사라졌다는 소식을 종들이 말하자–인용자) 최튱이 이 말을
듯고 대경실싴ᄒ여 공ᄉ를 떨치고 급히 이러 젼도히 드러가 보니 관연
실ᄂ난 간듸 업고 홍사만 졍즁의 느러졋더라. 최튱이 망극ᄒ여 실셩통곡ᄒ
다가 하리를 불너 의논ᄒ여 왈, "이 요변을 뉘 알니오. 다만 홍ᄉ느러
간 곳을 ᄎ즈리라." ᄒ고 <u>하리 즁 용력과 지식이 ᄀ즌 아젼 니젹을 ᄃ리고
검극을 쥐고 홍ᄉ를 좃차 가니 북악산 샹봉의 ᄒ 큰 바회 틈으로 그 홍ᄉ
드러갓거날, 크게 깃거 살펴보니 큰 돌노 문을 다닷거날 니젹으로 그
돌을 물니치고 깁피 드러가니</u> 문득 일월이 명낭ᄒ여 별건곤이라. 화각이
녕농ᄒ여 문호ㅣ 엄슉ᄒ되 인젹도 업고 새 즘셩도 보지 못ᄒ너라. 문안의
드러가 ᄀ마니 창밧긔 셔ᄲ 동졍을 살피며 창틈으로 엿보니 졀듸가인
슈십이 좌우의 버러 안잣난듸 실ᄂ난 가온듸 안잣고 ᄒ 금돗치 실ᄂ의
무릅흘 베고 누어 머리의 니를 잡피거놀 (최충전, 3앞~뒤)

    <崔文獻傳>에서 실을 따라 가다 바위에 막혀 사라지자 통곡하는 졸렬한
모습의 최충이 <최충전>에서는 "공ᄉ를 떨치고 급히 니러"나 용력과
지혜가 있는 아전 "니젹을 다리고 검극을 쥐고 홍ᄉ를 좃차"가고, 실이
바위틈으로 들어간 것을 보고 과감하게 "그 돌을 물니치"게 하고는 곧바로
쳐들어가는 과단성 있는 모습으로 바뀌었다. 또 <崔文獻傳>에서 지하대적
의 소굴을 "반드시 신선이 사는 곳일 게(必神仙地之也)"라며 자신의 소임을
망각한 듯한 탄성을 지르는 어리석은 모습 같은 것은 <최충전>에는 없다.
고로(古老)들의 말을 전해 듣고 밤에 다시 돌아오는 장면도 없고, 부인이
금돼지의 세계와 현실 세계의 경계선에서 갈등하며 눈물을 떨어뜨리는
것 역시 없다. 갈등, 망설임, 혼란 같은 가치들은 모두 사라진다. 부인도

녹피(鹿皮)로 금돼지를 퇴치할 수 있다는 말을 듣고는 "심즁에 암희ᄒ여(4앞~뒤)" 어떻게 죽일지 궁리하고 즉각적으로 금돼지를 퇴치한다. 이렇게 <崔文獻傳>의 미묘한 망설임을 표출한 눈물 대신 명시적으로 부인의 심적 상황을 서술자가 직접 지적함으로써 갈등의 문제를 명쾌하게 해결해 버린다. 이런 부인의 모습을 통해 최충의 영웅성이 강조될 뿐만 아니라, 금돼지는 퇴치되어 마땅한 존재로만 기능하게 되어 버린다. 그래서 금돼지는 현실에 어지러움만을 가중시키는 해악으로 규정되고, "금돗츨 보니 죽을시 정녕ᄒ고 형용이 십분 흉악하더라(4뒤)"는 서술이 새로 첨가된다. 이 서술로 명쾌하게 드러냈듯이 금돼지의 행동은 새로운 사회 질서를 창출하려는 야래자(夜來者)의 속성이[19] 완전히 거세되어 버린 모습으로 나타난다. 이로 인해 금돼지의 자식이었던 최치원이 더 이상 금돼지의 자식일 수 없게 된다. 왜냐하면 금돼지는 부정적인 지하대적(地下大賊)으로만 인식되기 때문이다.

<崔文獻傳>에서 최치원이 금돼지의 자식임은 그가 철저하게 최충을 부정한다는 점뿐만 아니라, 중국에서 귀환할 때 품속에서 '猪'자를 꺼내 던져 청사자를 만들어 타고 온다는 점에서도 드러난다. 실제로 사람들은 다들 최치원을 금돼지의 자식으로 여겼다.[20] 하지만 <최충전>에서는

---

19) '최치원 탄생'은 夜來者說話와 地下大賊退治說話를 겹침으로써 의미를 드러낸 작가의 전략에서 형상화된 것이다. 그래서 금돼지는 夜來者로서 영웅 최치원의 아버지가 됨과 동시에 地下大賊으로서 퇴치되어야 하는 존재라는 중층적 속성을 지니게 되었다. 그래서 최치원은 夜來者의 자식으로서 새로운 질서를 구현할 영웅이 되고, 최충은 地下大賊으로 퇴치하고 체제를 수호하는 구질서의 옹호자인 영웅으로 기능한다. 자세한 것은 졸고, 「<최고운전>의 원천소재 활용 양상과 '의미 겹침'으로서의 소설」, 『온지논총』 29, 온지학회, 2011, 249~279쪽 참조.

20) <최고운전>이 설화로 전승되었는데(졸고, 「<최고운전>의 설화적 전승과 '최치원설화'의 연원」, 『한국문학연구』 39, 동국대학교 한국문학연구소, 2010. 12, 5~29쪽), 설화를 전승했던 사람들은 모두 최치원이 금돼지의 자식이란 점에 대해 조금도 의심을 갖지 않았다.

금돼지를 전면 부정하고 최충을 분명하게 아버지로 인식한다. 부모에게 버려진 후 중국 사신을 만난 최치원이 자신을 <崔文獻傳>에서는 "신라 승상 나업의 종(我新羅丞相羅業蒼頭也)"이라고 소개하지만, <최충전>에서는 "문창현 최튱의 ᄌ식(13앞)"이라고 분명하게 말한다.[21] 실제로 <최충전>에서는 결코 금돼지의 자식일 수 없다. 단순히 임신한 후 석 달 만에 변을 당했기 때문만이 아니라[22] 잡혀간 부인이 금돼지와 성관계를 맺을 시간적 여유도 없었기 때문이다. 앞서 보았듯이 부인이 사라지자 즉시 실을 따라 산으로 향하고 바위를 옮기고 들어간다. 그곳에서 최충은 부인의 무릎을 베고 누운 금돼지를 본다. 그리고 부인이 금돼지를 녹피로 죽을 수 있다는 것을 알고는, "돗치 ᄌᆷ들물 기ᄃᆞ려 ᄀ마니 열쇠ᄭᆞᆫ을 글너 춤을 뭇쳐 그 니마의 붓치니 과연 ᄌᆷ을 ᄭᆡ지 못ᄒᆞ고 인ᄒᆞ여 죽어거날, 부인이 크게 깃거 무릅을 ᄲᅢ쳐 니러나(4뒤)" 최충을 만나게 되는 것이다. 즉, <최충전> 필사자는 무릎을 베고 누운 상태에서 그대로 무릎을 빼고 일어난다고 서술한 것이다. '무릎을 벤다'는 것을 한문본들은 대부분 성관계의 은유로 사용한 것을 문자 그대로 이해하는 방식으로 서술한 것이다. <崔文獻傳>처럼 밤에 돌이 열리기를 기다리는 시간적 지체 없이, <최충전>에선 즉각적으로 달려왔기에 성관계를 상정할 시간적 여유가 없는 것이다. 이렇게 <최충전>은 최치원은 분명하게 최충의 자식임을 명시한다.

금돼지와 최충에 대한 이런 변화는 작품의 원래 의미에 자못 심대한 변화를 주는데, 금돼지의 변은 본래 영웅 최치원의 탄생을 보여주는 것이었

---

21) <崔文獻傳>에서는 자신이 금돼지의 자식임이 분명하고 또한 최충이 자신을 버렸기에 자신을 소개하는 말로 할 수 있는 것은 중국 使臣을 희롱하는 어투로 그렇게 말할 수밖에 없었다. 하지만 <최충전>에서는 분명하게 자신을 최충의 자식으로 알고 있고, 또 실제로 최충의 자식으로 규정된다.

22) 이 점은 <崔文獻傳>도 마찬가지다. 하지만 <崔文獻傳>에서는 금돼지의 자식으로 인정하고 암시한다.

지만(崔文獻傳), 이젠 최충의 영웅성을 보여주는 것으로만 기능하게 된 것이다(최충전). 그래서 결국 최충의 아들 최치원이 이후 당하게 되는 기아(棄兒) 모티프는 '어려서의 고난'이라는 점으로 이해하게 되고, 그래서 궁극적으로 조선후기 군담소설들이 지니고 있는 소위 '영웅의 일생' 유형23)에 꼭 맞는 것으로 받아들이게 된 것이다.

2. 체제 안에서의 긍정적 성취

<崔文獻傳>과 달리 <최충전>이 이렇게 최치원을 최충의 아들로 명시적으로 한정할 경우, 가장 큰 문제가 되는 것은 최충이 최치원을 버리는 기아(棄兒) 모티프이다. 원래는 금돼지의 자식이라고 생각해 버리는 것이기 때문이다. <최충전> 역시 최치원을 버리긴 한다. 하지만 <최충전>에서는 이를 천명(天命)이란 이데올로기로 해결을 시도한다. 그렇게 최충이 최치원을 버리는 것을 충분히 이해할 수 있는 것으로 바꾸고, 그 버림과 부모를 떠나 사회로 나가는 것이 부모를 부정하는 것이 아니게 서술하였다.

<최충전>에서는 "실닉 잉틱ᄒᆞ연 지 셕 달 만의 금뎨의 변을 만나시나 최튱은 잉틱ᄒᆞᆫ 줄 모로더니(5앞)"라며 일단 최충의 입장을 옹호한다. 그리고 최치원을 중심으로 일어나는 신이한 일들을 보고 혹시 자신이 오해한 것은 아닌지 "ᄆᆞ음의 댱신댱의ᄒᆞ여 지내더니(7앞)"라는 서술로 최충의 진중함을 부각한다. 그리고 부인이 "이 아ᄒᆞ를 금뎨의 ᄌᆞ식이라 의심ᄒᆞ셔 ᄇᆞ리시니 실노 발명ᄒᆞ올 말슴이 업ᄉᆞ오나 쳡이 잉틱ᄒᆞ온 셕 달만의 금뎨의 변을 만납ᄉᆞ고 금뎨의 ᄌᆞ식이 아닌 고로 쳔지 귀신이 보호ᄒᆞ여 잇째ᄭᅵ지 사라잇셔 비샹ᄒᆞ온 일이 만ᄉᆞ오니 원컨대 다려 오시믈 ᄇᆞ라나이다.(6뒤)"라

---

23) 조동일, 「英雄의 一生, 그 文學史的 展開」, 『동아문화』 10, 서울대학교 동아문화연구소, 1971, 163~214쪽.

고 말하게 함으로써, 최충이 비로소 이때서야 금돼지의 변이 있기 전에 부인이 임신했다는 사실을 알게 만든다. 그렇게 함으로써 <崔文獻傳>에서 무조건 의심하여 버리는 옹졸함을 감쇄시킨다. 즉, 부인이 처음부터 최충에게 바른대로 "잉틱호연 지 석 달 만의 금뎨의 변을 만"났음을 제대로 고했다면, 최치원을 버리는 일 같은 것은 일어나지 않았을 것이란 인상을 드리운 것이다. 이렇게 최충이 최치원을 내친 것이나 그를 데려오려고 맘먹는 것까지 합리적이고 개연적이게 되면서, 최충의 위상은 흔들리지 않게 되었다.

하지만 서사는 최치원이 최충의 집으로 돌아와서는 안되고 승상 나업의 집에 들어가 종노릇을 하는 것으로 진행해야 한다. 그래야 나업의 딸과 결연하고 중국에서 내는 수수께끼를 풀게 되기 때문이다. 돌아오라는 아버지 최충의 말을 거역하고 자신의 앞길을 헤쳐 가는 최치원의 행동을 <崔文獻傳>은 아버지를 부정하고 새로운 질서를 창출하려는 행동으로 그려내지만, <최충전>은 천명에 순응하여 나가는 것으로 그려낸다.

"부친 병환이 계시다ᄒᆞ니 밧비 가셔 보난 일이 도리의 올흐나 날을 ᄌᆞ식 아니라 ᄒᆞ셔 ᄇᆞ려 계시니 이직 어닉 면목으로 부모ᄭᅴ 뵈오리오. …… 나의 모친은 날을 잉틱ᄒᆞᆫ 석 달만의 금뎨의 변을 만나 뉵 삭만의 날을 나아 계시니 일노써 혜아리건대 금뎨의 자식이 아니오 ᄯᅩ한 이목구비 도야지 뉘 아니니 엇지 의심이 잇스리오. 부친이 ᄌᆞ식 아니라 ᄇᆞ려시나 창텬이 어엿비 너기샤 자연 보호 ᄒᆞ시매 이째ᄭᅵ지 사라시나 날을 부듸 달여가려 ᄒᆞ면 내 반ᄃᆞ시 죽으리라." …… 니젹 등이 도라와 그 아히 ᄒᆞ던 말 원ᄭᅴ 고ᄒᆞᆫ대 원님이 대경ᄒᆞ여 ᄌᆞ탄ᄒᆞᄆᆞᆯ 마지 아니하고 잔닝히 너겨 만민을 ᄃᆞ리고 그 셤의 가 딕를 무어쥬고져 ᄒᆞ여 친히 나아가 그 아히를 부르니 그 아히 최튱의 앏픠 나와 눈물을 흘니며 절ᄒᆞ여 뵈오니 튱이 표일흔 긔샹을 보고 일변 뉘웃고 일변 그리워 손목을 잡고 왈 "어린 거시 어이 혼자 부지흔다?"

그 아히 다시 졀흐여 니른되 "불효직 대인의 용납지 못흐와 멀니 내치시물 닙스오나 이난 텬의라. 엇지 감히 부모를 원흐리잇가. 오직 하날이 보호흐시매 잔명이 잇쌔신지 보존흐엿나이다."

튱 왈 "다 나의 블명흔 타시니 후회막급이라. 비록 그러흐나 네 이졔 날과 흠끽 도라 갈다?"

그 아히 니른되 "즈식이 부모의 명을 거역흐미 도리 아니오나 쇼즈는 잠간 몸을 비러 셰샹의 낫스오니 바라옵건대 부모난 쇼즈로 뉴렴치 마른시고 이곳의 뒤를 무으시고 일홈을 월영뒤라 흐시고 뒤 우히 누각을 짓고 일홈을 망경누라 흐여 쇼즈로 흐여곰 안신흐올 곳을 뎡케 흐시면 즈연 셩취흐올 일이 잇스올 거시오니 쏘흔 부모의 은덕이 뎍지 아닐가 흐나이다."

최튱이 그 아히 흐난 형용과 말을 드르니 셰샹 아히 아니라. 텬의를 거역지 못흐여 감히 다려갈 싱의를 못흐고 다만 그 아히 말뒤로 뒤와 누를 짓고 니별을 슬허 반향을 통곡흐고 도라가다. (최충전, 8뒤~10뒤)

최치원은 유교적 가치관에 입각해 효를 제대로 하지 못하는 버림받은 자식 같은 심정으로 그려진다. <崔文獻傳>에서 아버지가 "잔인하고 각박한 짓(其殘忍薄行)"을 했다고 비난하는 것과는 큰 차이다. 무엇보다 최치원은 자신이 "잠간 몸을 비러 셰샹의 낫"다는 점을 말하며 지금 일어나는 모든 일이 다 "텬의"에 의한 것임을 분명히 한다. 이렇게 자기 정체성을 천상에 둠으로써 자신이 집을 돌아가지 않는 것이 아니라 못가는 것임을 강조한다. "텬의를 거역지 못"하기 때문이다. 그러므로 금돼지의 변부터 최충이 오해할 수밖에 없도록 일이 흘러간 것이나, 자신이 어려서 버림받게 된 것, 이후 일어날 모든 일들이, 모두 천명에 의한 것이므로 부모를 원망하지 않는다는 말이 되는 것이다. 오히려 부모께 효를 다하지 못함을 진정으로 송구스럽게 생각한다. 하늘의 뜻과 부친의 의향이 충돌할 때, 당연히 더 큰 원칙인 하늘의 뜻을 따르는 것이 옳고, 그 과정에서 생기는 잠시의 이별이나 슬픔, 고난 등은 궁극적으로 하늘의 뜻을 실현, 성취하는 것이기에 마땅히 감내해야 하는 것으로 이해된다. 이에 따라 최충은 조금도 파렴치한 인물이 아니며 치졸한 사람도 아니고, 오히려 인자하고 이해심 많은 인물로 형상화되고 최치원과 같은 천상 인물의 아버지가 됨으로써 군담소설의 아버지들처럼 전형적인 훌륭한 조력자의 모습으로 자리매김한다.

이후 최치원이 최충을 떠나 승상 나업을 만나고 나업의 딸과 결혼하고 신라왕을 거쳐 중국에 들어가 황제에게 벼슬을 하는 등 일련의 과정이 모두 이처럼 천명에 의한 것임을 두드러지게 강조한다. 최충이 긍정적으로 그려졌던 것처럼 나업이나 신라 왕, 중국 황제도 역시 긍정적으로 형상화한다. 나업에 대해 "나업이라 ᄒᆞ난 직상이 이시니 츙냥 정직ᄒᆞ고 어진 군지라(14앞)"는 서술을 첨가한 것이나, 최치원이 나업을 만날 때마다 "복지 쥬왈(16뒤)"하는 모습, 글을 가르쳐 주겠다는 나업에게 "평싱 원ᄒᆞ난 비로쇼이다(16뒤)"라며 수긍하는 것 등, 나업의 위상을 <崔文獻傳>처럼 격하시키지 않는다. <崔文獻傳>에서 문제 풀이를 전제로 나업을 골리고 희롱하는 면모가 <최충전>에서는 모두 사라지고 충직하고 진실한 모습으로 바뀌어 서술되었다. 무엇보다 석함 문제를 놓고 나업의 야비함이 드러나던 것을 <최충전>은 그렇지 않게 바꾸었다.

신라 왕이 승상 나업을 불러, "지금 황제가 장차 우리나라를 쳐들어오려 하면서 또다시 시를 지은 사람을 부르니 경의 사위는 어쩔 수 없이 꼭 가야만 하겠네만, <u>경의 사위는 아직 어려 보내기가 어려울 듯하니 경이</u>

대신 가지 않겠는가?" 하니, "신 또한 그 생각을 했사오니 대왕의 말씀이 옳으십니다." 하고 대답했다. 승상은 집에 돌아와 집안사람들에게, "지금 천자가 조서로 시를 지은 사람을 부르는데 사위는 아직 어려 보낼 수 없으니 내가 마땅히 가야 하겠으나, 한번 가면 다시 살아 돌아올 수 없으니 어찌 해야 좋을꼬?" 하며 울먹이며 말했다. (崔文獻傳, 77~78쪽)

신라 왕이 크게 념녀ᄒᆞ여 나승샹을 블너 이 일을 이ᄅᆞ시며, "경이 마지 못ᄒᆞ여 갈 거시니 밧비 치힝ᄒᆞ라." ᄒᆞ시니 나승샹이 쥬왈 "과연 그 글은 신의 사회 지엿ᄉᆞ오나 졀문 아희ᄅᆞᆯ 보ᄂᆡ지 못ᄒᆞ올 거시오니 신이 가오려니와, 신의 사회 니ᄅᆞᄋᆞᆸ기ᄅᆞᆯ '반ᄃᆞ시 글 지은 사ᄅᆞᆷ을 부ᄅᆞ리라' ᄒᆞᄋᆞᆸ더니 과연 이로소이다." ᄒᆞ고 지의 나와 이 연고ᄅᆞᆯ 부인ᄃᆞ려 이ᄅᆞ며 탄식ᄒᆞ여 왈 "사회ᄅᆞᆯ 보내고져ᄒᆞ나 졀문 아희ᄅᆞᆯ 만리슈로의 ᄎᆞ마 어이 보내리오."(최충전, 24앞)

신라왕 앞에서의 말과 행동이 위선적이었던 <崔文獻傳>의 나업이 <최충전>에서는 진심으로 사위를 염려하는 대인의 풍모를 띠게 변했다. 이렇게 기존 질서 체제와 기득권자들에게 적대적이지 않고 인정하는 모습은 <崔文獻傳>과 상반된 것으로 신라왕을 대할 때도 마찬가지로 바뀌어 있다. 최치원은 신라왕에게도 겸허한 모습을 보이는데, 왕이 그를 부르자 "젼도히 드러와 샤은슉ᄇᆡᄒᆞ(26앞~뒤)"는 것이나, 왕의 말에 "복지샤은ᄒᆞ(26뒤)"는 것 등 모두 신라왕과 갈등을 일으키는 모습이 아니다.

<최충전>에서는 중국황제와도 갈등을 일으키지 않는다. 황제가 최치원과 대결을 벌이는 것을 황제가 인재 발탁을 위해 최치원을 테스트하고 훈련시키는 과정으로 이해하게 만든다. 그래서 그 모든 시험 끝에 "황뎨 그 ᄌᆡ조ᄅᆞᆯ 앗기 너기샤 즁원의 머무러 두시고 졔신이 최공의 신긔ᄒᆞᆫ ᄌᆡ조ᄅᆞᆯ

보왓난지라. 텬샹 사름이라 ᄒᆞ여 공경ᄒᆞ고 두려ᄒᆞ더라(51앞)"는 서술로 중국에서의 일을 맺는다. 실제로 <崔文獻傳>에서는 중국에서 과거를 본 후 귀양을 가게 되나, <최충전>에서는 모든 시련이 끝난 후 과거를 보고 벼슬을 한 후 별다른 갈등이나 대결 없이 신라로 귀국하는 것으로 그려진다. 돌아와서도 <崔文獻傳>은 신라왕과 갈등을 일으켜 가야산에 은거하지만, <최충전>은 왕의 환대와 나업의 환대를 받은 후 부인에게 "셰샹이라 ᄒᆞᄂᆞᆫ 거슨 반복을 ᄌᆞ로ᄒᆞ며 더러오 곳지오. 우리 오리 잇슬ᄃᆡ 아니 〃 가ᄉᆞᆯ ᄇᆞ리고 도라가리라(52뒤)"고 하고는 가야산으로 은거한다.[24]

이렇게 <최충전>에서 최치원이 보여준 삶의 행적은 탁월했지만, 그것은 결코 <崔文獻傳>의 최치원이 구현하려 했던 질서처럼 혁신적이지는 않다. <崔文獻傳>에서 최치원은 스스로 자신을 '파경노(破鏡奴)'라고 규정함으로써 기존의 질서를 깨뜨리는 혁신적 질서를 품고 있음을 드러낸다. 거울을 깨뜨린다는 것은 새 질서를 위해 기존의 질서를 깨뜨린다는 상징적 의미가 있고, 그것으로 자기 이름을 붙임으로써 자기 정체를 말한 것이다. 석함 문제를 해결할 때도 나업의 딸이 깨진 거울에 비친 파경노의 모습을 보고 자신의 아버지 나업에게 최치원이 문제를 해결할 수 있다고 강권하게 되는 것도, 이런 맥락에서 이해된다. 하지만 <최충전>은 그렇지 않다. 거울을 깨뜨린다는 요소는 최치원이 나업의 집에 들어가는 행위로만 기능한다. 파경노라는 이름도 거울을 깨뜨린 행위를 보고 나업이 최치원에게 붙여준다. 더 이상 '파경노'는 상징적 의미를 함유한 이름이 아니라, 정말 '거울을 깨뜨려 노비가 되어 그 값을 치르는 종' 이상의 의미가 아니다.

---

24) 정출헌은 이런 점을 "부친과의 和解—중국 황제와의 和解—신라 국왕과의 和解로 이어지는 일관성을 보이고 있다"며 행복한 결말을 추구하고 있다고 지적했다. 정출헌, 앞의 논문, 2002, 54~58쪽 참조.

그냥 부르는 이름일 뿐이다.

결연의 방법도 역시 마찬가지이다. <崔文獻傳>에서는 발로 붓글씨를 쓰는 등 시종일관 어깃장을 놓으며 승상을 희롱하는 방식으로 결연하는데, <최충전>에서는 그런 희롱이 사라진다. 그 결연도 최치원이 스스로 "나도 냥뱐의 ᄌᆞ식이(19뒤)"라며 자신도 충분히 승상의 딸과 결연할 수 있다는 점을 말한다. 실제로 곤혹스러워하는 나업이 최치원에게 너는 보통 사람이 아닌 것 같다며 누구냐고 묻자, "그졔야 젼후 실상을 고흔대 승상이 심중의 깃거(21앞)"하게 된다. 이렇게 최치원이 충분한 자격이 있는데도 신분을 숨겼다는 것을 알림으로써 최치원과 승상 딸의 결연이 타당하게 여겨지게 했다. <崔文獻傳>에서 아버지 최충을 거부하고, 승상을 희롱하며, 결연을 쟁취하는 것과는[25] 크게 다르다.

<崔文獻傳>에서 최치원은 스스로 혁신적인 질서를 품은 존재로서 신화적 모습을 보여주는데, 대표적인 것이 파경노가 되어 말과 화초들을 돌보는 장면이다. 그가 일을 맡자 말들이 저절로 잘 자라 한 마리도 여윈 놈이 없고, 동산의 화초들이 더욱 무성하여 조금도 시드는 법이 없게 된다. 주몽 신화에서 주몽이 말을 돌보는 것과 같다.[26] 그런데 <최충전>에서는 그 자신이 질서를 품은 자로서 모습이 아니라, 하늘에서 적강(謫降)한 존재이므로 하늘이 도와주는 것으로 표현된다. 말 먹일 때 "하날노셔 쳥의동ᄌᆞ 수십이 나려와 뭇 믈을 먹이며 길드리며 노다가 날이 져물면 동ᄌᆞ 다 올나가고(15뒤)", 화초를 키울 때 "밤이면 션동이 션간 화쵸를 옴겨다가

---

25) <崔文獻傳>에서 승상 나업의 딸과의 결연은 최치원이 기득권 세력에 포함되기 위함이 아니다. 거울을 깨뜨렸던 종의 신분인 존재가 당대 승상의 딸과 결연하는 파격을 드러내는 것이다. 실제로 <崔文獻傳>에서는 딸이 이름이 나오지 않을 정도로 보조적 인물이다.

26) 신적 존재가 질서를 품고 있음에 대해서는 민긍기, 「신화의 서술방식에 관한 연구」, 『논문집』 9권1호, 창원대학교, 1987, 49~67쪽 참조.

심으고 물쥬어 기음 미여 쥬(16앞)"는 것으로 서술이 덧붙여진다.

<崔文獻傳>에서 최치원은 천상에서 적강한 존재가 아니다. 앞서 말했듯이 금돼지의 자식이다. 금돼지의 자식인 최치원은 천상과도 일정한 거리를 유지하는 존재로 그려진다. 대표적인 것이 중국에 가는 길에 용왕의 아들 이목과 만나 동행하는 대목이다.

① 위이도에서 가뭄으로 고생하는 사람들을 위해 최치원이 龍인 이목에게 비를 내리게 한다.

② 天帝의 명을 받은 푸른 옷의 天僧이 이목을 죽이려고 나타난다.

③ 이목이 최치원의 명령을 어기지 않으려고 하늘의 명령을 받지도 않았는데 비를 오게 해서 하늘이 노해 자신을 죽이려 하는 것이라고 말한다.

④ 최치원이 천승에게 비를 오게 한 것이 무슨 죄냐고 묻자, 천승이 위이도 사람들이 부모에게 불효하고 형제끼리 화목하지 않고, 약하고 가난한 자들을 속이고 윗사람을 능멸하는 등 풍속이 나빠 天帝가 비를 내리지 못하게 한 것이라고 말한다.

⑤ 최치원이 비를 내린 것은 이목의 죄가 아니라 자신의 죄이므로 자신에게 벌을 주라 한다.

⑥ 천제가 '최치원은 천상에 있을 때 작은 죄[微罪]를 지어 인간 세상에 간 것이니, 그가 만류하면 죽이지 말라'고 했다며, 천승이 돌아간다.

⑦ 이목이 최치원에게 천상에서 무슨 죄를 지었냐고 묻자, 최치원이 '월궁 계수나무 꽃이 아직 피지 않았는데 거짓으로 이미 피었다고 천제를 속여서 아뢰었기 때문이라(月宮未開桂花 誣以已開告于天帝)'고 한다.

⑧ 용의 본신을 보고 싶다는 최치원의 말에 이목이 용으로 변신하자, 최치원이 정신을 잃고 쓰러졌다가 잠시 후 소생해서 이목을 떠나 보낸다.

최치원이 용의 진면목을 보고 기절한 것도 그렇지만, 무엇보다 천제에게 거짓말을 했다는 것이 걸린다. 그 거짓말을 '작은 죄'라고 여긴 것도 미심쩍다. 또, 위이도의 패역한 백성들에게 비를 오게 했다는 것도 그렇다. 이 대목은 작가가 <최고운전>을 창작한 의도에서 생각할 때 어느 정도 그 의미를 풀어 볼 수 있다.

작가는 최치원을 기존 질서와는 다른 새로운 질서를 창출할 영웅, 야래자의 자식으로 형상화했다.[27] 그래서 <崔文獻傳>에서는 가는 곳마다 기존 질서와 부딪히고 대결하며 희롱하고 도전한다. 그 대결은 최충, 나업, 신라왕, 중국 황제뿐만 아니라 천명이란 이데올로기에 기반을 둔 가치까지도 의심하고 검토하는 데까지 나간다. 그것이 이목과 동행하는 이 대목에서 드러난다. 즉, 최치원을 천상의 질서와 대등한 관계를 유지하는 야래자의 자식으로 이해할 때 이 대목이 설명될 수 있다. 야래자의 세계와 수계(水界), 천상계가 나름의 균형을 가지고 존재하는 세계로 작가가 <최고운전>의 세계를 그려냈다는 것을 파악해야 한다.

최치원은 자신이 창출하려는 질서가 천상의 질서와 꼭 합치하는 동일한 것이 아님을 위이도의 패역한 백성들에게 비를 내리게 함으로써 드러낸다. 효도하지 않고 우애하지 않으며 가난한 자를 압제하는 등의 일들은 분명 부정적인 행위들이나 그 기준은 기존의 가치관인 유교적 가치에서 볼 때 그러한 것이다. 실상 최치원은 아버지를 부인하고 나업을 희롱하며 신라왕을 무시한 것 자체가 이미 유교적 질서에 벗어난 비윤리적인 것이었다. 최치원은 천벌을 받는 위이도에 비를 내리라고 용에게 명령한다(최치원>용). 그러자 천상에서는 그 용을 죽이려 하지만(용<천상), 최치원 때문에 못 죽이고(천상<최치원) 돌아간다. 천제에게 거짓말을 한 행동을 겨우

---

27) 자세한 것은 졸고, 앞의 논문, 2011, 249~279쪽 참조.

사소한 죄로 규정한 것에서 이미 최치원과 천상의 관계는 긴장적으로 이해된다. 여기에 최치원에게 승복하고 명령을 듣는 용 이목의 본신을 보고 최치원이 기절한다(최치원<용). 결국 꼬리에 꼬리를 물고 순환하는 세계관을 보인다.[28] 결국 최치원의 질서와 천상계, 용궁계가 각기 나름의 질서를 가지고 균형을 유지하고 있는 세계인 것이다. 서로 물고 물리는 관계로, 각 영역의 고유한 특성과 질서의 모습을 보여준다. 이때 빠져 있는 것은 지상계로, 바로 그곳이 최치원이 질서를 구현하려는 생각을 가지고 있는 세계이다. 그 지상계에 용도 개입하고 천상도 개입하지만 최치원은 자신의 생각을 구현하려 한다. <崔文獻傳>에서 지상계의 최충, 나업, 신라 왕, 중국 황제, 누구도 천명을 운운하지 않는다.

이런 것이 <최충전>에서는 모든 것이 천(天) 중심으로 재편된다. <최충전>에서는 이목을 죽이러 온 자가 "옥뎨 분부ᄒ시되 만일 최치원이 시긴 일이어든 니목을 죽이지 말나(32앞)"라는 말만 하고, 최치원이 사소한 죄를 지었다는 언급은 삭제한다. 아울러 이목의 질문에 최치원이 "텬샹의 이실 제 옥황 안전의 시임ᄒ던 션관이러니 월궁의 곳치 밋쳐 픠지 못ᄒ 거슬 그릇 픤 줄 알외고 그 죄로 적강ᄒ엿노라(32앞~뒤)"라고 바꾼다. 그래서 최치원이 '의도적'으로 거짓말을 한 것이 아니라, '실수'로 '잘못' 말한 것으로 바꾼 것이다. 그래서 <崔文獻傳> 내내 기존 세계와 질서에 도전하며 희롱하는 모습이 하늘의 천제에게까지 이어지는 것을 지워버렸다.[29] 그래서 <최충전>의 최치원은 다른 적강소설들의 영웅들과 마찬가지로 사소한

---

28) 순환적 세계관은 신화적 세계관의 특징이다. M. 엘리아데, 이동하 옮김, 『聖과 俗』, 학민사, 1994, 61~101쪽 참조.

29) <崔文獻傳>에서 위이도의 패악무도한 백성들에게 비를 오게 하는 것은 천상의 질서와 대립하는 최치원의 모습을 상징적으로 보여주는 것이다. 그것이 <최충전>에서는 최치원이 위이도의 패악무도한 백성들을 용서해주었음으로 천상 역시 용서하는 것으로 이해된다. 왜냐하면 최치원은 천상의 질서를 이 세상에 구현하는 대리자의 역할을 수행하기 때문이다.

죄를 짓고 적강한 존재로 이해된다. 천상의 질서까지 어지럽히는 장난꾸러기 트릭스터의 모습이 사라진 것이다.[30] 아울러 용이 된 이목을 보고 기절하는 것은 바뀌어 최치원이 용을 보고 "극키 긔험ㅎ고 흉ㅎ매 ᄆᆞᆷ의 깃거 아니ㅎ(32뒤)"여 떠나보내는 것으로 고쳐버린다. 결국 <최충전>은 위이도의 문제를 하늘의 뜻을 대행하여 용을 시켜 해결한 것으로 바꾼 것이다.

이와 같이 <최충전>에서는 최치원의 모든 행적은 하늘의 뜻[天命]을 실현하는 것으로 귀결된다. 그러므로 그가 태어나고, 어려서 고난을 당해 부모에게 버림받고, 시련을 겪으며 조력자를 만나고, 궁극적으로 중국에서 벼슬을 하는 성취를 이루는 것까지 모두 체제 안에서 이루어지는 긍정적 모습을 띤다.

이렇게 <崔文獻傳>에서 아버지 최충과 갈등하고 나업, 신라왕과 불화하며 중국 황제와 대결을 펼치던 최치원이, <최충전>에서는 매번 최선을 다해 노력하고 성취하는 모습을 보이지만 그 모든 것은 천명으로 구체화된 영향권 안에서 이뤄진다. 결국 모친 뱃속에서부터 겪었던 고난을 시작으로 그에게 가해진 시련은 모두 시험으로 여겨지고 그가 성취한 것은 시험을 통과한 자에게 주어지는 상으로 그려진다. 그의 성공은 체제 안에서 시련에 굴복하지 않고 노력하고 성취한 결과이다. 그가 이렇게 성공할 수 있었던 원동력은 그가 본래 천상 존재였다는 것에 근거한다. 그래서 최치원은 하늘의 뜻을 구체적으로 실현하려 하고, 그 하늘의 뜻은 이 세상 권위를 인정하고 그것을 굳건하게 다지는 것 이외에 어떤 것도 아니다. 그는 그의 삶을 통해 그것을 구체적으로 보여주었다.

---

30) 장난꾸러기 트릭스터(trickster)의 모습은 신화에서 문화 영웅의 모습과 겹친다.

Ⅲ. 개작 이유와 결과

1. '천-국가-아버지' 중심의 가치관 정립과 혁신적 가치 상실

<최충전> 개작자는 <崔文獻傳>이 못마땅했을 것이다. 무엇보다 가장 큰 것은 아들 최치원이 아버지 최충에 대한 태도와 자세였다. 심하게 보면 아들이 아버지를 훈계하고 가르치는 듯한 인상까지 주기 때문이다. 나업을 대할 때나 신라왕을 대할 때도 진중하기보다는 경망스럽게 예의 없는 행동을 거침없이 해댄다. 이런 최치원의 형상화는 실존 인물 최치원에 대한 일종의 모독처럼 여겨졌을 수도 있다.

<최충전>으로 개작한 필사자는 조선 유학의 비조(鼻祖)라 할 수 있는 그를 그답게 만들려 노력했다. 그러면서도 작품의 서사가 제대로 진행되어야 했다. 최치원은 버림받아야 하고, 파경노가 되어 나업의 딸과 결연해야 하며, 중국 황제의 문제를 풀어내고 일련의 시련을 겪어야만 한다. 그렇지 않고 다른 서사로 나간다면 그것은 <최고운전>이 아닌 전혀 다른 작품이 되기 때문이다. 개작자는 개작의 핵심에 하늘의 뜻과 의지, 즉 천명을 개입시켰다. 이에 따라 <崔文獻傳>에 보이는 최치원의 탁월한 능력은 천명에 따라 그 의지를 실현하는 영웅의 모습으로 약간 방향만 틀면 되기 때문이다. 그렇게 해서 최치원은 스스로 혁신적인 질서를 품은 새로운 질서의 구현자가 아니라, 천상에서 이미 계획하고 결정지은 질서를 이 땅에 구체화하는 실현자의 모습이 되었다. 그러므로 최치원은 실패할 수 없다. 그가 하는 일은 모두 천상이 주재하는 '이 세계'의 질서를 지키고 보완하고 가치를 다시 쌓아올리는 것이기 때문이다. 그는 결코 천상의 질서와 무관한 질서를 구현할 수 없다. 만약 그런다면 당착에 빠지게 된다. 천상은 이미 세상을 주재하고 있고 그 천상의 주재 하에 이 세상은 잘

돌아가고 있기 때문이다. 그래서 최치원은 최충과도 대립하지 않고 나업과도 대결하지 않으며 신라왕의 냉대를 받지도 않고 중국 황제에게까지 신임 받는다. 그리고 가야산에 은거하는 것은 실패나 도피가 아닌 천상 존재의 선화(仙化)로 미화된다. 그는 이 세상에서 이루고자 한 모든 것을 실현한 영웅으로 이해된다. 이것이 <최충전>으로 개작한 필사자의 최치원에 대한 이상이고 생각이다.

작가가 창작한 <최고운전>은 혁신적 질서를 품고 있지만 현실에 좌절할 수밖에 없는 최치원을 통해 비판적인 시각을 견지하고 중심 가치에 대해 회의하고 문제 제기를 하기 위해서다. 이는 작가의 비판적 의식이 드러난 것이라 할 수 있다. 그러던 것이 <최충전>으로 개작되면서 전혀 상반되는 가치를 지니게 되었다. 체제 전복적이고 도전적인 최치원이 체제 순응적이고 보수적인 최치원이 되어 버린 것이다. 하늘의 뜻에 따라 움직이고 구현되는 중국, 신라, 나업, 아버지 최충의 위상이 너무나도 분명하고, 그것을 따르고 지킴이 마땅하고 당연하며, 그 체제 안에서 자신의 능력을 발휘하는 것이 입신양명의 최선의 모습인 것으로 개작자는 그려낸 것이다. 중심 이데올로기에 충실한 최치원의 모습은[31] <최고운전>을 창작한 작가의 의도와는 물론, 실존 인물 최치원의 모습과도 차이나지만 문제되지 않는다. 개작자는 그렇게 최치원을 이해하고 인식하고 있는 것이다.

---

31) 정병설은 <최충전>의 최치원이 반중국적이고 반중화적인 의식을 지니고 있다고 분석하며 부정적 중국관을 드러냈다고 분석했다(정병설, 앞의 논문, 2005, 35~40쪽). 일면 타당한 지적이나 '반중국적'이고 '반중화적'인 의식은 본고의 논의처럼 오히려 <최고운전> 일반이 더 강하다. 논자가 그렇게 분석해낸 측면은 <최충전>에서 원래의 <최고운전>이 지니고 있던 부분을 간취했기에 가능했던 것으로 생각된다.

2. 교재(敎材)로서의 편안한 대중성과 소설적 긴장 감소

<최충전>에 자주 개입하는 천상 존재들의 도움은 결과적으로 최치원의 본래 위상을 격하시키는 꼴이 되었다. 최치원의 시작과 끝 모두 천상에서 시작하여 천상으로 이어지는 과정이 된 것이다. 그래서 <최충전>의 최치원이 그려내는 의미는 체제에 순응하고 그것에 자신을 적응하는 것이 최선임을 보여주는 것이 되었다. 중심 가치에서는 최치원을 그럭저럭 쓸만한 인재로 여겨 '아량을 베풀듯이' 시혜를 베풀어 서용하는 모습을 띠게 되고, 최치원은 그것에 감복하는 양상을 빚어낸다. 탄생에서부터 중국에 들어가 벼슬하는 것까지 그가 보여주는 모든 것이 그 의미 안으로 한정되어 진다. 어려서 글을 읽었던 것도 파경노가 된 것도 승상 집에 들어가 고생한 것도 모두 당대 최고의 위치라 할 수 있는 중국에서의 벼슬이 목적으로 모아진다. 결국 최치원은 천상의 질서를 넘어설 수 없고, 천상의 질서가 구현된 지상 세계에서도 벗어날 수 없게 된다. 그는 단순한 '질서의 보수자(補修者)'로 기능할 뿐이다. 그러므로 <崔文獻傳>이 가지고 있는 '최충—신라 왕—중국 황제'로 이어지는 기득권 질서에 대한 비판이 뒤틀려질 수밖에 없다. 야래자 속성을 갖고 있던 금돼지를 완전히 부정하여 퇴치된 것처럼, 최치원 고유의 혁신적 질서와 가능성은 완전히 사라져 버렸다. 그 빈자리에 점잖은 옹호, 불편하지 않는 유연한 비판, 당대 가치에 부응하는 도덕성 등이 자리 잡게 된 것이다. 이런 가치는 천편일률적이라고 지칭할 수 있는 군담소설이 담고 있는 가치와 유사하다. 적절한 비판, 불편하지 않은 내용, 피아(彼我)가 분명한 단순한 대립구도, 모든 것을 하늘의 뜻으로 돌리고 기대는 마음가짐 등등 탄생담과 같은 몇 개의 독창적인 화소마저 빼버린다면 <최고운전>은 그대로 <유충렬전> 등과 크게 다르지 않은 모습을 띠게 된다.

개작자는 이런 당대의 문화지형으로부터 자유롭지 않았을 것이다. 그래서 천상의 개입과 같은 상투적인 방법을 통해 당시 유통되는 군담소설들의 비슷한 상황에 동일한 가치를 지니게 만들었다. 그렇게 대중적 가치와 연결되어 심각함을 거부하고 모호하고 불분명한 것을 제거하여 명쾌하고 분명함을 추구했다.[32] 그 결과 <崔文獻傳>이 가지고 있던 특유의 미묘한 긴장감이 사라지게 되었다. 최치원이 금돼지의 자식인지 최충의 자식인지 더 이상 고민하지 않게 되었고, 희생양처럼 놓인 부인의 미묘한 심적 흔들림과 내적 괴로움이 사라져 버렸다. 중층적인 미묘함을 모호함으로 판단한 개작자는 분명하고 명징하게 바꾸었다. 부인 역시 주도적으로 말하게 하고 설득하게 하고 계책을 마련하게 만들었다. 내면까지 직접 서술함으로써 명쾌하게 입장을 정리해 드러냈다. 문창 고을을 어지럽힌 금돼지의 변은 그야말로 변으로 인식되고 말끔히 사라지고 만다. 신라를 넘보는 중국은 어진 인재를 발탁하려는 중앙의 커다란 존재로 인식되고 그곳에서 테스트를 통과한 최치원은 탁월한 인재요, 변방 신라의 명성을 드높인 훌륭한 인물이 된다. 금의환향은 당연한 것이고 선화 역시 자명한 것이 된다. 그렇게 <최충전>은 행복하게 끝난다. 원작이 지니고 있던 미묘한 불편함, 어깃장을 놓는 듯한 과도함이 사라지고, 그와 함께 책장을 덮은 후 '그렇게 탁월한 능력의 최치원이 왜 우리나라에서는 받아들여지지 못했나?'를 고민하게 만들던 깊이가 사라지고 말았다. 그 자리에 자신들의 취향에 맞고 익숙한 내용이 들어찼다. 그리고 그 소설을 읽는 과정에서 느껴지는 '기대−확인'의 편안한 도식성이 재생산되게 되었다.[33]

---

32) 대중적 소설 텍스트의 이런 속성은 J. G. 카웰티, 「도식성과 현실도피와 문화」, 박성봉 편역, 『대중예술의 이론들』, 동연, 5쇄 2000, 83~107쪽 참조.

33) 결국 <최충전>은 당대 민중들의 가치에 영합/부응하는 방향으로 바뀌었고, 그 결과 <崔文獻傳>이 지니고 있던 혁신적 가치와 미묘한 소설적 긴장감을 잃고 말았다. 그런 의미에서 <최충전>은 소설의 소설다움, 즉 주변에서 중심

그런데 여기서 최초로 <최충전>이란 텍스트를 제작한 인물이 누구인지는 모르나, <최충전>은 조선에서 유통되던 소설이 아니라 '일본에서 전승·유통되던 소설'이란 점과[34] <최충전>이 '교재로 사용되었다'는 점을 놓치지 말아야 한다. 다시 말해, <최충전>은 일반적인 고소설과 달리 조선어를 배우기 위한 공적 학습에 사용된 교재라는 점은 작품이 담고 있는 내용에도 민감할 수밖에 없는 상황임을 짐작해 볼 수 있다. 체제도전적이고 혁신적인 가치를 지니고 있는 주인공의 행동이 교재로서 온당치 않다고 판단했을 가능성이 높은 것이다.[35] 즉, <최충전>을 원작이 지니고 있던 비판적 의식과는 다른 지점에서 작품을 향유하게 했던 것이 교재를 제작하려는 제작자의 의도적 노력일 가능성이 높다는 점이다.

<최충전>의 최초 제작자는 그가 살던 당대 문화지형으로부터 자유롭지 않았을 것이다. 게다가 교재로 사용될 텍스트를 제작함에 있어서는 더욱 그랬을 것이다. 그러므로 기존 <최고운전>을 개작한 것은 체제유지적 가치와 도덕적 만족감 같은 분명하고 명징한 가치지향이 일반인들에게 더 널리 받아들여지기에 그렇게 개작했을 수도 있으나, 또 다른 측면에서는, 이 텍스트가 교재라면 국가와 사회를 인정하고 체제를 안정시키는 내용으로 채워져야 한다고 생각하여 천명을 강조하고 그것을 중심으로 '충(忠)'의 모습을 지향하는 가치를 담아야 한다고 판단해서[36] 그렇게 개작했을 가능

가치에 의문을 제기하고 도전하고 해석하고 전복을 꾀하는 본연의 위치를 잃어버렸다고 할 것이다.

34) 현재 <최충전> 이본은 모두 6종으로 활판본 1종, 필사본 5종이다. 활판본은 일본 외무성에서 간행한 것이고 필사본들은 모두 현재 일본에 소장되어 있다. 필사본들의 전승 과정을 추적한 결과 모두 일본에서만 전승되었다. 이에 대한 자세한 논증은 본고의 범위를 넘으므로 후속 연구로 미룬다.

35) 물론 이 <최충전> 외에 다른 소설을 교재로 만들었다면 이런 고민은 없었을 것이다. 그러나 결과론적인 말이지만, 조선어 통역관을 양성하기 위해 일본인들이 사용한 것은 <최충전>이었다.

36) '崔忠傳'이란 題名은 문제적 題名이다. 주인공이 아닌 인물을 작품의 표제로 내세우

성도 있다. 그리고 그런 노력은 결과적으로 성공적이었다고 할 수 있다. <최충전>은 이후 일본에서 가치지향의 변화는 물론 내용조차 거의 동일하게 필사되어 유통되었고 급기야 1883년 활판인쇄를 통해[37] 더 광범위하게 확산되어 고정되었기 때문이다. 외국어 교육을 위한 방편으로서의 교재 <최충전>이 18~19세기 일본의 문화지형에 영향을 미치고 교육적 재생산의 아비튀스를 형성했던 것이다. 그것은 원작 <최고운전>이 지니고 있던 진취적이고 참신한 가치가 아닌 체제옹호적이고 천명에 입각한 수구적 이데올로기를 재생산하는 가치였다. 그렇게 조선의 고소설 <최고운전>이 일본에 <최충전>으로 전파되었다.

Ⅳ. 결론

<崔文獻傳>이나 <최충전> 모두 '<최고운전>'으로 묶일 수 있게 큰 서사에는 차이가 없다. 화소의 출입 정도의 이본적 차이를 지니고 있어,

---

는 경우는 거의 없기 때문이다. 게다가 '최충'은 작품 앞에만 나오는 인물로, 비중으로 치면, '나업', '신라 왕', '중국 황제'와 크게 다름이 없다는 것도 그렇다. 무엇보다 의미심장한 것은 원작 <崔文獻傳>에서 최치원의 아버지인 '최충'의 이름은 '冲'이지 '忠'이 아니란 점이다. 崔冲은 고려시대 유학자로 당연히 실존인물 최치원의 親父가 아니다. 그러나 <최고운전>의 작자는 의도적으로 그렇게 창작했던 것이다. 그런데 <최충전>에서는 그 '崔冲'을 '崔忠'으로 개작한 것이다. 18세기 일본에서 있었던 실제 사건을 바탕으로 창작되어 널리 확산된 <주신구라(忠臣藏)>처럼 일본에서 '忠'에 대한 관념과 이념적 표방과 숭상은 분명 <최고운전>을 '<최충전>'으로 바꾸는데 큰 역할을 했을 것으로 짐작된다. 이는 <최충전>의 최초 개작자가 일본인이라는 점을 밝혀야 하는 문제로 후속 연구에서 진행할 주제이다.

37) <최충전> 활판본은 조선의 활판본이 아니라 일본 외무성의 활자로 일본인이 찍어낸 활판본이다. 이에 대해서는 유탁일, 「日本人刊行 한글活字本 崔忠傳」, 『韓國文獻學硏究』, 아세아문화사, 1990, 373~383쪽 참조.

줄거리로만 정리하면 전혀 구분이 되지 않을 정도다. 그러나 세부적인 묘사와 상황에 대한 서술 등을 면밀히 비교하면 두 텍스트는 지향하는 바가 상반될 정도로 현격한 차이를 지니고 있다. '소설을 향유한다는 것'은 '줄거리를 읽는다'는 것과 부합하는 개념이 아니다. 소설을 읽는 것은 그 과정에서 묻어드는 인식과 세계에 대한 이해를 습득하게 되는 것이고, 그 과정에서 스스로 묻고 대답하고 고민하고 탐색하는 소위 텍스트와의 대화가 이루어지는 과정이다.[38] 그러므로 이 세부적인 차이는 궁극적으로 서로 다른 소설을 읽었다고 할 정도로 큰 차이를 가져올 수 있는 것이다.

<최고운전>은 새 질서 창조를 위한 영웅이 기득권 질서에 부딪혀 필연적으로 패배할 수밖에 없었던 것을, 야래자설화와 지하대적퇴치설화의 교묘한 조합을 통해 형상화해낸 작품이다. 작가는 <최고운전>을 통해 체제개혁적인 혁신적 사고를 담아냈다. 그런데 이후 전승에서 그런 작가의 도와 다른 지향을 지닌 <최충전>이란 일군의 텍스트들이 출현했다. 이 <최충전>은 한문본 <최고운전>이나 다른 한글본 <최고운전>들과는 다른 가치 지향을 담고 있었다.

<최충전>은 <崔文獻傳>과 전혀 내용으로 구성된 것은 아니지만, 그 서술을 유교적 논리와 이념에 기반을 둔 윤리성을 강조하고 명쾌하고 분명한 서사로 개작함으로써 담고 있는 가치를 상반되게 만들었다. 그 결과 천명에 순응하고 국가와 권위을 인정하는 당대 문화지형에 맞는 대중적 도덕성을 담게 되었다. 이런 대중적 도덕성은 쉽게 계몽성으로 발전할 수도 있는 것으로서 궁극적으로 유교적 가치 지향을 기반으로 한 체제중심적 이데올로기를 재생산하는 기능을 하게 되었다. 특히 <최충

---

38) 텍스트의 상호텍스트성(intertexuality)을 생각하면 대화성은 쉽게 이해된다. 김욱동, 「단성적 문학과 다성적 문학」, 『대화적 상상력』, 문학과지성사, 166~181쪽 ; 빅토르 츠매가치·디터 보르흐마이어 편저, 류종영 외 공역, 「상호텍스트성」, 『현대문학의 근본개념 사전』, 솔, 1996, 209~214쪽 참조.

전>은 일본에서 조선어 통역관 양성을 위한 교재로 이용되던 것으로, 그 체제옹호적인 이야기가 아비튀스로 재생산되었을 것으로 보인다.

이렇게 우리나라 고소설 <최고운전>이 일본에서 <최충전>으로 전승됨으로써 본래의 가치와는 상관없이 우리나라 고소설을 이해하는 일본인들의 방식과 관점이 형성되었을 것이며, 동시에 그런 가치가 지속적인 교육을 통해 일본에 재생산 되었던 것이다.

본고를 통해 <최고운전>과 <최충전>의 가치지향의 차이를 알고 그 거리를 가늠할 수 있게 되었으나, 최초로 <최충전>을 개작한 자가 누구인지, 그리고 최초의 텍스트는 어느 이본인지, 그리고 어떻게 일본에서만 전승되었는지 등에 대해서는 더 심도 있는 논의가 필요하다. 이는 앞으로의 과제이다.

참고문헌

<崔文獻傳>(한문필사) / 김집수택본
<崔致遠傳>(한글필사) / 김동욱 소장본1
<崔致遠傳>(한글필사) / 김동욱 소장본2
<최고운전>(한글필사) / 박순호 소장본1
<최고운전>(한글필사) / 박순호 소장본2
<최고운전>(한글활판) / 회동서관
<崔忠傳>(한글활판) / 국립중앙도서관소장본
<최충전>(한글필사) / 아스톤 소장본
<최충전>(한글필사) / 심수관 소장본
<최충전>(한글필사) / 도쿄대학 소장본
<최충전>(한글필사) / 교토대학 소장본
<최고운전>(한글필사) / 와세다대학 소장본
『近思錄』 권1, 道體類

J. G. 카웰티, 「도식성과 현실도피와 문화」, 박성봉 편역, 『대중예술의 이론들』, 동연,
    5쇄 2000.
M. 엘리아데, 이동하 옮김, 『聖과 俗』, 학민사, 1994.
W. E. Skillend, 『고대소설』, University of London, 1968.
권택경, 「「최고운전(崔孤雲傳)」 연구」, 한국교원대학교 박사논문, 2006.
권혁래, 「조선조 한문소설 국역본의 존재 양상과 번역문학적 성격에 대한 시론」,
    『동양학』36, 단국대학교 동양학연구소, 2004.
김욱동, 「단성적 문학과 다성적 문학」, 『대화적 상상력』, 문학과지성사, 1999.
김현룡, 「「崔孤雲傳」의 形成時期와 出生談攷」, 『고소설연구』4, 한국고소설학회, 1998.
梅田博之, 「雨森芳洲의 韓國語教育論」, 『일어일문학연구』46, 일어일문학회, 2003.
민긍기, 「신화의 서술방식에 관한 연구」, 『논문집』9권 1호, 창원대학교, 1987.
민영대, 「崔忠傳 異本研究」, 『한남어문학』7·8, 한남대 국어국문학회, 1982.
박일용, 「<최고운전>의 창작 시기와 초기본의 특징」, 『고소설연구』29, 한국고소설학
    회, 2010.
빅토르 츠매가치·디터 보르흐마이어 편저, 류종영 외 공역, 「상호텍스트성」, 『현대
    문학의 근본개념 사전』, 솔, 1996.
삐에르 부르디외, 최종철 옮김, 『구별짓기 : 문화와 취향의 사회학』, 새물결, 1995.
성현경, 「「崔孤雲傳」 연구」, 『韓國小說의 構造와 實相』, 영남대학교출판부, 1989.
유광수, 「<최고운전>의 설화적 전승과 '최치원설화'의 연원」, 『한국문학연구』39,

동국대학교 한국문학연구소, 2010.

유광수, 「<최고운전>의 원천소재 활용 양상과 '의미 겹침'으로서의 소설」,『온지논총』
　　29, 온지학회, 2011.

유탁일, 「日本人刊行 한글活字本 崔忠傳」,『韓國文獻學硏究』, 아세아문화사, 1990.

윤영옥, 「崔孤雲傳攷－嶺南大學本』紹介를 兼하여」,『영남어문학』 3, 1976.

이길원, 「아메노모리호슈(雨森芳洲)의 언어관과 국제교류」,『석당논총』 57, 동아대
　　석당학술원, 2013.

이상택 편,『海外蒐佚本 韓國古小說叢書』 2, 태학사, 1998.

이종필, 「<崔孤雲傳>의 초기 소설사적 의의에 관한 연구」, 고려대 석사논문, 2006.

이혜화, 「崔孤雲傳의 形成背景硏究－異本攷를 兼하여」, 고려대 석사논문, 1984.

정병설, 「18·19세기 일본인의 조선소설 공부와 조선관」,『한국문화』 35, 서울대 규장각
　　한국학연구원, 2005.

정병설, 「朝鮮後期 東아시아 語文交流의 한 斷面」,『한국문화』 27, 서울대 규장각 한국학
　　연구원, 2001.

정병욱, 「최문헌전(崔文獻傳)에 대하여」,『한국고전의 재인식』, 홍성사, 1979.

정승혜, 「對馬島에서의 韓語 敎育」,『어문연구』 34권 2호, 한국어문교육연구회, 2006.

정승혜, 「日本에서의 韓語 敎育과 敎材에 대한 槪觀」,『이중언어학』 30, 이중언어학회,
　　2006.

정출헌, 「<최고운전>을 통해 읽는 초기 고전소설사의 한 국면」,『고소설연구』 14,
　　한국고소설학회, 2002.

정학성,『역주 17세기 한문소설집』, 삼경문화사, 2000.

조동일, 「英雄의 一生, 그 文學史的 展開」,『동아문화』 10, 서울대학교 동아문화연구소,
　　1971.

조희웅·松原孝俊, 「『淑香傳』 형성연대 재고」,『고전문학연구』 12, 한국고전문학회,
　　1997.

최기숙, 「권력담론으로 본 최치원전」,『연민학지』 5, 연민학회, 1997.

한석수,『崔致遠傳承의 硏究』, 계명문화사, 1989.

허경진·유춘동, 「애스턴(Aston)의 조선어 학습서『Corean Tales』의 성격과 특성」,『인문과
　　학』 98, 연세대학교 인문학연구원, 2013.

현택수, 「아비튀스와 상징폭력의 사회비판이론」, 현택수 외,『문화와 권력』, 나남출판,
　　1998.

제8장 말기의 눈과 변경의 땅

1930년대 고바야시 히데오(小林秀雄)의 비평과 만주 기행문

김 항

I. 문제의 소재

고바야시 히데오(小林秀雄)를 근대일본 문학비평계에서 하나의 전설이라 부르는 데에 이론을 제기할 사람은 없다. 전후 일본의 저명한 비평가 에토 준(江藤淳)은 다음과 같이 말하며 고바야시를 근대 일본문학비평의 정점으로 평가한다. "그가 출현하기 전에는 길고 건강한 계몽기가 있었다. 그의 침묵과 동시에 출현한 것은 고바야시의 어휘를 이용할 줄 알게 된 쇠약한 계몽가들이었다. 즉 그는 비평을 시작하고 예술적 표현으로 승화시킴과 동시에 비평을 파괴한 것이다."[1] 또한 전후 정치사상계의 '천황' 마루야마 마사오(丸山眞男)는 근대 일본 사상계의 극한을 형성한 인물로 고바야시 히데오를 거론하며 사상적 대결을 시도했다. "고바야시 씨는 사상의 추상성이란 의미를 문학자의 입장에서 이해한 몇 안되는 사람 중 하나이다. 나는 …… 하나의 극한형태로서 고바야시 씨를 인용했다."[2] 혹은 고바야시와 동시대인으로 근대 일본 문학계에서 이단의 광채를 내뿜는 사카구치 안고

---

1) 江藤淳, 『江藤淳著作集』 3, 講談社, 1967, 5쪽.
2) 丸山眞男, 『日本の思想』, 岩波新書, 1961, 191쪽.

(坂口安吾)는 그를 "교조(教祖)"라 칭하면서까지 일본 비평계에서 고바야시가 차지하는 위상을 표현한 바 있다.[3] 이렇듯 그는 근대 일본 지성계의 다양한 분야와 세대로부터 문학 비평 및 사상의 극한 혹은 정점을 찍은 인물로 간주되어왔다.

물론 마루야마나 사카구치가 에토처럼 고바야시를 찬양하기 위해 극한이나 교조라는 수사를 사용한 것은 아니다. 두 사람은 고바야시를 비판함으로써 근대 일본의 사상적 태도를 근본에서 비판하려 했기 때문이다. 하지만 찬양이든 비판이든 고바야시가 근대 일본의 비평/사상계에서 정점의 자리를 차지한다는 평가에는 변함이 없다. 그런 의미에서 고바야시는 하나의 전설이다. 그와 동시대인이거나 뒤를 잇는 후배들은 머리를 조아려 경의를 표하거나 과감하게 싸움을 걸어 이겨야만 비평/사상계에서 확고한 지위를 얻을 수 있었기 때문이다.[4]

무엇이 이토록 고바야시를 전설적 존재로 만든 것일까? 그의 본격적인 비평 활동이 1929년 「온갖 의장(様々なる意匠)」에서 시작되어 1942년 「무상

3) 坂口安吾, 「教祖の文學」, 『坂口安吾全集』 15, ちくま文庫, 1991, 153쪽.
4) 이에 관해서는 이지형, 「고바야시 히데오 비평의 방법—초기 비평을 중심으로—」, 『일본학연구』 제27집, 2009, 383~385쪽 참조. 고바야시를 다룬 일본 문헌들의 특징은 본격적인 논문보다는 비평이나 저널리즘에서 활발한 재독해가 이루어진다는 점이다. 이 경우에 고바야시 히데오는 대부분의 경우 이른바 근대일본의 '비평'이 어떤 성격을 가지고 전개되었는지를 가늠하는 '비평의 매트릭스'와 같이 취급된다. 그것은 1950년대 이후의 고바야시를 다룬 문헌들이 공유하는 특징이라 할 수 있다. 최근 일본에서의 고바야시 히데오에 관한 비평/연구 중 중요한 것을 간추려 열거하면 다음과 같다. 우선 전시기 고바야시를 종교적 심성을 바탕으로 한 개인주의자로 형상환 것으로, 尾上新太郎, 『戰時下の小林秀雄に關する硏究』, 和泉書院, 2006 ; 발레리를 중심으로 고바야시 초기 비평을 다룬 본격적 연구로는, 森本淳生, 「批評言語と私—小說—論 ヴァレリーから小林秀雄へ」, 『言語社會』 5, 2011 ; 고바야시의 만주국 체험과 그에 대한 태도를 논한 것으로, 西田勝, 「小林秀雄と「滿洲國」」, 『すばる』 37(2), 集英社, 2015 ; 패전 후 고바야시의 무반성을 논한 것으로, 浜崎洋介, 「歷史の反省は可能か—小林秀雄はなぜ反省しなかったか」, 『文藝春秋 special』 9(2), 2015.

이란 것(無常という事)」으로 일단락되는 것이라 할 때 고바야시를 전설로 만든 시대적 배경은 1930년대이다. 그리고 일본뿐만 아니라 20세기의 세계 전체에서 1930년대가 사회과학에서 말하는 '결정적 분기국면', 즉 "그 이전의 분열을 어떤 식으로든 봉합시키고 그 이후의 상황을 지속적으로 규정하는 유산(legacy)을 생성시킨 결정적 분기국면(critical juncture)"5)이었음을 감안한다면, 그의 비평은 이 국면에서 누구도 범접하지 못할 빛을 발휘한 것으로 이해될 수 있다. 그것은 대공황이란 글로벌한 위기에 과잉규정당한 뒤 만주사변과 중일전쟁으로 국면을 타개하려 했던 일본 정부의 폭주가 가속화되던 시기였고, 이에 맞추어 메이지 유신 이래의 서구화와 근대화를 부정적으로 평가하면서 '일본회귀'라는 사상적 전회가 일어나던 시기였다. 고바야시는 이 정치의 폭주와 사상의 전회라는 국면 속에서 흔들림 없는 언어로 비평 그 자체를 구원한 인물로 간주된다. 에토가 '건강한 계몽'과 '쇠약한 계몽' 사이에, 즉 근대 일본 사상사의 변곡점에 고바야시를 자리 매김한 까닭이 여기에 있다. 고바야시는 서구화와 일본회귀 사이에서 '근대 일본'의 고유성을 붙잡으려 했던 인물인 것이다.

이때 고바야시가 체현하는 정점이자 변곡점의 사상적 특질을 고바야시의 말에 따라 '리얼리스트의 시선'이라 부를 수 있다면, 1938년 10월에서 11월 사이에 걸친 만주 기행에는 예외적 상황 속에서도 변하지 않는 그의 시선이 극명하게 드러나 있다.6) 고바야시의 만주 기행기에는 '전쟁'과

---

5) Ruth Berins Collier and David Collier, *Shaping the Political Arena : Critical Junctures, the Labor Movement, and Regime Dynamics in Latin America*, Princeton UP, 1991, 29~31쪽.

6) 이에 관해서는 이지형, 「전시기 고바야시 히데오의 대륙여행기와 식민지」, 『일본학보』 제88집, 2011 참조. 이 논문은 고바야시 히데오의 조선/만주/대륙 기행기를 통해 전시기에 이르러 고바야시 비평이 파탄을 맞이함을 논증한다. 특히 고바야시의 비평이 일본이란 자기 정체성 속으로 흡수되어 무화되는 과정을 조선/만주/대륙에서의 타자 체험 속에서 찾아낸 것은 일독을 요하는 대목이라 할 수 있다.

'만주'라는 예외적 상황과 극한의 지역에서도 삶의 건강함을 읽어냄으로써 삶의 나약함과 쇠약함을 지워버리려는 리얼리스트의 시선이 생생하게 드러나 있기 때문이다. 그런 의미에서 그의 만주 기행문은 고바야시 비평의 기본 태도와 그가 붙잡으려 했던 일본 혹은 일본인이 무엇인지를 읽어낼 수 있는 텍스트이다. 아래에서는 고바야시 비평의 얼개와 1930년대라는 예외적 상황의 의미를 살펴본 뒤 고바야시의 만주 기행문을 독해하도록 한다. 그 과정을 통해 고바야시의 비평 원리가 도출하는 일본/일본인에 대한 규정이 하나의 '전도'를 내포한 것임을 밝히고, 그 '전도'가 만주/조선이라는 제국의 변경을 경유해서야 드러날 수 있음을 논구하는 것이 아래에서의 과제이다.

Ⅱ. 실제와 사실 : 고바야시 비평의 원리

1961년의 대담에서 에토와 고바야시는 다음과 같은 대화를 나누었다.

에토　결국 우리들 현대 지식인의 미에 대한 태도가 그렇게 얕다는 것이죠. …… 생활이 언제나 정치의 과잉 속에 있기 때문에 소박한 체험이 정말로 어려워졌죠. 현대 사회에서 어느 순간인가 이데올로기랄까 관념이랄까 그러한 것에 속박되어 좀처럼 '모노(モノ)'7)를 만질 수 없어요.

다만 '안/바깥' 혹은 '중심/주변'의 대립 구도 속에서 고바야시 비평의 임계점을 읽어내는 이 논문과 달리 아래에서의 논의는 고바야시 비평을 1930년대의 일본주의를 둘러싼 논쟁 속에 자리매김함으로써 보자 내재적인 독해를 시도하고자 한다.

7) 여기서 '모노'란 사물 그 자체를 뜻한다. 사물 대신에 모노라는 원어를 사용한 까닭은 가타가나로 표기된 '모노'가 사물보다 더 무관심과 무맥락의 사물 그 자체를 지시하는 뉘앙스를 갖기 때문이다. 이 때 '모노'는 독일어 'Sache'에 가까운

고바야시 그렇지요. 가령 키모노를 고르는 경우에 여성들은 다 완성되어 입었을 때를 상상하면서 고릅니다. 나는 그 관점이 자연스럽고 건강하다고 봅니다. …… 미(美)를 조금도 사랑하지 않으면서 문화에는 미가 필요하다고 떠들어대는 부류가 있습니다. 그렇게 떠드는 말로만 미에 접근하죠. 그래서 뭐든지 엉망이 되어버리는 것이죠.

에토 제대로 생활하지 않기 때문일까요?

고바야시 지식과잉이랄까, 언어과잉이랄까. 미란 것은 바로 우리 옆에 있기 때문에 인간은 매우 자연스러운 태도를 취할 수 있습니다. 생활의 반려니까요. / 하지만 현대문화에서 미의 위치라는 식의 사고방식이 나오는 까닭은 미의 일상성에 관한 경험이 없기 때문이죠. 그래서 그런 생각으로부터 출발하게 됩니다. 이러면 말밖에는 남는 게 없죠.[8]

한 편에 추상적으로 미를 사유하는 이들이 있다. 다른 한 편에 모노를 눈과 손으로 가늠하는 이들이 있다. 두 대담자는 눈과 손으로 모노를 가늠하는 이들의 손을 들어준다. 고바야시 비평의 핵심은 이 구분과 편들기에 있다. "아름다운 꽃이 있다, 꽃의 아름다움 따위는 없다(美しい花がある、花の美しさという様なものはない)"[9]는 것이 고바야시 비평의 핵심이라면, 그것은 전제된 개념이나 논리를 제거하여 가능한 모노 자체에 다가가려는 시선이자 언어활동이라 할 수 있다. 여기서 중요한 점은 그렇다고 고바야시가 단순히 논리나 인식 대신에 모종의 직관(intuition)을 비평의 제1원리로 삼은 것은 아니라는 사실이다. 고바야시는 논리나 인식에 직관을 맞세우는 것이 아니라, 논리나 인식을 방법적 절차에 따라 제거해나가는 것을 비평원

뜻이라 할 수 있다.

8) 『江藤淳著作集』 6, 184~185쪽.

9) 『小林秀雄全集』 8, 15쪽.

리로 삼았기 때문이다.10) 즉 직관으로 사물 자체를 파악하는 것이 아니라 사물을 휘감고 있는 역사적이고 사회적인 언어의 망을 걷어내는 것이 고바야시 비평의 본령이었던 셈이다.

이러한 시좌는 그의 데뷔작 「온갖 의장」에서부터 일관성 있게 유지된 비평 원리이다. 그는 이 글에서 마르크스주의 비평을 논적으로 삼아 당대의 비평계를 비판했다. 논지는 명확하다. 우선 고바야시는 당대 비평계를 마르크스주의의 영향으로부터 해부한다. 그에 따르면 마르크스주의 비평이 일본에 도입된 이래 비평계의 논쟁은 마르크스주의자들이 논적을 부르주아지 혹은 자유주의자로 비난하는 형식으로 점철되었는데, 사실 그렇게 비난받기 이전에 논적들은 스스로를 부르주아지나 자유주의자로 생각한 적이 없기에 논쟁이 허공을 맴돌아왔다. 따라서 마르크스주의는 계급의식에 기초한 계급문학을 생산한 것이 아니라 논적에 이름을 붙여 비난하는 논쟁형식을 도입한 것에 지나지 않는다. 고바야시는 마르크스주의와 뒤이은 여러 '주의'들을 '온갖 의장'이라 조소하면서, 비평의 임무는 '주의'라는 의장을 통해 편 가르기를 하는 일이라기보다 작품과 세계 사이의 간극과 조우를 가늠하는 일임을 주장했던 것이다. 그 간극과 조우에 고바야시는 '인간'을 위치시킨다.

예술의 성격은 이 세상과 동떨어진 미의 나라를, 이 세상과 동떨어진 진리의 세계를 우리에게 보여준다는 데에 있지 않고, 거기에는 항상 인간의

---

10) 이에 대해서는 金杭, 『帝國日本の閾』, 岩波書店, 2010, 제10장 참조. 그런 의미에서 고바야시의 비평원리를 '시작(詩作)'과 근접시키며 '직관'이나 '자의식'의 지평 속에서 파악하는 것은 다소 성급한 평가라 할 수 있다(이지형, 앞의 논문들 참조). 그의 비평은 어디까지나 존재하는 무언가를 대상으로 한 것이다. '산문을 통한 시작'이라 평가되는 「무상이라는 것(無常ということ)」도 얼핏 보기에는 대상 없는 비평처럼 읽히지만, 사실은 '전제'라는 개념 자체를 대상으로 한 비평이라 할 수 있다.

열정이 가장 명료한 기호로 존재한다는 점에 있다.11)

　고바야시의 주장은 명료하다. 그는 온갖 의장들이 말하는 예술의 공리를 걷어치우라고 주문한다. 피안의 아름다움이나 진리를 예술가들이 체화하고 재현하는 것이 예술이 아니라, 아름다움이나 진리로 다가가는 작가 혹은 생활인들의 열정을 언어화 혹은 표상화하는 것이 예술인 것이다. 이를 마르크스주의를 염두에 두고 바꿔 말하자면, 프롤레타리아트의 계급적 진리를 표현하는 것이 아니라 프롤레타리아트의 실제세계 및 그것과 마주한 작가의 열정이야말로 예술이라는 이름에 값하는 무언가라는 주장인 셈이다. 이를 '주의'라는 의장 속에서 공리화하는 것이야말로 당대 일본 비평의 가장 큰 병리임을 고바야시는 데뷔작을 통해 선명하게 문제화했다.

　이런 고바야시의 비평 원리는 근대 일본 소설의 전형 '사소설(私小說)' 비판에서도 일관된다. 사소설이란 작가의 내면이나 시선을 소설의 일인칭 주인공을 통해 재현하는 소설 형식을 말한다. 근대 일본 문학의 자연주의로 해석되어온 이 형식은 이른바 '사회적 시각'이 당대 일본 문학계의 비평 원리로 채택되면서부터 비판을 받아왔다. 소설이 지나치게 작가의 자연적 감상에 국한되어 외부 세계의 객관적인 넓이와 깊이를 재현하는 데에 실패했다는 것이다. 이러한 비판의 선봉에 나선 것이 마르크스주의 비평임은 말할 필요도 없다. 마르크스주의 비평은 사소설이 사회에 대한 객관적 시야를 결여한 소박하고 치졸한 자연주의 문학이라 비판하면서 프롤레타리아트의 객관적 삶의 조건을 표현하기에 부적절한 형식임을 격렬한 언어로 비난했던 것이다.

---

11) 『小林秀雄全集』 1, 19쪽.

고바야시는 이에 대해 「사소설론」이라는 글에서 간명한 원리로 응답한다. 그가 볼 때 마르크스주의 비평은 계급과 사회라는 '공리'에 갇혀 주인공이나 작가가 모두 '나'라는 형태로 사회에 등장할 수밖에 없음을 간과했다. 다시 말해 그것이 주인공이든 작가든 소설과 연루된 인물들이 어떻게 사회와 만나는지를 마르크스주의자들은 보지 못했다는 것이다. 마르크스주의자들이 볼 때 등장인물이나 작가는 일정 계급에 속하는 것 외에는 사회적인 의미를 획득할 수 없다. 그것이 계급문학론의 본질이다. 하지만 고바야시는 묻는다. '프롤레타리아트 계급에 속한 아무개'라는 형태로 소설이 시작될 수 있냐고. 마르크스주의 비평이 그토록 중시하는 계급문학도 결국에는 특정계급에 속한 '나'가 아니라 '나'를 통해 특정계급을 형상화할 수밖에 없는 것이 아니냐는 것이다. 한마디로 하자면 계급은 어떻게 해도 소설의 주인공이 될 수 없다는 주장인 셈이다. 그래서 고바야시는 말한다.

> 　　사소설은 망했지만 사람들은 '나'를 정복한 것일까? 사소설은 또 새로운 모습으로 나타날 것이다. 플로베르의 "마담 보봐리는 나다"란 유명한 도식이 무너지기 전까지는.[12]

　　따라서 고바야시는 「온갖 의장」에서의 주장을 여기서도 반복한다. 언어/표현과 실제 사이에 인간의 열정을 보면서 피안의 아름다움이나 진리 혹은 '주의'의 공리를 걷어낼 것을 요구한 것과 마찬가지로, 자연주의나 마르크스주의의 의장에 갇혀 '나'를 자연이나 계급 속으로 매몰시키는 일을 그만두라고 주장한 것이다. 그가 볼 때 '나'는 소설이 지속되는 한

---

12) 『小林秀雄全集』 3, 145쪽.

무너지지 않는 것이며, 일본에서는 그 '나'가 사회화되지 못했다는 동시대 비평가들의 말과 달리 근대 일본에서는 '나'가 사회화되는 고유한 회로가 있을 뿐이었다. 이 글이 원래 마르크스주의 및 사소설 모두를 비판하고 작가에게도 사회에게도 환원될 수 없는 순수소설의 세계가 필요함을 주장한 요코미츠 리이치(橫光利一)의 「순수소설론」에 대한 반론임을 상기한다면, 고바야시의 의도는 '나'라는 "실험실"이야말로 요코미츠가 말하는 순수소설의 요체임을 말하려 했던 것이라 할 수 있다. 작가든 사회든 작가나 주인공을 매개로 하여 소설 속에서 언어를 통해 세계를 개시한다면, 거기에는 소설에 명시적으로 등장하든 등장하지 않든 '나'라는 매개 혹은 실험실이 필연적으로 내장되어 있다는 것이다.

이렇게 고바야시는 언어와 세계를 매개하는 인간의 열정을 비평 원리의 중심에 두었다. 이는 단순하고 소박한 인간중심론이나 실존주의가 아니다. 오히려 고바야시는 주체로도 이론으로도 환원되지 않는 인간과 사물 혹은 언어와 세계의 만남을 예술의 유일한 원리로 삼았기 때문이다. 거기에는 미리 결정된 법칙이나 공리가 있을 수 없다. 있는 것은 인간이 사물을 만나고 언어가 세계를 전유할 때의 무질서하고 예측 불가능한 '실험'이 있을 뿐이다. 옷을 고르는 여인이 머리 속에서 옷을 입은 자신을 거울 속에 상상하면서 자기를 실험하는 것과 같이, 예술은 이 실험을 통해 실제와 사실을 표상하는 생활의 실천이다.

이것이 고바야시의 비평 원리였다. 그런데 이런 일반론적인 측면과 더불어 「사소설론」이 발표된 해가 1935년임을 생각해보면 이 글이 겨냥하는 또 하나의 상황은 '전향'에 있다. "최근의 전향문제로 작가가 어떤 것을 쓸 것인지를 말할 단계는 아니다. 하지만 확실한 점은 문학적 현실과 마주했을 때 그들 스스로의 자질이 예전에 신봉한 비정한 사상을 어떻게 견딜 수 있었을까를 규명할 때가 왔다는 사실이다. 그들에게 새로운 자아 문제가 생겨난 셈이다. 이때 자신 속에 아직 정복하지 못한 '나'가 있다는 사실을 의심하지 않을 이가 그들 중에 있을까?"[13] 「사소설론」에 깊이 각인된 이 상황적 논리야말로 고바야시가 만주기행을 통해 스스로의 비평 원리를 극한으로 내세우는 계기였다. 이제 1930년대의 전향과 뒤이은 논쟁의 국면을 살펴본 뒤 만주 기행으로 이야기를 옮길 차례이다.

Ⅲ. 전향과 불안 : 1930년대 일본주의의 귀환과 현상타파의 기획[14]

일본주의는 일종의 일본형 파시즘이다. 일본주의적 역사관에 대립하는 것은 유물론에 의한, 즉 유물사관에 의한 과학적 연구와 기술일 수밖에 없다. 따라서 여기서도 알 수 있듯이 일본주의에 진정 대립하는 것은 자유주의가 아니라 진정 유물론인 것이다. …… 자유주의적 철학 내지 사상 중 어떤 것은 그대로 일본주의 철학으로 이행할 수 있다. …… 지금 이 점에 주목하면 유물론의 사상으로서의 우월성이 자연스레 간접적으로 증명된다.—여기서 사상이란 다름 아닌 실제문제의 실제적 해결을 위해, 그 논리를 수미일관하게 전개할 수 있는, 포괄적이고 통일적인 관념의 메카니즘이다.[15]

고바야시 히데오가 「사소설론」을 발표한 1935년, 교토학파의 일원이었으며 마르크스주의 철학에 투신한 도사카 준(戶坂潤)은 당대의 자유주의

---

13) 위의 책, 같은 쪽.
14) 이 절의 내용은 金杭, 『帝國日本の閾』, 岩波書店, 2010, 제10장에서 상술한 일부 내용을 참조했다.
15) 戶坂潤, 「日本イデオロギー論」[1935], 『戶坂潤全集』 5, 勁草書房, 1966, 232~235쪽.

비판을 '일본 이데올로기'라는 이름 아래 전개했다. 명백히 마르크스의 『독일 이데올로기』를 차용한 이 글에서 도사카는 마르크스주의자들의 '전향의 계절'을 거친 이후 담론계를 지배하는 일본주의와 자유주의를 비판하면서 유물론적 역사 이해를 옹호하려 시도했다. 이를 통해 도사카는 비평과 사상의 영역에서 진지전을 지속하려 했던 것이다.

여기서 고바야시와 도사카가 각기 개입하려 했던 전향의 계절을 간략하게 짚고 넘어가보자. 1922년 비합법으로 결성된 일본공산당은 1924년에 일단 해산한 뒤 당 재건을 위해 노력하게 된다. 정부는 지하에서 활동하는 공산주의자/사회주의자를 표적으로 1925년 치안유지법을 제정하여 이른바 '사상경찰'을 가동하게 된다. 이후 1928년의 3.15 사건과 1929년의 4.16 사건으로 공산주의자들의 일제검거가 성공을 거둔다. 검거된 공산주의자들은 경찰과 검찰로부터 모진 고문과 "고향의 부모님이 울고 계신다"는 정서적 회유를 되풀이하여 받게 된다. 이렇게 하여 검거된 7만명 중 대다수가 전향한다. 끝내 전향하지 않은 194명이 고문으로 살해당했고, 1503명이 옥중에서 병사했으며, 제2차 세계대전 종결 시까지 전향하지 않은 도쿠타 큐이치(德田球一)나 미야모토 겐지(宮本顯治) 등이 '인민전사'라는 칭호로 불리며 전후 공산당을 주도하게 된다.

이런 맥락 속에서 두 번의 대대적 검거 뒤인 1930년대 초는 '전향의 계절'로 불린다. 특히 1933년 공산당 위원장이었던 사노 마나부(佐野學)와 당간부 나베야마 사다치카(鍋山貞親)의 옥중 전향 성명은 사회를 떠들썩하게 만든 사건이었다. 물론 당국의 의지에 따른 것이었지만 두 지도자의 요란스러운 전향 성명은 옥중의 공산주의자만이 아니라 심정적으로 공산주의/사회주의에 동조했던 젊은 층을 동요시키기에 충분한 것이었다. 그 성명의 내용이 공산주의/사회주의를 저버린다는 것이 아니라 천황을 생활 속에서 경애하는 일본민중의 마음에 맞게 운동을 전개하겠다는 것이었기 때문이다. 이제 그들이 신봉해마지 않았던 마르크스주의의 과학적 세계관이 아니라 천황주의에 바탕을 둔 공산주의/사회주의 운동을 목표로 활동하겠다는 선언이었던 셈이다. 많은 젊은이들뿐만이 아니라 지식인에게도 커다란 충격이었음은 말할 필요도 없다.[16)]

1935년에 발표된 고바야시와 도사카의 글은 맥락은 다르지만 이런 국면 속에서 등장한 것이다. 고바야시는 「사소설론」을 통해 계급과 과학으로 '나'를 매몰시킨 마르크스주의자들이 전향을 계기로 '나' 혹은 '자아'의 문제와 마주할 수밖에 없음을 설파했으며, 도사카는 전향을 계기로 유물사관이 폐기처분되면서 자유주의와 일본주의가 담론계를 장악하는 상황을 타개하려 했던 것이다. 이때 고바야시는 마르크스주의의 무효함을 주장했다기보다 '주의'라는 의장 뒤에 은폐되었던 '나'의 문제가 전향을 통해 문학의 중심 문제임이 새삼 확인되었음을 주장했다. 하지만 도사카는 고바야시를 포함한 자유주의자들이 마르크스주의의 유물사관을 권력에 힘입어 비난하면서 자아에 매몰되거나 전통으로 회귀한다고 비판한다. 그는 자유주의와 일본주의가 권력의 마르크스주의 탄압과 공모하여 사상의 진정한 자유를 훼손하고 객관세계의 "실제 문제"를 "실제적으로 해결하는 사상"인 유물론을 폐기했다고 고발한 것이다. 그리고 도사카가 표적으로 삼은 이는 고바야시 히데오였다. 다소 길지만 도사카의 고바야시 비판을 인용해보자.

고바야시에게 중요한 것은 자기뿐이다. 특히 자신의 이미지 세계, '꿈'의 세계가 이 값비싼 금붕어의 어항인 것이다. 객관적 세계는 아무래도 좋다. 유리를 통해 바깥을 보는 어항의 시각만 있으면 문제없다. 사실이나 실재는 자기자신의 내면에만 있다. 역사를 말하고 사회를 말하고 정치를 말하고

---

16) 이상의 전향에 대해서는, 일본 근대사상사를 전향이라는 테마로 접근한 전향연구의 필독서인 思想の科學研究會編, 『轉向』上中下, 平凡社, 1966 참조.

자연을 말하지만, 그것들은 그에게 구성력을 결여한 종이 위의 입장일 뿐이다. …… 이 태만하고 둔감한 영상력/상상력은 사실 에둘러 가는 것을 대단히 싫어한다. 즉 객관적인 리얼리티뿐만이 아니라 주체적 리얼리티조차 통과하는 일을 주저하는 것이다. 그 대신 가장 쉬운 길이 무엇이냐 하면 바로 고바야시 식의 역설이다. 그의 내용 없는 형식주의적 내용은 실재가, 객관적인 물질세계가 무서운 것이다. 여기서 그는 이 불안을 해소하기 위해 끊임없이 수다를 떤다. 물론 언어영상의 세계이기에 어떤 수다를 떨든 자기 마음대로다. 이 수다쟁이의 마법피리가 고바야시 특유의 역설이며, 그의 찬미자는 이 피리 소리에 따라 수다를 떨거나 춤을 추거나 하는 것이다.[17]

도사카에게 고바야시는 불안에 사로잡혀 벌벌 떨면서 피리나 부는 나약한 존재이다. 그가 아무리 작가와 실제, 언어와 세계의 만남 사이에 있는 '인간의 열정'을 붙잡으려 해도 도사카가 보기에 그것은 금붕어의 수다일 뿐이다. 그의 언설이 객관적이거나 주체적인 리얼리티를 포착하는 일이 없기 때문이다. 물론 이 고바야시 비판이 「사소설론」이 발표되기 전의 것이지만, 고바야시가 '나'의 문제를 아무리 제기하더라도 도사카는 흔들림이 없다. 고바야시의 열정이나 주체는 객관세계와 접촉면이 없는 어항 속의 자아에 지나지 않기에 그렇다.

지금까지 살펴본 고바야시의 비평원리에 비춰 볼 때 이러한 도사카의 비판은 과도한 것을 넘어 오독에 가까운 것이라 할 수 있을 것이다. 하지만 여기서의 관심은 도사카의 독해를 가늠하는 일이 아니다. 문제는 도사카가 유물사관을 견지하면서 당대의 가혹한 상황에 개입하려 했을 때 고바야시

---

17) 戶坂潤, 「文芸評論家のイデオロギー」[1934], 大岡昇平他編, 『論集 小林秀雄』 1, 麥書房, 1966, 20쪽.

를 제물로 삼았다는 사실이다. 고바야시의 언설을 섬세하게 독해하는 것보다는 그의 난해한 글이 자유주의의 의장을 뒤집어쓰고 일본주의를 조장하게 되는 상황을 비판하는 것이 도사카의 의도였던 것이다.

여기서 도사카가 비판의 핵심으로 삼은 것은 고바야시의 '불안'이었다. 불안이란 1930년대 일본 사상계의 핵심어라 해도 과언이 아니다. 미키 기요시(三木淸)의 '불안의 철학'에서 극명하게 나타나듯이 시대의 분위기는 불안으로 가득 차 있었다. 대공황의 한 가운데에서 노동자들은 실업과 생활고에 허덕이고 있었고,[18] 세계정세는 파시즘과 인민전선의 대결로 압축되는 정치적 격변의 시대였다. 일본의 경우에는 국제연맹 탈퇴와 만주사변으로 이어지는 당국의 정책결정 속에서 국제적 고립이 시작되었으며,[19] 독일에서 나치즘이 등장함에 따라 영미 주도의 보편주의를 대신할 새로운 질서를 모색하는 '현상타파'가 슬로건으로 등장하게 된 시기였다.[20] 이런 상황 속에서 전향의 계절을 거친 일본의 사상계는 그야말로 불안의 계절이었다. 도사카는 시대의 키워드 불안을 지렛대로 삼아 고바야시의 비평을 비판했던 것이다. 그는 고바야시가 객관적 세계의 불안을 분석하고 해결하려는 노력 대신, 불안을 어항 안에서 보는 금붕어의 시각으로 치환함으로써 현실세계와 사상/비평의 접점을 말소했다고 쏘아 붙인 셈이다.

이에 대해 고바야시는 다음과 같이 응수했다. "말꼬리를 잡는 것은 좋지

---

18) 대공황 직후의 사회적 불안을 극명하게 나타낸 작품으로 저명한 마르크스주의자였던 아오노 스에키치(靑野季吉)의 『샐러리맨 공포시대』를 참조할 수 있다(靑野季吉, 『サラリーマン恐怖時代』, 先進社, 1930).

19) 이 일련의 과정에 대해서는 酒井哲哉, 「國際秩序論と近代日本硏究」, 『近代日本の國際秩序論』, 岩波書店, 2007 참조.

20) 이에 대한 당대 일본의 대응을 탈보편주의적 국제질서의 모색을 중심으로 논한 것으로 김항, 「'광역권'에서 '주체의 혁명'으로 : 근대초극, 미완의 법기획, 그리고 한반도」, 『제국일본의 사상』, 창비, 2015, 제3절 참조.

만 하지 않은 말의 꼬리를 잡아 비난을 하고 상대를 해치운 양 의기양양하는 것은 평자의 악덕이다."[21] 도사카는 고바야시를 두고 파시즘을 조장하는 위험인물이라 칭했는데 고바야시는 이에 대해 "도대체 지금 세상에 좋은 뜻이든 나쁜 뜻이든 위험인물 따위가 있느냐?"고 반문한다. 왜냐하면 문학주의가 사회를 문학적으로 재단하면서 객관세계를 저버린다고 말꼬리 잡는 것은 좋지만, 고바야시가 보기에 "사회 일반에 대한 해석을 문학자 입장에서 내리고 자만할 만큼 지금의 사회는 호락호락하지 않으며" "문학자는 문단적 전문화와 사상적 공식화로 빈곤해진 건전한 상식을 회복하고자 노력하고" 있을 뿐이기에 그렇다.[22] 즉 고바야시는 당대의 상황이 말을 업으로 하는 이들의 언설로 사회를 해석하거나 바꿀 수 있을 만큼 쉽지 않으며, 문학자는 도사카와 같이 사상의 과학성을 들먹이며 상황을 직시하지 못하게끔 하는 '주의=의장'을 걷어내려 할 뿐이라는 것이다. 그리하여 문학자가 회복하려 하는 '건전한 상식'이란 '불안'을 해소하는 것이 아니라 '불안'을 '불안'으로서 마주하여 근대적 삶의 조건으로 삼는 정신태도를 뜻한다.

옛 사람은 가만히 풍경을 보며 꿈꾸고 있었다. 눈앞에 있는 의연한 산하가 싫증나 마음 속 풍경을 마음대로 바꾸어 그리고 있던 것이다. 오늘날에는 그 바뀐 풍경이 눈앞에 있다. 우리도 옛 사람처럼 가만히 앉아 풍경을 보기는 본다. 옛 사람보다 아마 더 가만히 앉아 있을 터인데, 이상하게도 앉아 있는 의자가 1초에 100미터의 속도로 움직인다. 창밖의 풍경은 현실임에는 틀림없지만 사람은 꿈꾸는 것과 동일한 심리상태가 아니면 어떻게 이 이상한 모습으로 변한 현실을 견딜 수 있을까? 묘수는

21) 小林秀雄, 「戸坂潤氏へ」[1937], 『小林秀雄全集』 4, 184쪽.
22) 앞의 책, 186~187쪽.

없다. 그래서 그는 그야말로 꿈을 꾸고 있는 것이다. 비행기에서 내리면 자동차에 타야 한다. 꿈에서 깰 순간 따위는 없는 것이다. …… 덕분에 우리는 자기 힘으로 꿈을 창조하는 행복도 용기도 인내도 잃어버렸다.[23]

이것이 고바야시가 본 근대적 삶의 근본 조건이다. 현실을 꿈꾸듯 살아야만 하는 현대인에게 불안은 객관적 정세 변화에 따라 야기되는 것이 아니라 이미 삶의 근원 조건이라는 것이다. 고바야시는 도사카의 비판에 답하면서 정세에 좌지우지되는 불안에 맞서 현대적 삶의 근원적 조건으로서의 불안을 대립시킨다. 고바야시가 말하는 건전한 상식이란, 따라서, 도사카가 호들갑스럽게 조장하는 정세적 불안에 일일이 대응하는 것이 아니라, 그러한 불안을 삶의 근원적 조건으로 받아들이고 꿈같은 현실을 감내하는 정신의 태도이다. 마치 어지럽고 시끄럽기 그지없는 백화점에서 자기에게 꼭 맞는 옷을 침착하게 고르는 소비자와 같이, 근대적 삶을 살아내는 유일한 방법은 시시각각 변화하는 현실과 그에 따른 불안 속에서 실제와 생활을 견지하라는 주문인 셈이다.

1930년대의 전향과 뒤이은 논쟁의 국면 속에서 고바야시는 이렇게 객관적 세계의 변화를 설파하는 언설에 대항했다. 불안의 철학에 뒤이은 현상타파의 슬로건에 대해서도 마찬가지였으며, 일본주의가 점점 더 파시즘적 색채를 더해 가는 국면에서도 동일했다. 그의 눈은 언제나 꿈같은 현실 속에서도 살아남는 생활가의 태도를 중시한다. 이러한 그의 태도가 극명하게 드러난 것이 1938년의 만주 기행이다. 만주사변 이래 발표된 그의 글에서도 물론 변하지 않는 일관성 아래에서 사유를 전개했지만, 만주 기행에서 만난 일본인 이주자를 보는 그의 시선은 극한의 생활변화 속에서도 생활인

23) 小林秀雄, 「現代文學の不安」[1932], 『林秀雄全集』 1, 147쪽.

의 건전함을 읽어낸다. 고바야시의 만주 기행을 살펴보자.

Ⅳ. 어른이라는 의장을 걷어내기 : 고바야시의 만주 기행

1937년, 일본은 중국대륙의 전선을 전면전으로 확대시킨다. 동북부에 국한되었던 병력 전개를 중국 전체로 확장시킨 것이다. 전투는 이제 중국 동북부의 초원을 벗어나 남쪽으로 번져갔으며, 한반도와 타이완을 포함하여 제국일본의 판도에 있던 모든 일상세계가 전장이 되었다. '총후(銃後)'라는 말이 주술처럼 퍼져나간 것도 이 시기였다. 비록 총탄이 오가는 전장은 아니지만 전쟁은 전선과 총후를 아우르는 '전력전'이라는 생각이 일상생활에 스며들어 갔던 것이다. 바야흐로 '비상시(非常時)'의 전면화가 도래했다. 만주사변, 전향, 국체명징운동, 2.26 사건으로 이어지며 긴박하게 일상을 비상으로 몰아대던 정세가 전면적인 예외상황의 도래를 선포한 것이다. 고바야시 히데오의 만주 방문은 이런 상황에서 실현되었다.[24]

고바야시의 만주 기행은 지인인 조각가 오카다 하루키치(岡田春吉)의 주선으로 성사되었다. 오카다의 친형이 만주국의 유력자였던 인연으로 만주국으로부터의 초대 여행이었다. 그는 우선 부산으로 가 열차로 흑룡강 만소 국경지대를 방문한 뒤 손오(孫吳)의 '만주청소년개척단' 훈련소를 시찰한 뒤 열하를 거쳐 베이징을 방문한 후 일본으로 돌아왔다. 한 달여에 걸친 여정으로 1939년 초에 이때의 인상을 기록한 「만주의 인상」이란 글을 발표한다. 여기서 그는 위에서 말한 비상시의 사유를 유감없이 발휘하여 기묘한 기행문을 완성하게 된다.

---

24) 고바야시의 조선/만주/대륙 방문 및 기행의 여정에 관해서는 이한정, 「고바야시 히데오의 '아시아' 체험」, 『일어일문학연구』 32권, 1998 참조.

사실 근대 일본 문학자들의 만주 기행문은 하나의 장르라고 할 만큼 다수 발표된 바 있다. 메이지 시기의 나츠메 소세키(夏目漱石)를 시작으로 조선을 거쳐 만주를 이동하여 중국으로 마무리되는 기행은 작가나 비평가들의 통과의례였다 해도 과언이 아니다. 고바야시의 만주 기행에 동행한 저명한 전향 작가 하야시 후사오(林房雄)가 부산으로 가는 배 위에서 "나이 46을 먹고서야 처음으로 조선을 구경하다니"라고 감회를 밝힌 것은 그런 사정을 염두에 둔 것이라 할 수 있다.

그런데 근대 일본의 작가들에게 북방으로의 여행은 단순한 이국체험이 아니었다. 그것은 제국주의적 침략과 식민으로 성립한 근대 일본의 발자취를 몸으로 확인하는 여정이었으며, 이국이지만 이국이 아닌, 동시에 일본이지만 일본이 아닌, 기묘한 회색지대로 진입하는 모험이었다. 어떤 이는 그 과정에서 근대 일본이 상실한 전근대적 생활상을 발견하고는 노스탤지어에 젖었고, 어떤 이는 이주 일본인의 강인한 생활력에 감탄하며 조국의 저력을 확인했으며, 어떤 이는 자만에 빠진 일본인의 현지인에 대한 차별과 멸시를 부끄러워했다.[25]

특히 1930년대에 대대적으로 이뤄진 북방 기행은 방문자들로 하여금 어떤 형식으로든 역사의 분기점을 찾도록 만들었는데, 그 대표적인 것으로 일본낭만파의 리더 야스다 요쥬로(保田與重郎)의 『몽강(蒙彊)』(1937)과 시마키 겐사쿠(島木健作)의 『만주기행』(1938)을 들 수 있다.[26] 전자는 서양적 근대화의 종언을 주창하며 일본회귀를 통해 사상적 쇄신을 기획하던 낭만적 시선을 이역의 식민지와 전장에 투영한 작품이며, 후자는 만주로 이주한

---

25) 제목은 전후 세대로 국한되어 있지만 전시기 만주 기행의 '오묘한' 의미에 대한 간략한 서술로는 安彦良和, 「戰後世代の「滿州」紀行」『潮』390호, 潮出版社, 1991, 152~159쪽 참조.

26) 保田與重郎, 『蒙彊』, 新學社, 2000 ; 島木健作, 『島木健作全集13 : 滿州紀行』, 國書刊行會, 1980.

일본인들의 고군분투를 사실적으로 묘사하면서 자립농업을 기치로 내건 이민 정책이 현지인에 대한 노동착취로 이뤄짐을 비판한 작품이다. 물론 정치적인 지향에서도 비평적 시선에서도 공통점이 없지만 두 작품은 만주에 미래의 일본을 투영한다는 점에서 일치한다. 즉 만주를 소재로 삼아 당대의 비상상황이 전혀 다른 미래를 향한 실험이자 고난의 과정임을 두 작품 모두 작품의 기저음으로 삼고 있는 것이다. 그 안에는 국가 주도로 서양적 근대화를 추진한 메이지 이래의 일본과 달리, 척박한 땅에서 자기 손으로 삶을 일구며 살아가는 이주 일본인들의 모습이 그려져 있으며, 서양적 제국주의의 인종적 위계질서에서 해방되어 '오족협화'라는 새로운 공존 질서의 모색이란 만주국의 실험을 낭만적으로 바라보는 시선이 관통한다. 즉 당대의 일본열도를 지배하게 될 '근대의 초극'이란 표어가 만주 기행에 선취되어 있는 것이다.

하지만 고바야시 히데오의 만주 기행은 이와는 내실을 달리 한다. 그가 만주에서 확인하는 것은 전쟁에 대처하는 일본 국민의 '건전한 상식'이다. 여기서도 고바야시는 일본 사상/비평계의 '온갖 의장'을 걷어내려고 열심이다. 그는 러만 국경지대에서 현지인과 러시아인을 이해할 수단이 없음을 한탄하면서, 그렇다면 과연 일본인은 일본인을 제대로 이해해왔는지를 되묻는다. 즉 이국의 인민들을 이해 못하는 것과 마찬가지로 '우리'라고 한 묶음으로 이해되는 일본인이란 개념으로 무엇을 공유해왔는지를 묻는 것이다.[27]

일본의 인텔리겐챠여 일본으로 돌아가라, 이런 외침에도 일말의 정당성이 있다고 생각하지만, 나는 일종의 공포스러움을 느끼지 않을 수 없다.

---

27) '내셔널 아이덴티티' 관련 고바야시의 시사비평에 대한 꼼꼼하고 깊이 있는 분석으로 이한정, 「고바야시 히데오의 사회시평」, 『일본어문학』 제4집, 1998 참조.

예전 우리들의 서양숭배 뒤에 어떤 서양공포가 있었는지 모두가 잘 알 것이라 생각한다. 인텔리겐챠뿐만 아니라 누구에게라도 어딘가로 돌아가라고 하면 현재 있는 자기 자신 외에 돌아갈 곳은 없다. 그리고 현재의 자기 자신이 누구인지 말하기 위해 일본인들은 얼마나 혀가 짧은가. / 나는 한 번도 일본인임을 멈춘 적이 없다. 때때로 멈춘 적이 있다고 느꼈을 뿐이다. 자유주의라든가 마르크스주의라든가 하는 사상은 서양의 사상이지만 그런 주의든 사상이든, 오늘날 되돌아보면 우리는 얼마나 일본인답게 수용해왔는가. 주의를 이해하는 일은 용의하지만 이해 방식이 전형적으로 일본인다웠다고 깨닫는 데는 시간이 걸리는 법이다. 남의 것을 배우고 외운 주의나 사상이 인간을 근본적으로 변화시킬 힘 따위를 갖지는 못하지만, 그 근저에 변하지 않는 일본인의 모습이 있음을 우리는 오늘날 포착하지 못하고 있다.[28]

기행문의 앞부분을 차지하는 이 구절에 고바야시의 입장은 압축되어 있다. 그는 만주라는 이역이자 이역 아닌 공간에서 일본인이 무엇인지를 생각한다. 그런데 그의 물음은 야스다 요쥬로와 같이 전통으로 회귀하는 낭만주의로도, 시마키와 같이 자본주의적 사회관계를 뛰어넘는 이상주의로도 귀속되지 않는다. 야스다와 시마키가 모두 '현상타파'라는 슬로건을 공유한다면, 고바야시는 현상을 포장하는 일본회귀나 근대초극이라는 의장의 타파를 내세우기 때문이다. 그래서 그는 단순한 서양 비판이나 새로운 역사단계로의 진입에 동조하지 않는다. 어디까지나 그는 서양문물의 수용 태도 속에서 찾아낼 수 있는 일본인다움을 고집하기 때문이다. 이는 계급이나 자아에 귀속되지 않는 '나'가 근대 소설의 근원에 내재한다는 「사소설

---

28) 『小林秀雄全集』 7, 15쪽.

론」의 입장과 형식적으로 동일한 것이다. 그렇다고 고바야시가 불변하는 일본인다움 따위가 초역사적으로 있다는 본질주의를 설파하는 것은 아니다. 고바야시는 어디까지나 일회적 역사에서 읽어낼 수 있는, 이 경우라면 서양문물의 수용 속에서 읽어낼 수 있는 '일회적이고 고유한' 일본인다움을 돌아갈 유일한 곳으로 상정하기에 그렇다. 만주에서 방문한 손오의 '만몽개척청소년의용대(滿蒙開拓靑少年義勇隊)' 훈련소에서 이런 그의 시선은 극명하게 드러난다.

소년들이 지금 어떤 이야기를 듣고 싶은지는 너무나 잘 알고 있었다. 도쿄로부터 온 낯선 사내의, 자기들 생활에는 직접적으로는 아무 관련도 없는 강화 따위가 아니다. 제군의 이상, 제군의 임무라는 말을 그들은 내지의 훈련소 이래 몇 번이나 들었을 터이다. 하지만 지금은 그런 이야기를 듣고 싶은 것이 아니다. 언제 방한 신발이 지급되는지, 언제 손을 감싸는 장갑을 주는지, 알고 싶은 것은 그런 정도의 사정이다. 그 점에서 청년들은 모두 예민한 리얼리스트이다. 둔감한 리얼리즘은 오른 흉내나 내는 청년의 악습이거나 어른임을 재는 어른의 특권이다.[29]

'만몽개척청소년의용대'는 일본 내지에 16~19세의 청소년을 만주국에 개척민으로 보내는 제도였으며, 만몽개척단으로 대표되는 만몽개척민 송출사업의 1930년대 후반기 주요사업형태였다. 1937년 '만몽개척청소년의용군 편성에 관한 건백서'가 각료회의에서 논의된 후 사업이 시작되었는데, 이는 성인 이민이 한계에 부딪힌 상황에서 하나의 타개책으로 각광을 받았다. 1938년에는 모집이 시작되어 부모 동의가 있고 소학교를 졸업한

---

29) 앞의 책, 24쪽.

16~19세 남성은 누구든 가능했다. 이 사업은 당초 성공리에 전개되었는데 중국전선의 최전방을 책임지는 조국의 일꾼이라는 군국주의적 선전이 효과를 발휘한 탓에 소/중학교의 성적 우수자들이 지원했기 때문이었다. 예전의 성인 이민이 빈농 중심이었던 것과 전혀 다른 계층 구성이었던 셈이다.

각 현마다 선발된 청소년은 300명을 기준으로 중대 편성되었으며, 이바라기(茨城) 현 우치하라(内原)의 만몽개척청소년의용군 훈련소에서 3개월의 학습과 만주 현지의 훈련소를 거쳐 의용군 개척단으로 만주 각지에 파견되었다. 이 청소년의용군은 1938년부터 1945년까지 8년 동안 8만6000명을 배출했으며, 이는 만주개척민 송출사업의 30%를 차지했다. 하지만 그 실태를 보면 청소년으로만 구성된 탓에 장년 간부들의 자의적 통제로 운영된 폐단이 있었고, 만주 내 파견지역도 가혹한 조건의 지역이 많아 폭력사건이나 일탈행위 등 수많은 문제들을 낳았다.[30]

고바야시는 파견의 초창기에 만주 내 훈련소 중 한 곳을 방문했다. 거기서 그는 온갖 슬로건으로 가득 찬 정경을 봤고 어른들의 이야기를 들었다. 하지만 그는 슬로건과 어른들의 이야기를 모두 깡그리 내던져버리고 훈련생들의 표정에 집중한다. 그렇게 하여 고바야시는 비상시의 '건전한 상식'을 만주의 척박한 훈련소에서 확인하게 된다.

소년들의 표정은 기묘한 것이었다. 힘차게 보이는가 하면 축 처져 보이기도 했다. 가라 앉아 보이는가 하면 쾌활하게도 보였다. 처음 그 느낌이 뭔지 잡아낼 수가 없었지만 머지않아 분명히 이해했다. 그리고 일종의 말로 표현할 수 없는 동정의 감을 느꼈다. 소년들의 얼굴에는 아무런

---

30) 이상의 설명은 淺田喬二, 「滿州農業移民と農業－土地問題」, 『岩波講座 近代日本と植民地』 3, 岩波書店, 1993을 참조.

난해함이 없었던 것이다. 보는 내 마음 쪽이 어지러웠던 뿐이다. 그들의 얼굴은 그저 어린아이의 얼굴에 불과했다. 진정 어려운 경우에 처했을 때의 어린아이의 마음과 얼굴 그 자체였던 것이다. / 소년에게는 어른처럼 곤란에 대처하는 의지가 없다. 그 대신 곤란을 곤란으로 느끼지 않는 젊은 에너지가 있다. 희망 속에 사는 재능을 가지지 않는 대신 절망이라는 관념적인 것을 만들어내는 재능도 없다. 그 천진난만함을 소년들의 얼굴 속에서 분명히 읽었을 때 나는 가슴이 뻥 뚫린 느낌을 받았다. 아마 그들의 반항도 복종도 천진난만한 것이었으리라. 그와 달리 지도자들은 소년들을 지도하기는커녕 소년들에게 이끌려 다닌다. 결핍도 하나의 훈련이라는 어른의 낭만주의를 어린아이의 천진난만함은 결코 이해하지 않는다.[31]

여기에 어떤 이론이나 정세에도 흔들리지 않는 실제와 생활을 보려는 고바야시의 눈이 극명하게 드러나 있다. 결핍이나 곤란을 슬로건으로 이기려는 어른의 낭만주의를 이해하지 못하는, 아니 이해하지 않으려는 어린아이의 천진난만함이 이 훈련생들의 생존을 규정하고 있다는 것이다. 따라서 고바야시는 여기서도 자신의 비평 원리를 관통시키고 있다. 여타의 만주 기행과 달리 고바야시의 기행은 역사의 분기점을 확인하고 미래의 일본상을 투영하는 방식이 아니라, 현재 일본의 상황을 만들고 이해해온 논리적이고 지적이고 도덕적인 전제들을 효력 정지시키는 방식으로 만주를 기록한다. 그것은 고바야시에게 1930년대 후반의 폭주하는 비상상황을 견디는 하나의 방법이었다.

오늘날 지도이론이 없다는 불평도 아니고 비난도 아닌 목소리를 때때로

---

31) 『小林秀雄全集』 7, 26~27쪽.

듣는다. 도대체 지도이론이란 어떤 의미인가. 미리 어떤 이론이 있고 그대로 틀림없이 일이 진행되는, 결코 실패할 걱정이 없다는 이론일 터이다. 그렇다면 그런 이론이 오늘날 없는 것은 자명한 사실 아닌가. 있다면 비상시가 아닐 것이기에 그렇다. 평상시니까 그렇다.[32]

고바야시가 만주에서 본 의용대훈련소는 이러한 비상시의 삶이 온전한 형태로 전개되는 곳이었다. 훈련소로 대표되는 만주 전체가 고바야시에게는 그렇게 비쳐졌을 것이다. 그것은 미리 정해진 길이나 규범 따위가 성립할 수 없는, 마치 어두운 동굴에서 출구를 더듬더듬 찾아나가는 과정이었다. 그가 데카르트나 발레리를 읽으면서 코기토나 기하학과 같은 결론이 아니라 그곳으로 가는 방법적 여정에 천착한 까닭이 여기에 있다. 그가 말하는 근대 소설의 실험적 '나' 혹은 서양문물 자체가 아니라 그것을 수용한 '일본인다운' 방법은 이렇게 만주에서 혹독한 시련을 겪는 청소년들의 천진난만함 속에 재발견되는 표정이었다. 고바야시의 만주는 이렇듯 일본이 근대라는 시련 속을 걸어온 여정을 보여주는 근대수용의 파노라마였던 셈이다.

그가 서구화와 일본회귀의 변곡점에서, 1930년대라는 예외적 비상상황 속에서, 만주라는 이역의 훈련소에서, 스스로의 비평적 방법을 통해 붙잡으려 했던 '일본'의 모습은 이런 리얼리스트의 태도였다. 외부의 온갖 시련과 급변하는 상황에도 흔들리지 않는 리얼리스트의 태도야말로 고바야시에게는 근대 일본의 서양수용 과정에서 드러난 '일본인다운' 태도였던 것이다. 이런 리얼리스트의 태도는 태평양 전쟁의 발발 속에서도 흔들림 없이 지속된다.

---

32) 小林秀雄, 「事変の新しさ」[1937], 『小林秀雄全集』 7, 128쪽.

V. 태평양 전쟁이라는 상쾌한 소식

1941년 12월8일, 제국일본의 해군이 진주만을 기습 공격함으로써 '대동아 성전(聖戰)'이 시작된다. 곧이어 수많은 지식인들이 열광했다. 만주사변 이후 10여 년의 세월 동안 일본의 비평계와 사상계는 메이지 유신 이래의 서구적 근대화가 막다른 골목에 다다랐다는 인식을 공유했지만, 일본이 채택한 근대화의 패러다임을 대신할 명쾌한 길이 제시되지는 못했다. 마르크스주의의 부상과 탄압과 전향을 거쳐 일본주의에 이르는 시대적 전환 속에서, 우익 아나키스트들의 천황 친위 쿠데타, 동아협동체의 사회주의적 구상, 그리고 일본낭만파의 데카당스 등 백가쟁명을 방불케 하는 현상타파의 기획과 사유가 분출되었지만 무엇 하나 새로운 질서를 명료하게 각인시키지는 못했던 것이다.

진주만 공습은 이런 지지부진함을 일소하는 계기였다. 지식인들은 아무리 노력해도 중일전쟁에 새로운 질서를 위한 성전이라는 의미를 부여하지 못했다. 서양 열강의 간섭이 일본의 대륙 이익을 침해한다는 명분은 있었지만, 어디까지나 실제 전투를 벌이는 대상은 중국군이었다. 그런 한에서 이 전쟁을 아무리 미사여구로 치장해도 서구적 근대를 극복하기 위한 것으로 자리매김하기는 불가능했다. 그러나 진주만 공습은 완전히 다른 국면을 여는 사건이었다. 그것은 서구적 근대의 '낡은' 질서를 대변하는 미국과 영국을 상대로 일으킨 전쟁이었기 때문이다. 이는 10여 년에 걸쳐 암중모색 중이던 일본의 비평계와 사상계에 공습이 한줄기 빛처럼 느껴졌던 까닭이다. 훗날 누구보다도 날카로운 태평양 전쟁 비판을 전개한 저명한 중국문학 연구자 다케우치 요시미(竹內好) 조차도 다음과 같이 환호했다.

역사는 창조되었다. 세계는 하룻밤 사이에 변모했다. 우리는 그것을 눈으로 똑똑히 보았다. 감동으로 어지러움을 느끼며 무지개처럼 흐르는 한 줄기 빛의 향방을 목도했다. …… 지금까지의 무지를 부끄럽게 생각한다. 우리는 이른바 성전의 의의를 망각해왔기 때문이다. 동아건설의 미명 하에 약한 자를 괴롭히는 것이 아닌가 하고 의심해왔던 것이다. 우리 일본은 강한 자를 두려워한 것이 아니었다. 저 추상과 같은 행동의 발로가 모든 것을 증명하고 있다.[33]

　현대 중국문학 연구자였던 다케우치 요시미는 중일전쟁을 착잡한 심정으로 바라보고 있었다. 서구 제국주의에 맞선 동아해방 전쟁이라 하면서, 일본을 포함한 열강에게 유린당한 뒤 몰락과 혼란에서 깨어나지 못하는 중국을 적으로 삼아 수행하는 전쟁을 무턱대고 긍정하거나 의미부여할 수는 없었기 때문이다. 그 와중에 감행된 진주만 공습은 다케우치에게 하나의 탈출구를 제공했다. 이제 "약한 자를 괴롭히는 것 아닌가" 하는 의구심에서 해방될 수 있었기 때문이다.
　그간의 지지부진한 상황과 불투명한 시야를 일거에 불식시킨 "한 줄기 빛"은 다케우치만의 감상이 아니었다. 당대 일본의 일급 지식인들이 모여 개최한 '근대의 초극' 좌담회(1942)에서 주최자인 가와카미 데츠타로(河上徹太郎)는 "개전 1년 사이의 지적 전율"이 좌담회를 개최하게 한 원동력이라 말하며, 그 의의를 "우리의 지적 활동에서 진정한 원동력이었던 일본인의 피와, 그것을 폭력적으로 체계화해온 서구 지성의 상극"을 문제화하고 나아갈 방향을 모색하는 것이라 말했다.[34] 그래서 그는 좌담의 첫머리에 "저 12월 8일 이래 우리의 감정이 현처럼 팽팽하게 하나의 고정된 틀로

---

33) 竹內好, 「大東亞戰爭と吾等の決意(宣言)」,[1942](松本健一, 「解題」, 『近代の超克』, 富山房百科文庫, 1979, viii에서 재인용).
34) 河上徹太郎, 「<近代の超克> 結語」, 앞의 책, 166쪽.

모아졌는데," 그것을 언어로 표현하면 "근대의 초극"이라고 발언했다.35)
즉 당대 일본의 지식인들은 모두 진주만 공습을 통해 '동아 해방'과 '동아 건설'의 명료한 의지와 전망을 획득할 수 있었고, 그것을 '근대의 초극'이란 통일된 사상적 슬로건으로 표현했던 것이다.

고바야시 히데오도 예외는 아니었다. 그는 1942년 1월에 발표한 짧은 글36)에서 태평양 전쟁의 개전을 알리는 방송을 들은 소감을 밝혔다. 거기서 그는 "제국육해군은 금 8일 미명 서태평양에서 미국, 영국군과 전투상태에 진입했다"는 개전 방송을 듣고 그 때까지의 애매한 상황이 모두 "운산무소 (雲散霧消)"되었다고 소회를 밝혔다. 그러면서 고바야시는 청명한 마음으로 도쿄 거리를 거닐면서 다음과 같은 생각을 한다.

우리는 모두 머리를 숙여 똑바로 서 있었다. 눈시울은 뜨거웠고 마음은 평온했다. 감히 말하건대 경청하면서 비할 데 없는 아름다움을 느꼈다. 역시 우리에게는 일본 국민이라는 자신감이 제일 크고 강하다. 그것은 일상에서 얻거나 잃을 수 있는 여러 종류의 자신감과는 전혀 성질이 다른 무엇이다. 얻거나 잃을 수 있기에는 너무나도 크고 당연한 자신감이며, 또 평상시에는 딱히 신경 쓰지 않는 자신감이다. 나는 상쾌한 기분으로 그런 생각을 하면서 거리를 걸었다.

다케우치나 가와카미 데츠타로를 비롯해 여러 지식인들과 마찬가지로 고바야시는 진주만 공습을 환영했다. 그것은 한 줄기 빛이었고 지적 전율이 었으며 구름과 안개를 걷어내는 쾌청한 소식이었다. 따라서 고바야시가

---

35) 위의 책, 171~172쪽.
36) 小林秀雄, 「三つの放送」, 『現地報告』, 1942. 1(전문은 http://homepage2.nifty.com/ yarimizu2/kobayashiwar1.html에서 읽을 수 있다.).

태평양 전쟁 시기에 일본인의 내셔널 아이덴티티를 고양시키며 적극적으로 전쟁에 협력했음은 부인할 수 없는 사실이다. 하지만 고바야시는 패전 직후 열린 좌담회에서 자신의 전쟁 협력을 반성할 뜻이 없음을 강한 톤으로 설파한다.

> 저는 정치적으로는 무지한 한 국민으로 사변에 대처했습니다. 입을 다물고 그랬죠. 아무런 후회도 없죠. 대사변이 끝나면 반드시 만약 이러저러 했다면 사변은 일어나지 않았을 거야, 사변은 이렇게는 안됐을 거야 따위의 논의가 이뤄집니다. 그것은 필연이라는 것에 대한 인간의 복수입니다. 허무한 복수죠. 이 대전쟁은 일부 사람들의 무지와 야심에서 일어났을까요? 그것이 없었으면 일어나지 않았을까요? 나는 도저히 그런 경박한 역사관을 가질 수는 없습니다. 나는 역사의 필연성이란 더 공포스런 것이라 생각합니다. 나는 무지하니까 반성 따윈 하지 않겠습니다. 영리한 녀석들은 많이들 반성하라고 하세요.[37]

태평양전쟁 발발 소식에 상쾌한 기분으로 거리를 거닐 수 있었고 이후 지면을 통해 전쟁을 치루는 일본인으로서의 자세를 설파한 저명한 비평가의 후안무치임은 틀림없다. 하지만 고바야시의 후안무치는 저 파국적 전쟁을 패전 후에도 '옹호'하고 '미화'하면서 무반성의 태도를 보이는 데에서 비롯된 것이 아니다. 오히려 고바야시의 후안무치는 자신의 비평 원리에서 도출된 역사의식을 통해 전쟁을 '미학화'한데서 비롯된다. 위에서 인용한 「세 개의 방송(三つの放送)」에서 고바야시는 태평양 전쟁을 "명인의 지예(名人の至芸)" 즉 '명작'이라 말하는데, 그는 전쟁을 위대한 예술작품으로

---

37) 「コメディ・リテレール　小林秀雄を囲んで」, 『近代文學』, 1946. 2(인용은 『新潮』 2001. 4, 130쪽).

간주하고 이 때 인간이 어떤 태도를 취해야 하는지를 다음과 같이 말한다.

> 걸작은 시대에 굴복하지 않지만 동시에 시대를 뛰어넘지도 않습니다.
> 일종의 정태적 긴장관계에 있죠. 이런 입장에서 생각해보면 역사를 항상
> 변화라고 생각하고 진보라고 생각하는 것은 매우 잘못된 관점이 아닐까
> 싶습니다. 언제나 동일한 것이 있고 언제나 인간은 이 동일한 것과 싸우고
> 있습니다. 이런 동일한 일을 끝까지 한 사람이 영원한 겁니다.[38]

그래서 '명작/걸작'인 태평양 전쟁은 "필연"이며 인간은 그것과 마주했
을 때 입 다물고 조용히 대처하는 일 외에는 아무것도 할 수 없다. 즉
인간은 '영원'(이 경우에는 전쟁)과 "정태적 긴장관계"에 있는 것이다.
따라서 전쟁을 놓고 이랬으면 좋았다 저랬으면 어땠을까 하면서 사념을
늘어놓는 일은 "영리한 녀석"들이 하는 짓이다. 왜냐하면 그 영리함이란
"구체적 보편 따위의 애매한 말"[39]을 늘어놓는 지식인들이며, 이들이야말
로 고바야시가 비평활동의 초기부터 비판의 표적으로 삼았던 '의장'에
사로잡힌 관념주의자들이기 때문이다. 그들과 달리 국민들은 "입 다물고
조용히 사변에 대처"[40]했으며, 그 "무지한" 태도야말로 '영원'과의 긴장
속에서 삶을 영위할 수 있는 위대한 리얼리스트이다. 만주의 황폐한 훈련소
에서 혹독한 환경을 견디는 청년들 속에서 확인한 리얼리스트는 이렇게
걸작을 만들어낸 명인, 그것과 조용히 마주하는 비평적 리얼리스트, 그리고

---

38) 『近代の超克』, 220쪽.
39) 앞의 책, 230쪽. 여기서 '구체적 보편'이란 당대 최고의 철학자로 손꼽히던 니시다
   기타로(西田幾太郎)의 개념이다. 고바야시는 1930년 이후의 국면을 구체적 보편
   따위의 개념으로 파악하여 난해한 말을 늘어놓은 교토학파를 여기서 비꼬고
   있는 것이다.
40) 『小林秀雄全集』 7, 68쪽.

전쟁에 입 다물고 대처한 국민과 중첩되며 고바야시의 비평 원리의 일관성을 지탱해준 것이다. 이제 이 일관성이 내포한 하나의 전도(轉倒)를 고바야시의 조선 기행 속에서 확인하고, 그 함의를 살펴보면서 논의를 마무리하도록 하자.

VI. 말기의 눈과 죽음의 코기토(cogito)

이렇게 고바야시는 끝까지 자신의 비평 원리를 저버리지 않았다. 그는 전쟁이라는 '절대적 사태'를 의미화하거나 치장하는 데에 끝까지 반대했다. 그래서 다른 이들이 모두 전쟁 속에 문명의 전환을 찾아내며 온갖 '아름다운' 이념을 덧붙여 국민을 고무하는 곁에서, 그는 전쟁을 묵묵히 견뎌내는 국민의 태도가 '아름답다'고 본다. 꽃의 아름다움이 아니라 아름다운 꽃이 있는 것처럼, 전쟁/국민의 아름다움이 아니라 아름다운 전쟁/국민이 눈앞에 있을 뿐이었던 것이다.

가라타니 고진(柄谷行人)은 이러한 고바야시의 태도를 "전쟁에서 죽어갈 수밖에 없는 사람들의 입장에 서서 어떻게든 거기에 '자유'를 찾아내려 했다."[41]고 평가한다. 즉 죽음을 아름다운 이념으로 의미화하고 미화하는 것이 아니라, 죽는다는 일회적 사실 그 자체를 궁극의 아름다움으로 간주하면서 리얼한 일상을 긍정한 것이다. 그런 의미에서 고바야시에게 전쟁 속에서의 자유란 자신의 죽음을 의장, 즉 이념이나 의미로 전유당하는 것이 아니라 죽음을 죽음 그 자체로 견디는 일이었다. 가라타니가 이런 고바야시의 시선을 "말기의 눈"이라 부른 까닭이 여기에 있다.[42] 그리고

---

41) 柄谷行人, 「近代の超克」, 『<戰前>の思考』, 文藝春秋, 1994, 116쪽.
42) 위의 책, 116쪽.

이것이야말로 고바야시에게 궁극의 '일본'이었다. 죽음을 죽음으로 경험함으로써 일본인은 가능한 것이다. 그는 이런 확증에 이미 다다른 바 있었다. 위에서 살펴본 만주 기행에서 말이다.

나는 조선을 여행했을 때 총독부 육군병 지원자 훈련소를 견학했다. …… 나를 놀래킨 것은 훈련생들의 실로 발랄한 표정이었다. 그것은 조선에서 본 유일한 아름다운 표정이었다.[43]

조선의 육군병 지원은 일본인이면서도 일본인이 아닌 조선인이 완전한 일본인이 될 수 있는 방법이었다.[44] 고바야시가 조선의 훈련소에서 "발랄한" "아름다운 표정"을 본 것은 우연이나 감상 때문이 아니다. 고바야시는 죽음으로써 비로소 일본인이 될 수 있는 조선인 지원병의 표정에서 '진정한 일본인'의 모습을 보았던 것이다. 따라서 죽음을 죽음으로써 맞이하는 일본인의 아름다움이란 사실 죽음으로써 비로소 일본인이 될 수 있다는 원리를 근원적으로 내포한다. 즉 일본인은 죽음을 담담하게 받아들이는 민족인 것이 아니라, 죽음을 아무런 의미화 없이 묵묵하게 받아들일 때 일본인이 존재할 수 있는 것이다.

이것이 그의 비평원리에 내장된 전도이다. 고바야시가 데카르트를 인용하며 비평이란 "자신의 '생활의 그림'을 펼쳐 보이는 일"이라 말할 때, 코기토는 회의 끝에 다다른 자명한 의식이라기보다는 회의의 여정 그

---

43) 『小林秀雄全集』 7, 25~26쪽.
44) 이에 관해서는 金杭, 앞의 책, 제11장 참조. 전사하는 것이 유일하게 조선인이 일본인이 될 수 있는 길이었음을 증좌하는 것은 야스쿠니의 논리이다. 야스쿠니 신사는 패전 후 조선인 위폐의 분리/반환을 거부했는데 그 때의 논거는 "일본인으로서 죽었다"는 것이었다. 즉 전사한 조선인은 일본인인 셈인데, 살아서 일본 땅에 남은 자이니치들은 일본인의 규정에서 추방당했음을 염두에 두면, 전사야말로 유일하게 일본인이 될 수 있는 길이었음이 명백하다.

자체라 할 수 있다. 그것은 의식을 현혹시키는 온갖 기존의 상식이나 지식이나 환상(즉 '의장')을 걷어내는 과정이지 그 과정 끝에 잡을 수 있는 확실성이 아닌 것이다. 전쟁이라는 절대적 사실과 마주하기 위해 고바야시는 교토학파나 일본낭만파나 군부의 이데올로그들이 발설하는 모든 의장들을 걷어내고 묵묵하게 '무지의' 국민이고자 했다. 죽음을 전유당하는 것이 아니라 죽음을 죽는다는 절대적 사실로써 마주하려 했던 것이다.

그런 의미에서 고바야시의 코기토는 결국 죽음으로 귀결된다. 비상시에서도 지속되는 일상의 생활과 그것을 묵묵히 사는 리얼리스트들의 여정을 언어로 전유하는 비평은 죽음이라는 코기토와 일치한다. 그가 조선인 지원병의 발랄하고 아름다운 표정을 "모든 것이 청결하고 조리있게 정돈되어 있다"[45]는 '일상생활' 속에서 읽어낸 것은 이 때문이다. 조선인 지원병들의 잘 정돈된 일상이 죽음을 묵묵히 준비하는 한 그들은 아름다운 일본인이라는 것이다. 고바야시의 비평은 이렇게 "말기의 눈"으로 "죽음의 코기토"를 추출한다. 그리고 그렇게 추출된 '일본'은 자연적 공동체라기보다는 죽음을 묵묵히 받아들이는 일상생활 속에서 발현하는 것이다.

그래서 그에게 문학자란 스스로의 말처럼 전쟁에서 무력한 존재가 아니다. 오히려 문학자는 전쟁에서 궁극의 언어와 세계를 발견한다. 고바야시는 패전 후에 자신이 무력한 문학자이자 무지한 국민으로 지냈다고 했지만 사태는 거꾸로이다. 그는 누구보다도 강력한 문학자로, 영리한 국민으로 지냈다. 그도 그럴 것이 전쟁을 통해 궁극의 코기토인 죽음을 영원의 아름다움으로 전유할 수 있었고, 그것을 화려한 의장이 아니라 입다물고 일상을 사는 국민들 속에서 발견할 수 있었기 때문이다. 그리고 조선과 만주 기행은 그런 고바야시의 비평적 '전도'를 포착하게끔 해주는 중요한 텍스트이다.

---

45) 위의 책, 25쪽.

이 일본이자 일본 아닌 '비식별역'에서 그는 자기 비평의 원리에 충실하게 일본/일본인의 모습을 드러낼 수 있었기 때문이다. 그런 의미에서 고바야시의 비평은 중심의 시선이 주변을 위계적으로 배제하면서 스스로의 정체성을 획득한다는 범용한 식민주의의 사례가 아니라, 주변에서야말로 중심의 비밀이 드러난다는 식민주의 고유의 전도를 보여준다. 제국의 시선에 내장된 이 전도의 양상을 보다 넓은 맥락에서 보다 많은 텍스트를 통해 읽어내는 일, 그것이 앞으로의 식민주의 연구에서 요청되는 하나의 시각임을 시론적으로 제시하면서 논의를 마무리한다.

참고문헌

김항, 「'광역권'에서 '주체의 혁명'으로 : 근대초극, 미완의 법기획, 그리고 한반도」, 『제국일본의 사상』, 창비, 2015.

이지형, 「고바야시 히데오 비평의 방법-초기 비평을 중심으로-」, 『일본학연구』 제27집, 2009.

이지형, 「전시기 고바야시 히데오의 대륙여행기와 식민지」, 『일본학보』 제88집, 2011.

이한정, 「고바야시 히데오의 '아시아' 체험」, 『일어일문학연구』 32권, 1998.

靑野季吉, 『サラリーマン恐怖時代』, 先進社, 1930.

淺田喬二, 「滿州農業移民と農業·土地問題」, 『岩波講座 近代日本と植民地』 3, 岩波書店, 1993.

尾上新太郎, 『戰時下の小林秀雄に關する硏究』, 和泉書院, 2006.

江藤淳, 『江藤淳著作集』, 講談社, 1967.

柄谷行人, 「近代の超克」, 『<戰前>の思考』, 文藝春秋, 1994.

金杭, 『帝國日本の閾』, 岩波書店, 2010.

小林秀雄, 『小林秀雄全集』 1~16, 新潮社, 1981.

小林秀雄, 「三つの放送」, 『現地報告』, 1942.1(http://homepage2.nifty.com/yarimizu2/koba
yashiwar1.html).

小林秀雄他, 「コメディ·リテレール 小林秀雄を囲んで」[1946], 『新潮』 2001.4.

酒井哲哉, 「國際秩序論と近代日本硏究」, 『近代日本の國際秩序論』, 岩波書店, 2007.

坂口安吾, 「敎祖の文學」, 『坂口安吾全集』 15, ちくま文庫, 1991.

思想の科學硏究會編, 『轉向』 上中下, 平凡社, 1966.

島木健作, 『島木健作全集13 : 滿州紀行』, 國書刊行會, 1980.

戶坂潤, 「日本イデオロギー論」[1935], 『戶坂潤全集』 5, 勁草書房, 1966.

西田勝, 「小林秀雄と「滿洲國」」, 『すばる』 37(2), 集英社, 2015.

松本健一, 「解題」, 『近代の超克』, 富山房百科文庫, 1979.

丸山眞男, 『日本の思想』, 岩波新書, 1961.

森本淳生, 「批評言語と私-小說-論 ヴァレリーから小林秀雄へ」, 『言語社會』 5, 2011.

浜崎洋介, 「歷史の反省」は可能か-小林秀雄はなぜ反省しなかったか」, 『文藝春秋 special』 9(2), 2015.

保田與重郎, 『蒙彊』, 新學社, 2000.

安彦良和, 「戰後世代の「滿州」紀行」, 『潮』 390호, 潮出版社, 1991.

Ruth Berins Collier and David Collier, *Shaping the Political Arena : Critical Junctures, the Labor Movement, and Regime Dynamics in Latin America*, Princeton UP, 1991.

제9장 조선족 문학과 디아스포라[*]

김호웅·김정영

I. 들어가며

1990년대 초반 정판룡(鄭判龍, 1931~2001)이 "시집 온 며느리론",[1] 즉 조선족의 이중적 문화신분에 대해 처음으로 논지를 편 후 조성일(趙成日)이 좀 더 구체적으로 논의를 전개했고[2] 이러한 관점은 다소 차이는 있지만 김강일, 김관웅 등에 의해 보다 더 구체적으로 논의되어 왔다.[3] 하지만 최근 황유복(黃有福)은 조선족의 디아스포라 성격을 전면적으로 부정하고 나섰다. 이에 대해 조성일 선생은 강하게 반론을 제기했고[4] 황유복 선생이 다시 이를 매몰차게 받아쳤다.[5]

이 글에서는 조선족을 근대 디아스포라의 일종으로 보고 그 디아스포라 성격, 이중문화신분, "제3의 영역" 및 접목의 원리 등에 관한 필자의

---

* 이 논문은 중국국가사회과학기금항목(15BZW199)의 지원을 받았음.

1) 정판룡, 『정판룡문집』 제2권, 연변인민출판사, 1997, 1~15쪽 참조.
2) 「조선족문화론강」, 『문학과 예술』, 2006.4.
3) 김강일, 허명철, 『중국조선족사회의 문화우세와 발전전략』, 연변인민출판사, 2001
   ; 김관웅, 「사과배와 중국조선족」, 모이자 사이트 : http://moyiza.net.
4) 조성일, 「조선족과 조선족문화 이중성 재론」, http://koreancc.com 참조.
5) 황유복, 「이중성성격의 사람은 있어도 이중성민족은 없다」, http://zoglo.net
   참조.

견해를 내놓고 그 문학적 서사의 특징에 비추어 조선족문학의 흐름을
거시적으로 살펴본 다음, 허련순의 장편소설『누가 나비의 집을 보았을까』
를 미시적으로 분석함으로써 이중적 정체성의 갈등으로 고민하고 있는
중국조선족의 과거와 현실을 조망하고 미래를 전망해보고자 한다.

Ⅱ. 디아스포라와 이중문화신분

　대문자의 디아스포라(Diaspora)는 원래 "이산(離散), 산재(散在)를 뜻하는
그리스어로서 주로 헬레니즘시대 이후 팔레스타인 이외의 곳에 사는 유대
인 및 그 공동체를 가리킨다."[6] 오늘 '디아스포라'는 유대인뿐만 아니라
팔레스타인인, 아르메니아인이나 세계 각국에 널려 사는 중국의 화교나
화인 등 다양한 '이산의 백성'들을 좀 더 일반적으로 지칭하기 위해 소문자
디아스포라(diaspora)를 쓰는 경우가 많아졌다. 특히 1970년대 탈식민주의
문화이론이 나오면서 소문자 디아스포라는 문화신분이나 소수민족담론에
있어서의 중요한 용어, 심지어는 하나의 이론적 범주로 부상하였다.
　현대 '문화연구의 아버지'로 불리는 영국 학자 스튜어트 홀(Stuart Hall,
1932~)은『문화신분과 디아스포라』라는 저서에서 소문자 디아스포라를
처음으로 탈식민주의 비평의 중요한 용어로 사용하였다. 그는 이 저서에서
소문자 디아스포라에 대해 다음과 같이 해석하였다.
　"내가 여기에서 사용한 이 술어는 그 직접적인 뜻을 취한 것이 아니라
그 은유적인 뜻을 취했다. 디아스포라는 우리와 같은 분산된 민족공동체,
애오라지 모든 대가를 지불하면서라도, 심지어는 기타　민족을 큰 바다로

---

　6)『세계백과대사전』제8권, 동서문화사, 1996, 4593쪽.

내몰면서라도 그 어떤 신성한 고향에 되돌아가야만 비로소 신분을 획득할 수 있는 그러한 특정 민족공동체만을 가리키는 것은 아니다. 그것은 진부하고 제국주의적이고 패권주의적인 '종족'형식이다. 우리는 이미 이러한 낙후된 디아스포라 관념에 의해 팔레스타인 사람들이 당하고 있는 재난, 그리고 서방이 이러한 관념과 동모(同謀)하고 있음을 보았다. 내가 여기서 말하는 디아스포라 경험은 결코 본성이나 혹은 순결도에 의해 정의를 내린 것은 아니며 필요한 다양성과 이질성에 대한 인정으로부터 정의를 내린 것이다. 차이를 인정하고 차이를 이용하는 것을 전제로 하는 것이지 결코 차이를 고려하지 않고 생존을 꾀하는 신분관념은 아니다. 말하자면 혼합성으로부터 출발하여 정의를 내린 것이다. 디아스포라의 신분은 개조를 거치거나 그 차이성으로 말미암아 부단히 생산되고 재생산됨으로써 자신의 신분을 갱신하게 된다. 독특한 본질을 가진 카리브 사람들은 바로 그 피부색, 천연색과 얼굴모습의 혼합이며, 카리브 사람들의 음식은 각종 맛의 혼합이다. 디크 헤프디그의 재치 있는 비유에 의하면 이것은 '뛰어넘기'요, '썰어서 뒤섞어놓기'의 미학으로서 이는 흑인음악의 영혼이기도 하다.[7]

스튜어트 홀이 내린 이상의 정의로부터 알 수 있는바 소문자 디아스포라는 대문자 디아스포라에서 파생되었지만 '문화의 혼합성', '신분의 생산성과 재생산성' 같은 새로운 뜻을 추가함으로써 보다 넓은 개념과 함의를 가진 새로운 용어로 되었다. 바로 이런 까닭에 외래어를 가급적 자기의 언어기호로 전환시켜 사용하기를 고집해온, 문화적 주체성이 아주 강한 중국에서는 이러한 소문자 디아스포라를 숫제 '족예산거(族裔散居)' 혹은 '이민사군(移民社群)'으로 번역해 사용하고 있다.

---

7) 王先霈·王又平 主編, 『文學理論批評術語匯釋』, 高等敎育出版社, 2006, 748쪽.

이 글에서 필자는 근대의 노예무역, 식민지배, 지역분쟁 및 세계전쟁, 시장경제 글로벌리즘 등 여러 가지 외적인 이유에 의해 대부분 강제적이거나 폭력적으로 자기가 속해 있었던 공동체로부터 이산을 강요당한 사람들 및 그들의 후손들을 가리키는 용어로서 디아스포라를 사용함과 동시에, 스튜어트 홀이 내린 이상의 정의 중에서 '문화의 혼합성', '신분의 생산성과 재생산성' 같은 내용이 첨가된 새롭게 확장된 소문자로서의 디아스포라의 개념을 받아들이려고 한다.

디아스포라에 대한 연구에서 가장 관심을 모으는 것은 아이덴티티의 문제이다. 문화연구에서 신분이나 정체성이라는 이 두 개념은 영어에서는 아이덴티티(identity)라고 말한다. 영어에서 아이덴티티의 원래의 기본함의는 물질, 실체의 존재에 있어서의 통일된 성질이나 상태를 뜻한다. 철학의 견지에서 본다면 헤겔이 제기한 '동일성'의 개념과 맞먹는다. 이를 영문으로 번역할 때 역시 아이덴티티(identity)라고 한다. 이 경우에는 아이덴티티라는 개념으로 사유와 존재 사이의 동일성 문제를 설명하였다. 이런 동일성 속에는 사유와 존재의 본질만이 아니라 양자 사이의 차이성도 내포되어 있는데 이 양자 사이에는 일종의 변증법적 관계가 존재하고 있다.

중국의 문화연구 분야에서는 서양의 철학, 인류학, 사회학과 문화연구의 영향을 받아 아이덴티티(identity)라는 단어를 번역하여 사용하거나 정의를 내리는 경우에 적잖은 혼란이 존재하고 있다. 즉 학자에 따라 '인동(認同)', '신분(身分)', '동일(同一)', '동일성(同一性)' 등 낱말들을 교차적으로 사용하면서도 명석한 정의를 내리지 않고 있다. 이에 대해 사천대학교 염가 선생은 다음과 같이 정의를 내리고 있다.

나의 이해에 의하면 당대 문화연구에서 아이덴티티(identity)라는 이 단어에는 두 가지 기본적 함의가 있다. 첫째는 어느 개체나 집단의 특정한 사회에서의 지위를 확인하는 명확하거나 현저한 특징을 가진 의거나 척도, 이를테면 성별, 계급, 종족 등등인데 이런 의미에서 우리는 '신분'이라는 낱말을 사용하여 이를 나타낼 수 있다. …… 둘째는 한 개체거나 집단이 자기의 문화상에서의 신분을 추적하거나 확인하는 경우에는 아이덴티티(identity)를 '동일성을 확인한다(認同)'라고 할 수 있다. 단어의 속성으로 보면 '신분'은 명사로서, 그 어떤 척도나 참조계로서, 확장된 그 어떤 공동한 특징이나 표징이며, '동일성을 확인한다(認同)'는 것은 동사로서 다수의 경우에는 문화적인 '동일성을 확인하는' 행위를 뜻한다. …… 오늘날 문화연구에서 고정불변의 본질주의적인 안광(眼光)으로 '신분'이나 그것을 확인하려는 입장은 이미 강력한 도전을 받고 있다.[8]

문화연구에서 가장 주목하는 것은 특정한 사회에서의 부동한 개체나 공동체의 '사회신분'과 '문화신분'이다. '사회신분'이나 '문화신분' 문제는 간단하게 말한다면 사회와 문화 속에서 "나는 누구(身分)인가?", "어떻게, 왜 누구(認同)인가?"를 묻고 확인하고자 하는 것이다. 본고에서는 이런 의미에서 문화신분의 개념을 사용하고자 한다.

조선족은 과경민족(跨境民族)의 후예들로서, 근대적 디아스포라라고 할 수 있다. 19세기 중반 이후 조선왕조의 봉건학정과 자연재해 및 일제의 침탈로 말미암아 조선의 농민들을 비롯한 의병장, 독립운동가, 교육자, 문학인들이 두만강, 압록강을 건너와 연변을 비롯한 중국 동북지역에 정착하였는데, 이들은 애초부터 무국적자(無國籍者)들이었다. 이들은 토지를 소유하기 위해서는 치발역복, 귀화입적(薙髮易服, 歸化入籍)의 치욕을 감내해야 하였고 일본의 황민화정책(皇民化政策)에 의해 창씨개명(創氏改名)을

---

8) 閻嘉, 「文化身分與文化認同硏究的諸問題」, 『中國文學與文化的認同』, 北京大學出版社, 2008, 4쪽.

강요당하기도 했다. 1909년의 간도협약(間島協約), 1930년대 초반의 민생단 사건, 만보산사건에서 볼 수 있다시피 이들은 중국과 일본의 틈바구니에서 양자택일의 고뇌에 빠져야 했고 궁극적으로 희생양의 비애를 맛보아야 했다. 다행스러운 것은, 조선인이민들은 논농사를 도입해 동북지역의 개발에 획기적인 기여를 했고 반제반봉건의 중국혁명에 커다란 기여를 함으로써 1949년을 계기로 중국의 국민으로 편입될 수 있는 자격을 부여받았다. 이들은 중국을 조국으로 생각하고 중국의 정치, 경제, 문화생활에 적극 참여하였다.

하지만 디아스포라는 정신적 현상으로서 국적에 의해 좌우되지 않는다. 국적은 옷을 바꾸어 입듯이 필요에 따라 바꿀 수 있지만 고국과 고향에 대한 향수, 자기의 역사와 전통에 대한 애착과 자부심은 오래도록 지속된다. 조선족들도 마찬가지이다. 그들은 고국에 대한 향수를 떨쳐버릴 수 없었으며 자신의 물질문화, 제도문화, 행위문화, 정신문화 일반에 커다란 애착과 긍지를 갖고 있었다. 특히 100여 년간 우리의 말과 글을 지키고 민족교육과 문학예술을 통해 "조선족으로 살아남기"에 성공했다. 이러한 의미에서 중국조선족은 엄연한 중국국민이로되 여전히 이중문화 배경과 신분을 갖고 있는 코리안 디아스포라의 한 갈래라고 할 수 있다.

디아스포라의 이중문화신분을 두고 에드워드 사이드는 자기 자신의 체험을 염두에 두면서 다음과 같이 말한 바 있다.

많은 사람들과 마찬가지로 나는 하나의 세계에만 속하지 않는다. 나는 팔레스타인 출신의 아랍인인 동시에 미국인이기도 하다. 이는 나에게 기괴하면서도 실지에 있어서는 괴이하다고 할 수 없는 이중배역을 부여하였다. 이밖에 나는 학자이기도 하다. 이러한 모든 신분은 모두 분명하지 않다. 매 하나의 신분은 나로 하여금 색다른 영향을 끼치고 작용을 하게

한다.9)

　사이드와 같은 탈식민주의문화이론의 대가들은 이중 내지 다중 문화 배경과 신분을 갖고 제1세계에서 제3세계의 대리인의 역할을 함과 아울러 제1세계의 이론을 제3세계에 전파해 제3세계 지식인들을 문화적으로 계몽시켰다.

　『여용사(*The Woman Warrior*, 女勇士)』(1976)라는 작품으로 미국 주류문학계와 화예문학계(華裔文學界)에서 모두 이름을 떨친 바 있는 저명한 여성작가 양정정(楊亭亭, 1940~)의 경우도 마찬가지이다.

　　그 자신은 미국의 화인구역에서 자란 화인후예 여성작가이다. 그는 학교에서 거의 모두 미국식 교육을 받았다. 그러나 그의 기억과 마음속 깊이에는 늙은 세대 화인들이 그에게 들려준 여러 가지 신물이 나면서도 전기적인 이야기가 자리를 잡고 있었다. 게다가 그가 비범한 예술적 상상력으로 쓴 이야기 그 자체는 전통적인 의미의 소설이 아니라 보다 더 자전(自傳)적인 색채를 지니고 있다. 그의 작품을 두고 적잖은 화예작가와 비평가들은 전통적인 '소설' 영지(領地)에 대한 경계 넘기(越界)이며 뒤엎기(顚覆)라고 말하고 있지만 그의 생활경력을 잘 알고 있는 사람들은 그러한 자전적 성분에 지나치게 많은 '허구'적 성분이 끼어있다고 말한다. 실지에 있어서 다중(多重) 문체를 뒤섞는 이러한 '혼잡식(混雜式)' 책략이야말로 양정정의 '비소설(非小說)'로 하여금 미국 주류문학 비평계의 주목을 받게 하였고 영어권 도서시장에서도 성공하게 하였다. 양정정, 그리고 그와 동시대에 살고 있는 화예작가들의 성공은 비단 '다문화주의' 특징을 가진 당대 미국

---

9) Edwand Said, *Rofleclions on Exile and Other Essays*, pp.xxx~xxxi, p.397.

문학에 일원(一元)을 보태주었을 뿐만 아니라 해외 화예문학의 영향도 넓혀주었다.[10]

에드워드 사이드나 양정정과 마찬가지로 조선족들은 '조선문화'와 '중국문화'라는 이중문화신분을 갖고 광복 전에는 중국 경내에서 '조선혁명'과 '중국혁명'이라는 이중적 역사사명을 완수하기 위해 싸웠고 광복 후, 특히 개혁개방 후에는 중한교류의 가교역할과 남북통일의 교두보 역할을 수행했다. 조선문화적인 요소로 말미암아 조선족은 중국의 한족은 물론이요, 기타 소수민족과도 구별되며 또 중국문화적 요소로 말미암아 조선족은 남한이나 북한 또는 세계 각국에 흩어져 살고 있는 코리안 디아스포라들과도 구별된다. 조선족의 대표적인 지성인이었던 김학철 선생이 중·일·한 3국을 무대로 싸웠고 후반생을 피나는 고투로 중국에서의 입지를 굳혔지만, 임종을 앞두고 그 자신의 뼈를 고향인 함경도 원산(元山)에 보내기를 바랐던 사례[11]에서 알 수 있다시피 중국의 주류사회에 참여, 적응하여 자기의 확고한 위치를 찾으면서도 자기의 역사와 문화전통을 고수하는 것, 이것이 바로 조선족의 문화적 실체요, 이중문화신분이다.

Ⅲ. 디아스포라와 "제3의 영역"

연변을 비롯한 조선족의 거주지는 특수한 공간적 특성을 갖고 있다. 중국의 중심부를 놓고 말하면 주변부로 되지만 여러 민족이 더불어 살고

---

10) 王寧, 『'後理論時代'的文學與文化研究』, 北京大學出版社, 2009, 133쪽.

11) 김호웅, 김해양, 『김학철평전』, 실천문학사, 2007 ; 김관웅, 「디아스포라 작가 김학철의 문화신분 연구」, http://koreancc.com 참조.

있고 경계 너머에 모국이나 다른 민족국가가 있기에 연변은 그야말로 호미 바바의 말 그대로 "제3의 영역" "찬란한 변두리"에 속한다. 호미 바바는 "국가들 사이의 틈새"에 대하여 다음과 같이 설명한다.

> 국가적인 문화를 '위치 짓기(locality)'는 그 자체 내의 관계에 있어서 통합되지도 않았고 단일한 것도 아니며 그 바깥이나 너머에 있는 것들과의 관계에 있어서도 단순하게 '타자'로 보여서는 안 된다. 그 경계선은 야누스적(Janus-faced)인 속성을 갖고 있으며 밖/안의 문제는 항상 잡종성의 과정을 포함하고 있는데, 이 과정은 정치적인 관점에서 바라보는 새로운 '사람들(people)'을 혼합하고 의미의 또 다른 측면을 생산해내며 또한 필연적으로 그 정치화의 과정에서는 재현을 위하여 누구도 예상할 수 없는 힘과 정치적인 적개심을 무력하게 만드는 측면을 생산해내는 과정을 포함하고 있다.[12]

호미 바바에 의하면, 현대사회의 특징인 자본의 전지구화 현상으로 말미암아 사람들의 대이동이 일어나고 여러 인종들 간의 교류를 통해 이질적인 문화들이 만나서 문화적 잡종성을 창출한다. 즉 현대사회의 변화는 지금까지 없었던 잡종적이고 전환적인 정체성을 가능하게 하며 경계의 존재들로 하여금 창조적인 긴장감을 유발하게 하는 '제3의 영역'을 만들어내게 한다. 이러한 '제3의 영역'은 이질적인 문화요소들이 혼합, 용해, 재구성으로 특징지어진다.

김강일 선생은 「변연문화의 문화적 기능과 중국조선족사회의 문화적 우세」[13]라는 글에서 조선족문화는 '변연성(邊緣性)'을 갖고 있으며 일종의

---

12) Nation and Narrationg 4. 이소희, 「호미 바바의 '제3의 영역'에 대한 고찰」, 『영미문학 페미니즘』 제9권 1호, 2001, 104쪽에서 재인용.
13) 김강일, 허명철, 『중국조선족 사회의 문화우세와 발전전략』, 연변인민출판사,

'변연문화형태'라는 관점을 내놓았는데, 이는 호미 바바의 '제3의 영역'이라는 개념과 맞먹는다. 말하자면 조선족은 정치, 경제생활의 측면에서는 기본상 중국화(中國化)되었지만 문화적 측면에서는 모국문화의 유전인자(遺傳因子)를 고스란히 간직하고 있다. 바꾸어 말하면 조선족은 이중문화신분을 갖고 있으며 조선족공동체는 한반도문화와 중국문화의 사이에 있는 '제3의 영역'−변연문화형태에 속한다. 변연문화형태는 아래와 같은 특성을 가진다.

첫째, 변연문화형태란 두 문화의 틈새에서 일정한 요소의 결합을 통해 이루어진다. 이러한 문화계통은 세계 각지에 산재해 있으며 그로서의 특수한 구조를 갖고 있다. 이를테면 세계 각지에 산재해 있는 유대인 공동체, 동남아와 북미에 있는 화인 공동체, 스위스의 독일인 공동체, 캐나다 퀘벡의 프랑스인 후예들의 공동체 등에는 모두 이런 문화형태가 존재한다. 변연문화형태는 자기의 특수한 문화적 특질을 갖고 있는데, 그것은 두 개 이상 문화계통과의 쌍개방(雙開放)적 성격으로 나타난다.

둘째, 변연문화형태는 그 특수한 다중문화구조(多重文化構造)로 인해 새로운 문화 요소를 창출할 수 있기에 단일문화구조(單一文化構造)를 가진 문화형태에서는 볼 수 없는 특수한 기능을 하고 있다. 시스템이론(系統論)의 시각에서 보면 변연문화란 새로운 문화계통을 의미하며 그것은 단일한 문화계통에 비해 더 강한 문화적 기능을 할 수 있다.

셋째, 변연문화의 성격은 인류문화발전의 필연적인 추세이다. 미래의 세계는 다양한 문화계통들 간의 끊임없는 교류를 통해 날로 더 복합적인 성격을 지니게 된다. 따라서 그 어느 문화계통이든지 모두 자기의 전통문화만을 고집할 수 없다. 오직 복합적인 문화계통으로 새로운 문화기능을

2001.

창출해야만 그 발전에 필수적인 문화적 에너지를 확보할 수 있다.

'제3의 영역' 또는 변연문화형태로서의 조선족 공동체는 자신의 많은 장점을 갖고 있는 동시에 많은 단점도 갖고 있다. 양쪽 문화에 발을 붙이고 있기에 늘 자신의 문화신분에 대한 고민을 하게 되며 방황을 하게 된다. 즉 우리는 누구인가? 우리의 문화는 도대체 어떤 문화여야 하는가? 어느 쪽 문화에 기울어져야 하는가? 이리하여 조선족문화의 이러한 변연성은 아주 많은 가변성을 갖게 되었다. 그래서 늘 우왕좌왕한다. 1960년대에 일었던 '조선바람'에 근 10만 명 이상이나 조선으로 도망쳤다. 2003년 연말 한국에서 발생했던 일부 조선족 '불법체류자'들의 중국국적포기 청원은 모국문화로의 일변도(一邊倒) 경향을 보여주기도 하였다. 그리고 중국에서의 조선족민족교육 취소론자들은 중국문화로의 일변도 경향을 대표한다고 하겠다.

Ⅳ. 디아스포라문학의 잠재적 창조성

문학은 본질적으로 두 가지 물음에 답을 주려고 한다. 하나는 "나는 누구인가?", "나의 육체적, 정신적 고향은 어디인가?"이고, 다른 하나는 "나의 생존상황은 어떠한가?"이다. 이러한 근원적인 물음을 던지지 않거나 그러한 물음에 답을 줄 수 없는 문학은 별로 의미가 없다. 이러한 인간실존의 가장 본질적인 물음에 숙명적으로 대답하지 않으면 안 되는 사람들이 바로 디아스포라들이며 그 문학의 가장 본질적인 특징은 이중적 아이덴티티의 갈등에 대한 문학적 서사와 예술적 승화이다.

디아스포라의 실존상황과 가치관을 문학적으로 다룬 것을 디아스포라의 글쓰기(diasporic writing, 離散寫作)라고 할 수 있는데 이를 광의적인 디아스포라 글쓰기와 협의적인 디아스포라 글쓰기로 나눌 수 있다. 광의적인 디아스포라 글쓰기는 서방과 동방을 막론하고 장구한 발전과정과 독특한 전통을 갖고 있다. 서방의 경우, '유랑자 소설(picaresque novelists)'이나 '망명작가(writers on exile)'들의 작품이 그러하다. 유랑자 소설의 인물들은 시종 유동(流動)적인 상황에 놓여 있는데 그 전형적인 소설로 세르반테스의 『돈키호테』, 트웨인의 『톰 소여의 모험』 등을 들 수 있다. 물론 이 경우 작가 자신이 외국에 망명했거나 외국에서 유랑한 것은 아니다. 하지만 망명작가들의 경우는 그들 자신의 가정적 불행, 그들 자신의 지나친 선봉의식(先鋒意識)이나 기괴한 성격, 또는 그들 자신이 모국의 고루한 문화와 비평관행에 불만을 가짐으로 말미암아 하는 수 없이 타국으로 망명한다. 그들은 외국에서 떠돌이 생활을 하는 가운데서 오히려 빛나는 작품을 창작해낸다. 영국의 낭만주의 시인 바이런이 그렇고 노르웨이의 극작가 입센이 그러하며 또 아일랜드의 조이스, 영미 모더니즘 시인 엘리어트가 그러하다. 이들은 외국에서 떠돌이 생활을 하는 가운데서 자기의 모국과 민족의 현실을 깊이 반성하면서 독특한 형상과 참신한 견해들을 내놓았다. 협의적인 디아스포라 글쓰기는 상술한 유랑자 소설과 망명문학의 연장선 위에서 형성되었지만 주로 20세기 이후 근대적인 의미의 디아스포라 현상과 관련된다. 이른바 근대적인 디아스포라 글쓰기에서는 아래와 같은 몇 가지 문제들이 화두에 오른다.

첫째는 잃어버린 고토와 고향에 대한 끝없는 향수(鄕愁)이다. 그것은 에드워드 사이드가 말한 바와 같이 망명이란 "개인과 고토, 자아와 그의 진정한 고향 사이에 생긴 아물 줄 모르는 상처로서 그 커다란 애상(哀傷)은 영원히 극복할 수 없기 때문이다." 향수는 디아스포라의 영구한 감정이며 그것은 또 잃어버린 에덴동산에 대한 인류의 원초적인 향수와 이어져 제국의 식민지배와 근대문명에 대한 비판적 기능을 수행한다.

둘째는 디아스포라는 모국과 거주국의 중간위치에 살고 있기에 "집"이 없다고 말한다. 그들은 모국과 거주국 모두에게 백안시당하는 경우가 많으며 따라서 이중적 아이덴티티의 갈등을 경험하게 된다. 이러한 이중적 아이덴티티의 갈등을 극복하기 위한 다양한 시도들, 이를테면 민족적 아이덴티티를 잃은 자의 고뇌와 슬픔, 모체 문화로의 회귀와 그 환멸, 사랑과 참회를 통한 화해, 근대와 전근대의 모순과 충돌, 그리고 이질적인 문화형태들의 숙명적인 융합 등이 감동적인 야야기로 펼쳐질 수 있다. 아무튼 이중적 아이덴티티의 갈등은 현대문학의 최고의 주제―인간의 소외(疎外)와 그 극복에 맞닿아있으며 그것은 인류의 보편적인 공감대를 획득할 수 있다.

셋째로 디아스포라는 모국과 거주국 사이에서 이중적 아이덴티티의 갈등을 경험하기도 하지만 어쨌든 그들은 아주 미묘한 '중간상태(median state, 中間狀態)'에 처해 있고 '경계의 공간(liminal, 閾限)'을 차지하고 있어 보다 넓은 영역을 넘나들 수 있다. 하기에 디아스포라의 경력은 풍부한 소재를 약속해 준다. 이국(異國)의 기상천외한 자연, 인정과 세태를 보여줄 수 있을 뿐만 아니라 이국이라는 타자(The other, 他者)를 통해 자기 민족과 문화를 비추어볼 수 있다. 여기서 두 가지 형상을 창조할 수 있는데 하나는 이국의 근대적인 발전상을 확인하고 유토피아적 형상을 창조하는 경우이고, 다른 하나는 이국의 식민지 현실을 확인하고 모국의 식민지 현실을 재확인하는 이데올로기적 형상을 창조하는 경우이다. 둘 다 거대한 인식적, 미학적 가치를 가진다.

넷째로 디아스포라는 '중간상태'에 처해 있고 아주 미묘한 '경계의 공간'을 차지하고 있다. 바꾸어 말하면 디아스포라 문화계통은 쌍개방(双開放)적 성격을 지니며 그것은 디아스포라의 다중문화구조를 규정한다. 이러한 다중문화구조를 가진 '제3의 문화계통'은 단일문화구조를 가진 문화계통, 즉 모국과 거주국의 문화계통에 비해 더욱 강한 문화적 기능과 예술적 창조력을 갖게 된다. 특히 예술적 형식에 있어서도 고금중외의 우수한 문학과 예술의 기법을 십분 수용해 변형, 환몽, 패러디, 아이러니와 역설 등 다양한 기법들을 활용할 수 있다. 최근 세계적 범위에서 각광을 받고 있는 디아스포라 문학이 이에 해답을 줄 수 있는데, 사실 1990년대 이후 토니 모리슨, 주제 사라마구, 고행건, 오르한 파묵 등의 경우와 같이 노벨문학상을 수상한 대부분 작가들이 디아스포라였다.

약 200만으로 추산되는 조선족은 한반도에 살다가 19세기 중반에서 1945년까지 두만강, 압록강을 건너와 동북에 정착한 과경민족(跨境民族)의 후예들로서 오늘도 여전히 유대민족과 마찬가지로 디아스포라의 특성을 갖고 있다. 조선족은 혈통과 언어, 문화적인 차원에서는 한민족과 동일성을 갖고 있지만 그들은 중국사회에 점차 적응, 동화되는 과정을 거쳐 왔으며 1949년 이후에는 중국의 시민권을 획득하였고 따라서 중화민족의 일부분으로 되었다. 하지만 그들은 의연히 국민적 아이덴티티와 민족적 아이덴티티 사이에서 고뇌하고 갈등하고 있으며 이들의 역사와 현실을 반영한 문학에는 의연히 디아스포라적인 요소가 다분히 녹아 있다.

상해와 강소성 남통에서 외롭게 살았던 김택영, 신정의 시문(詩文), 상해와 북경 등지에서 활동했던 주요섭, 김광주의 소설들, 그리고 북간도, 신경을 중심으로 활동한 안수길, 최서해, 김창걸, 백석, 윤동주 등의 소설과 시들을 모두 협의적인 의미의 디아스포라 글쓰기라 할 수 있다. 윤동주의 「또 다른 고향」은 시인이 자신의 육체적, 정신적인 고향을 찾아 헤매는 정신적 방랑의 내적 고통을 토로한 시편으로 유명하다.

고향에 돌아온 날 밤에/ 내 백골이 따라와 한 방에 누웠다
어둔 방은 우주로 통하고/ 하늘에선가 소리처럼 바람이 불어온다
어둠속에 곱게 풍화작용하는/ 백골을 들여다보며/ 눈물짓는 것이 내가

우는 것이냐

백골이 우는 것이냐/ 아름다운 혼이 우는 것이냐

지조 높은 개는/ 밤을 새워 어둠을 짖는다/ 어둠을 짖는 개는/ 나를 쫓는
개일 게다

가자 가자/ 쫓기는 사람처럼 가자/ 백골 몰래/ 아름다운 또 다른 고향에
가자.

광복 후 조선족은 중국 국적을 가졌고 중국 공민의 권리와 의무를 충실히
이행했으니 해방 전과 사정이 다르다고 하겠으나 디아스포라의 아픈 기억
은 여전히 집단무의식으로 작용하고 있다. 그리고 연변을 중심으로 하는
동북지역의 조선족 집거구는 여전히 한반도 문화와 중국의 주류문화 사이
에 있는 경계적인 지역이요, 여기에 살고 있는 작가들은 어차피 디아스포라
의 성격을 다분히 갖고 있다.

더욱이 1978년 개혁개방 이후 조선족의 한국, 일본, 러시아, 미국 등
나라로의 이동 및 산해관 이남 대도시로의 이주는 새로운 디아스포라들을
양산하고 있다. 연변을 비롯한 동북의 조선족 작가들은 중국과 조선, 한국
사이를 자유롭게 드나들고 있고 심지어 유순호처럼 미국에, 장혜영과 이동
렬처럼 한국에, 김문학처럼 일본에 장기 거주하는 경우도 있다. 또한 이원
길, 황유복, 오상순, 서영빈, 장춘식, 김재국처럼 조선족 집거구를 떠나
중국의 수도요, 다양한 문화의 합수목인 북경에 '걸출한 변두리'를 조성해
활발하게 문학활동을 하고 있다. 이들 모두의 움직임을 통틀어 새로운
디아스포라의 글쓰기라 해도 무리가 없을 것이다.

물론 조선족 작가들은 이주 초기부터 심각한 디아스포라의 아픔을 경험
했지만 그것을 마음 놓고 표현할 수 있는 자유를 부여받지 못했다. 그들은
청나라 말기와 민국시기에 변발역복, 귀화입적의 강요를 받았고 일제통치

시기에는 창씨개명의 치욕을 경험하였으며 1950년대 후반 지방민족주의 자로 몰려 무진 고생을 겪기도 했다. 한 때 모국의 역사와 문화에 대한 애착, 모국과 거주국 문화 사이에서의 이중적 아이덴티티의 갈등은 의혹과 불신을 초래했다.

하지만 개혁, 개방 후 자유로운 문학의 시대를 맞아, 다원공존과 다원공생의 세계사적 물결을 타고 디아스포라의 삶과 이중적 정체성의 갈등을 형상화하고 그러한 갈등을 극복, 승화시켜 보편적인 인간해방의 시각으로 자연과 인간을 바라보는 우수한 작품들이 많이 나오고 있다. 아마도 조성희의 단편소설 「동년」, 박옥남의 단편소설 「마이허」, 허련순의 장편소설 『바람꽃』, 『누가 나비의 집을 보았을까』와 리삼월의 시 「접목」, 연변을 다룬 석화의 연작 서정시 『연변』 등이 좋은 보기로 될 것이다. 그럼 석화의 서정시 「연변 2, 기적소리와 바람」을 보자.

기차도 여기 와서는/ 조선말로 붕 ─/ 한족말로 우(嗚)1) ─/ 기적 울고/ 지나가는 바람도/ 한족바람은 퍼~엉(風) 불고/ 조선족바람은 말 그대로/ 바람 바람 바람 분다
그런데 여기서는/ 하늘을 나는 새새끼들조차/ 중국노래 한국노래/ 다 같이 잘 부르고/ 납골당에 밤이 깊으면/ 조선족귀신 한족귀신들이/ 우리들이 못 알아듣는 말로/ 저들끼리만 가만가만 속삭인다
그리고 여기서는/ 유월의 거리에 넘쳐나는/ 붉고 푸른 옷자락처럼/ 온갖 빛깔이 한데 어울려/ 파도를 치며 앞으로 흘러간다.

이 시는 상이한 것들이 갈등 없이 공존하는 다문화적 혼종성, 쉽게 말하자면 조선족과 한족이 연변 땅에서 공존, 공생해야 하는 숙명 내지 필연성을 유머러스하게 이미지화하고 있다. 제1연에서는 기차와 바람을 의인화하면

서 "붕一"과 "우(鳴)一", "바람"과 "퍼~엉(風)"의 대조를 통해 조선족과 한족의 언어적 상이성을 확인한다. 그렇지만 제2절에서는 미물인 새들도, 납골당의 귀신들도 서로 상대방의 소리와 언어에 구애를 받지 않고 의사소통을 한다고 했다. 말하자면 두 문화형태 간의 대화와 친화적인 관계를 하늘을 날며 즐겁게 우짖는 새와 납골당에서 이야기를 주고받는 귀신이라는 메타포를 통해 유머러스하게 표현함으로써 몽환적인 분위기를 십분 살리고 있다. 제3연은 이 시의 기승전결(起承轉結)의 내적 구조에서 보면 '전(轉)'과 '결(結)'에 속하는 부분인데 연변의 풍물시라고 할 수 있는 '6.1' 아동절날, "붉고 푸른 옷자락처럼/ 온갖 빛깔이 한데 어울려/ 파도를 치며 앞으로 흘러간다"고 색채적 이미지를 구사함으로써 다원공존, 다원공생의 논리로 자연스럽게 매듭짓고 있다.

V. 허련순의 소설과 민족적 정체성 찾기

허련순(許蓮順)은 일본의 이양지, 미국의 이창래 등과 함께 코리안 디아스포라 문학의 선두에 서있다. 그는 1955년 1월 16일 연길에서 마차부로 일하는 허씨 가문의 다섯째 딸로 태어났다. 그만 실망한 아버지는 한 달가량 집을 떠나 바깥을 나돌았다. 그래서 아기는 세상에 태어난 지 한 달이 되도록 이름도 갖지 못했다. 6촌 오빠가 장난삼아 지어준 이름이 련순이다. 그는 연길 교외에 있는 인평촌에서 소학교와 중학교를 나와 농사를 짓다가 1976년 연변대학교 조문학부에 입학해 1980년에 졸업하고 연길시소년궁 창작실, 연길문화관 창작실을 거쳐 1993년부터 연길시창작평론실에서 전직(專職) 작가로 일했다. 1999년 한국 광운대학교에서 국어국문학 석사과정을 수료했다. 그는 1986년 처녀작으로 단편소설 『아내의 고뇌』를 발표한 후부터 지금까지 "문학은 죽음을 통하여 거듭 문학으로 태어난다"는 신념을 갖고 부지런히 창작에 정진해 장편소설『잃어버린 밤』,『바람꽃』,『뻐꾸기는 울어도』,『누가 나비의 집을 보았을까』를 발표했고 작품집『사내 많은 녀인』,『바람을 몰고 온 여자』,『우주의 자궁』을 펴냈다. 이외에도 TV드라마『갈꽃』,『여자란 무엇입니까』,『떠나는 사람들』과 장막극『과부골목』을 펴냈다. 그는 전국소수민족문학창작준마상, 동북3성금호상, 길림성소수민족문학상, 장백산모드모아문학상, 연변문학윤동주문학상, 도라지문학상, 김학철문학상, 연변작가협회문학상 등 다수의 상을 수상했다. 현재 국가1급작가로서 연변작가협회 부주석, 연변여성문인회 회장 등 직을 맡고 있다.

허련순 문학의 전반 흐름은 민족적 아이덴티티(identity)의 문제와 여성문제로 나누어진다. 그는, 자신은 이민의 역사를 가진 민족의 일원으로, 게다가 여성으로 태어났다는 것을 강조한다. 그는 문학의 근원은 결핍이며 그 자신의 문학 근원 역시 소수자의 슬픔이라고 말한다. 결핍 너머의 충만감이나 슬픔 뒤에 숨어 있는 희열을 찾기 위한 필사적인 노력이 바로 글을 쓰는 동력이 된다는 것이다. 하기에 그의 문학은 자연스럽게 민족적 정체성 찾기와 여성적 정체성 찾기로 이어진다. 민족적 정체성 찾기의 경우 그의 장편소설『누가 나비의 집을 보았을까』가 최근 중국조선족문단과 한국문단의 주목을 받고 있다.

『누가 나비의 집을 보았을까』, 소설의 제목 자체가 하나의 비유 또는 상징으로 된다. 비유나 상징이 형성되는 것은 따지고 보면 객관적 대상과 인간의 마음 사이에 이질동구(異質同構)의 관계가 존재하고 있기 때문이다. 바꾸어 말하면 표현대상인 원관념과 비유적 대응물 사이의 관계는 등가성(等價性) 원리에 의존하는데, 이 등가성 원리는 고스타 심리학에서 말하는 이질동구(異質同構)의 관계와 상통하는 것이다. 이 집 저 집을 전전하다가 나중에는 주인으로부터 버림을 받은 애완견 '나비'와 자기의 가정적 정체성을 잃고 집 없이 헤매는 세희, 유섭, 쌍희, 용이는 등가성관계를 갖고 있다. 따라서 "세희네들은 집 없이 헤매는 개다", "세희네들은 집 없는 나비다"는 비유가 성립되는 것이다. 이리하여 이 작품은 제목으로부터 비유 내지는 상징성을 다분히 띠고 있다.

인간은 어머니 뱃속에서 태어나서 이 세상을 살아가면서 성(性)적, 가정적, 인종적, 민족적, 사회적인 정체성, 즉 자아동일성 문제에 봉착하게 된다. 인간은 우선 가정에서 태어나 자라나기에 적지 않은 사람들은 가정적 정체성의 갈등을 겪게 된다. 이 작품에 등장하는 대부분 인물들은 거의 다 어린 시절부터 가정적 정체성의 갈등을 극심하게 겪는다.

주인공인 세희는 '문화대혁명' 때 부모가 '반혁명'으로 몰리는 바람에 시골에 사는 큰 아버지네 집에 맡겨져 천덕꾸러기로 자란다. 바깥에서는 마을의 조무래기들이 '반동새끼'라고 놀리고 집에서는 밤마다 사촌오빠의 희롱을 당한다. 그 후 아버지가 죽는데, 그녀는 가장 민감한 사춘기에 엄마가 죽은 아버지의 친구와 한 이불을 덮고 끌어안고 있는 장면을 발견하고 무서운 심리적 갈등을 겪는다. 그해 16살 먹은 세희는 어머니에게 환멸을 느끼고 이모한테로 간다. 이모네 집에서 세희는 이모부를 통해 부성애를 보상받으려 한다. 이모부는 세희를 살갑게 대해주었지만 자기 딸과는 차별한다. 이모부와 세희는 필경 남남이었기 때문이다. 세희는 이모부로부터 친아버지의 사랑을 받고 이모부네 집에서 가정적인 동일성을 찾으려 하지만 그 갭이 아주 크다는 것을 느끼게 된다. 그녀는 진희 앞에서는 언제나 소외감을 느낀다. 실지로 세희는 이모부에게 한날 성적인 유혹을 불러일으키는 예쁜 처녀였을 따름이다. 바로 세희를 남으로 여겼기 때문에 그녀를 육체적으로 범하게 되었으며 그 죄책감으로 이모부는 죽는다. 세희는 이처럼 부모의 사랑을 받아보지 못하고 이모네 집에서도 가정적인 동일성을 찾지 못한다.

가정적인 동일성을 찾지 못하고 늘 방황하던 세희의 결혼생활도 순탄하지 않았다. 그녀는 두 남자와 만나지만 번번이 헤어진다. 첫 번째는 세희가 좋아했지만 남자가 세희를 싫어했고, 두 번째는 남자가 세희를 좋아했지만 세희가 남자를 싫어했다. 그것은 불안정한 가정환경에서 생겨난 세희의 불안정한 생활태도와도 밀접한 연관이 있다고 할 수 있다.

세희가 낳은 각성바지 두 아들도 어릴 적부터 가정적인 동일성의 갈등에 시달리면서 자라난다. "죽은 아내의 망령으로부터 자유롭지 못했던 그 남자는 도꼬마리 같은 새끼 하나를 그녀의 바지가랭이에 달랑 달아놓고 도망치듯 사라져버렸다." 아버지 없이 자란 세희의 둘째 아들 용이는 천덕꾸러기였다. 형에 대한 헌신적인 복종심을 갖게 된 용이의 특이한 성격 역시 가정적인 동일성의 갈등에서 비롯된 부산물이 아닐 수 없다.

남주인공 송유섭을 보기로 하자. 그가 12세 나던 해, 그의 어머니는 찬장에 그림이나 그려주고 다니는 장인바치에게 반해 음분도주(淫奔逃走)한 후 돌아오지 않는다. 기다림에 지친 그는 어머니가 이제 다시 찾아온다고 해도 "엄마"라고 부르지 않으리라고 작심한다. 어머니가 집을 버리고 도망치자 술주정뱅이 아버지도 아들을 버리고 어디론가 사라져 유섭은 그만 고아로 되고 만다. 그를 가엾게 여긴 영구 아버지가 유섭을 자기 집에 데려다가 키운다. 한해 겨울을 영구네 집에 얹혀 산 후 유섭은 윤도림이라는 사람에게 넘겨지게 되는데 떠나기 전에 그는 자기가 버려진 아이였음을 영구 아버지의 말을 통해 알게 된다. 양부모한테서까지 버려졌으니 그는 두 번이나 버려진 셈이다. 사실 윤도림 네도 유섭과 나이 비슷한 아들을 잃고 그 아픔을 잊으려고 유섭을 양자로 데려온 것이다. 그러나 유섭은 윤도림의 부인에게 있어서는 자기 아들 대신으로 생각하는 허깨비 같은 존재에 불과했다. 그래도 유섭은 윤도림을 아버지로 생각하고 윤도림 네 집을 제 집으로 생각한다. 비록 죽은 친아들 송철을 마음속에 품고 있는 양모가 자기를 허깨비로 생각하는 것이 불쾌하기는 했지만 윤도림 네 집에서 있은 3년간은 그래도 행복했다. 그러나 3년 후 문화대혁명이 일어났고 유섭은 농촌으로 내려간다. 유섭은 목사였던 양부로 말미암아 공청단에 들 수도 없고 군에 갈 수도 없다. 하여 유섭은 윤도림을 아버지로 승인하지 않고 다시금 자기를 고아로 내세우면서 살아간다. "송유섭은 영예롭게 중국인민해방군 전사로 되었다. 윤도림 아저씨를 배신한 영예이기도 했다. 그런데 두 달도 못되어 자신의 신분을 속이고 고아로 가장한 일이 탄로되어 그는 다시 원래의 농촌마을로 돌아오게 되었다." 억울한 사건을 겪고 자살을 시도하다가 구사일생으로 살아남은 유섭은 다시 양부 윤도림에게 의지하게 된다.

이처럼 송유섭은 성장과정에 여러 번이나 '성명위기(姓名危機)'에 직면한다. 송유섭은 원래는 기아(棄兒)였으며 자기의 생모, 생부를 모른다. 친부모라고 생각했던 사람들이 자기를 버리고 도망을 치고 난 뒤 친구의 아버지로부터 자기가 업둥이임을 알게 되자 그는 삶의 의욕마저 잃게 된다. 이 일을 통해 유섭은 자아인식의 위기를 겪게 된다. 목사인 윤도림을 만나서 양부(養父)의 성을 따라 윤유섭이라고 성을 고치고 공식적인 신분을 갖게된다. 즉 자기와 양부(養父)와의 동일성을 인정하게 된다. 프로이드의 말을 빌린다면 '위대한 아버지'와 '아버지의 이름'에서 자신의 정체성을 찾으며 그에 귀순하게 된다. 이는 아동심리발전의 필연적인 결과이며 일종 권위에 대한 굴복인 것이다. 그러나 '문화대혁명'의 거세찬 폭풍은 송유섭으로 하여금 부득불 양부와의 동일성을 부인하고 다시 고아의 신분을 되찾으며 군에까지 가지만 양부와의 동일성으로 말미암아 군에서 쫓겨난다. 그리하여 그는 자살까지 시도하다가 구사일생으로 살아나 다시 양부인 윤도림을 찾아간다. 요컨대 송유섭은 거의 한평생 집을 잃고 집을 찾기 위해 방황한다. 가정적 동일성을 찾지 못해 한평생 우왕좌왕한다. 송유섭은 "집에 머무를 수 없었고", "어느 곳에도 집은 없었다."

쌍희를 보자. 쌍희의 부모는 한족이다. 그런데 그가 다섯 살 때 부모가 전염병으로 돌아가고 조선집에 입양되었다. 그 집에는 딸만 셋이고 아들이 없었다. 아들이 없어서 그를 양자로 삼으려고 했던 것이다. 그런데 4년이 지난 어느 날, 아이스크림을 사먹으려고 돈을 찾다가 양부의 돈지갑에서 콘돔을 발견한다. 그는 그것을 꺼내서 고무풍선처럼 만들어가지고 놀다가 들통이 나서 집에서 쫓겨난다. 그런데 그날 누나가 쌍희를 찾아내서 저녁에 같이 자게 되었다. 그런데 쌍희는 자기도 모르게 누나의 젖가슴을 보게 된다. 그날 밤을 계기로 쌍희는 누나에게 연정을 품게 되며 누나가 시집을 가자 쌍희도 아무런 미련이 없이 가출을 한다. 쌍희 역시 가정적인 동일성을 이루지 못하고 뜬 구름처럼 떠돌아다니는 고아 같은 신분을 갖고 있는 인물이다.

가족구조가 복잡한 가정에서 자라난 이들은 어린 시절에 모두 정도부동 하게 '성명위기(姓名危機)'를 겪게 된다. 여러 가지 다양한 원인으로 자기의 친부모와 함께 지내지 못하거나 집을 떠나 다른 집에 맡겨져 자라나게 되는 경우에 흔히 자기의 성(姓)이 계부(계모), 양부(양모)나 그 자식들과 다름으로 하여 심각한 정체성의 갈등을 겪게 된다. 즉 가정 내에서 성(姓)적 동일성을 잃음으로 하여 심각한 성명위기(姓名危機) 또는 가정적 동일성 확립의 어려움을 겪게 된다. 『누가 나비의 집을 보았을까』에 등장하는 세희, 유섭, 쌍희 등 주요한 인물들은 모두 정도부동하게 가정적 동일성 확립의 어려움으로 말미암아 많은 심리적인 갈등을 겪으면서 성장해온 사람들이다.

집은 가문을 뜻하며 집은 중추적인 사회단위다. 집은 집안과 같은 뜻의 말이 되거나 집안과 어우러져 쓰이면서 훨씬 내면적이고 인간적인 상징성을 띠게 된다. 그 까닭은 집은 삶의 근거, 목숨의 뿌리, 안정의 보루 등을 의미하기 때문이다. 동양사회에서 집은 가정주의의 핵심적 개념을 형성한다. 집은 가문, 가계, 가통 등을 상징하며 전통사회에서는 국가와 거의 대등한 사회단위로 된다. 자기의 집이 분명치 않고 집을 잃었다는 것은 모든 인간적 정체성의 토대로 되는 가정적 정체성을 상실하였음을 의미한다.

이 작품에서는 가정적 아이덴티티를 상실한 인간들뿐만 아니라 집을 잃고 집을 찾아 헤매는 동물들의 형상들도 창조하고 있다. 이 소설의 제목이 암시하듯이 동물형상은 전반 작품구성에서 아주 중요한 기능을 수행하고 있다. 이 작품에서는 이 집 저 집을 전전하다가 나중에는 버려지는 '나비'라는 강아지와 집을 잃고 집을 찾아 헤매는 세희, 유섭, 쌍희, 용이 등은 기묘한 이원대응(二元對應)의 구조를 이루고 있다.

우선 '나비'라는 강아지를 보자. 이 애완견은 돈 많은 친구인 춘자가 더는 키울 수 없어 세희에게 넘겨준 것이다. 이듬해 '나비'는 예쁜 새끼 다섯 마리를 낳는다. 그 새끼들이 젖을 떼자 모두 남에게 주어버렸다. 새끼를 잃은 '나비'는 같은 현관을 쓰고 사는 옆집 문을 미친듯이 물어뜯는다. 설상가상으로 '나비'가 이웃집 한족 노인을 물어놓는 바람에 세희네는 하는 수 없이 '나비'를 강변의 산책로에 버린다. 택시가 떠나자 '나비'가 정신없이 쫓아온다. 두 아이가 뒤돌아보지 못하도록 세희는 오른쪽 팔로는 광이의 허리를, 왼쪽 팔로는 용이의 목을 끌어안았다. 한참 정신없이 쫓아오던 강아지는 포기한 듯 멈춰서더니 멀어져가는 택시를 묵묵히 바라보았다. 마지막으로 본 강아지의 까만 눈동자는 그지없이 슬퍼보였다. '나비'의 눈에는 주인을 따라잡지 못한 안타까움과 괴로움 외에도 체념과 같은 것이 내비치고 있었다. 그래서 그 눈빛이 더 슬펐던 것이다.

이 작품에서 '나비'라는 강아지와 세희의 둘째아들 용이는 미묘한 이원대응(二元對應)의 관계를 맺고 있다. '나비'라는 강아지가 세 번째 수컷을 만나 겨우 교배에 성공하여 새끼를 낳았듯이 용이도 세희가 세 번째 남자와 우연히 만나서 낳은 아이다. 그래서 그런지 용이는 무척이나 '나비'를 좋아했다. 고스타 심리학의 동형론(同形論)의 이론으로 분석해본다면 애완견 '나비'는 세희의 셋째 아들 용이와 이질동구(異質同構)의 관계를 갖고 있을 뿐만 아니라 세희, 유섭, 쌍희, 용이 등 인물들과도 이질동구(異質同構)의 관계를 갖고 있다.

이 작품에서 보이는 가정적 정체성을 상실한 인물형상에 대한 묘사는 가정적 정체성에 대한 성찰과 사고에만 그치는 것이 아니다. 그것은 인간은 어머니 뱃속에서 태어나서 이 세상을 살아가면서 성적이나 가정적 정체성 −자아동일성 문제에만 봉착하게 되는 것이 아니라 민족적·국가적 정체성 −자아동일성 문제에도 봉착하게 되기 때문이다. 말하자면 이 작품에서 가정적 정체성의 갈등 속에서 시달리는 세희, 유섭, 쌍희 네들은 민족적 동일성의 갈등도 극심하게 겪고 있다.

한국으로 가는 밀항선에 오른 사람들, 그들은 조선족의 축도라고 해도 과언이 아니다. 요녕 철령에서 온 김채숙, 안세희, 송유섭, 오미자, 쌍희, 안도에서 온 부부, 왕청 여자 말숙이 ……. 이들은 모두 사회의 밑바닥에서 굴러다니는 최하층인간들이다. 이들은 중국사회의 소수자로서 가장 힘없는 사람들이다. "1, 2원 밖에 안 되는 라면을 죽기 전에 먹고 싶었던" 말숙이의 아들은 무리싸움에 끼어들었다가 그만 권세 있는 진장(鎭長)의 아들 대신 총알받이가 되어 사형을 당한다. "이런 아픔이 있어서 그녀는 세 번째로 밀항을 하게 되었고" 또 "세 번째도 실패한다면 또 다시 네 번째로 밀항배를 탈 것이며", "밀항에 성공하는 것이 아들의 한을 풀어 주는 것인양 그녀는 밀항에 큰 뜻을 부여했다." 주인공인 세희도 마찬가지였다. 그녀는 한국에 갈 수만 있다면 어떤 굴욕도 치욕도 참아낼 수 있다고 생각하며 한국만이 자기가 살아남을 수 있는 길이라고 생각한다. 철령에서 온 김채숙의 말마따나 한국으로 가는 밀항선에 목숨을 걸고 올라탄 그네들은 "모두 한 배에 탄 운명"이었다.

이처럼 천진하고 순박한 밀항자들의 운명을 한손에 거머쥐고 있는 자들은 이풍언 같은 악덕 브로커들이었다. 이들을 '밀항'이라는 떳떳치 못한 행위를 하는 밀항자들을 손아귀에 넣고 마음대로 주물렀다. 이풍언의 손아귀에 걸려든 밀항자들은 새장 안에 갇힌 새와 같은 신세였다. "날려 보내든 관상용으로 놓아두든 아니면 털을 뽑아 발가벗긴 채 불에 구워 먹든" 모두 이풍언의 마음먹기에 달린 일이었다. 밤이 되면 브로커들은 이런저런 구실을 달아가지고 젊은 여자들을 운전실에 불러들여 저들의 야욕을 채우곤 하였다. 주인공 세희는 서류에 차질이 있다는 거짓말을 꾸며대는 바람에 운전실에 올라갔다가 그만 이풍언과 다른 한 놈에게 윤간을 당하고 만다. 명실공이 현대판 노예무역선이 아닐 수 없다. 밀항자들은 자그마한 구멍으로 넣어주는 컵라면만 먹어야 했다. 선창 안에 갇힌 여자들은 남정들이 보는 앞에서 엉덩이를 까고 빈 컵에다 용변을 보았다. 문자 그대로 아비규환의 아수라장이었다. 이처럼 이 소설은 밀항자들과 이풍언 같은 브로커들 사이의 이항대립구조를 갖고 있다.

밀항자들은 갖은 모욕을 당하고 짐승보다도 못한 대접을 받으면서 한국령 바다와 잇닿아있는 공해에 가까스로 닿게 된다. 그러나 배가 닻을 내린 지 사흘이 지나도 그들을 넘겨 싣고 한국으로 잠입해 들어갈 한국의 배는 나타나지 않는다. "한국령 바다와 가까운 곳이라 순라선에 발견될 위험수위가 높다고 선창입구를 아예 낮이고 밤이고 비닐로 꽁꽁 막아 버렸다. 공기라고는 통할 데 없이 밀폐된 선창 안은 완전히 진공상태였다." 밀항자들이 아무리 발악을 해도 브로커들은 갑판으로 올라가는 문을 열어주지 않았다. 브로커들은 죽은 밀항자들을 가차 없이 바다에 처넣었다. 왕청 여자 말숙이는 정신이 붕괴되어 미쳐버렸고 안도에서 온 부부는 가지런히 누워서

질식해 죽었다. 세 번째로 미쳐서 광기를 부리던 말숙이도 죽고 유섭도 숨을 거둔다. 이처럼 밀항자들은 "눈을 감으면서도 그리워했을 마음의 집을 끝내 찾지 못한 채 떠나갔다."

집과 민족 또는 국가 사이에는 상호 유추관계가 성립된다. 집의 상실은 민족과 국가의 상실과 같은 의미를 갖고 있다. 조선족은 허련순의 말처럼 어디에 가도 이방인이다. 언제나 개밥에 도토리 신세처럼 소외를 당하고 어디에 가서도 주류사회에 끼어들지 못하고 우왕좌왕하고 있다. 말하자면 지금 조선족은 모국과 거주국의 경계에서 살면서 안정된 집을 잃고 헤매고 있다. 그러므로 조선족은 집을 잃고 헤매는 집시, 국제 미아(迷兒)에 다름 아니다. 이 작품에 등장하는 "할퀴울 대로 할퀸 돼지구유를 연상시키는 허수룩한 나무배", 그리고 그 배에 몸을 숨기고 밀항을 결행하고 있는 밀항자들은 어쩌면 조선족 공동체의 상징이라고도 할 수 있다.

『누가 나비의 집을 보았을까』는 전형적인 디아스포라 문학으로서, 조선족 밀항자들의 비극적인 운명을 그린 작품이다. 바다에서 정처 없이 표류하는 특수한 공간으로서의 밀항선, 그리고 잃었던 고향을 되찾으려고 목숨을 내걸고 밀항선을 탄 밀항자들은 하나의 거대한 상징으로서, 어쩌면 디아스포라 공동체로서의 전반 조선족사회를 암시한다고 할 수 있다. 그리고 이 밀항선에 탄 조선족출신 밀항자들의 꿈과 소망, 그리고 그것이 처참하게 부수어지는 아비규환의 비극적 상황은 오늘날 우리 조선족의 실존 상황의 현주소라고 할 수 있다.

이 소설 속에서 나오는 조선족 밀항자들은 프랑스의 소설가 메리메의 중편소설 『타망고(Tamango)』에 나오는 노예무역선에 총칼에 의해 강압적으로 오른 흑인노예들과는 달리 밀항조직자들인 브로커들에게 엄청난 돈을 내고 밀항선에 자진하여 올랐다. 밀항선에 오르도록 그녀들의 등을 민 것은 잃어버린 고향에 대한 향수와 함께 금전이라는 무형의 검은 손이였다. 고향 상실, 고향 찾기, 목숨을 내건 고향 찾기 실패의 비극은 조선족에게 국한되는 것이 아니다. 탈북자들을 비롯한 세계 여러 나라의 난민들, 나아가서는 인류의 공통되는 운명이라는 점에서 이 작품은 조선족문학이라는 협소한 공간을 뛰어넘어 세계적인 공명을 일으킬 수도 있는 가능성까지 갖고 있다.

Ⅵ. 나가며

연변의 시인 석화(石華, 1958~)는 고국을 떠나 중국에 사는 조선족을 사과배라는 메타포를 동원해 노래한 바 있다.[14] 연변의 상징인 사과배는 함경남도 북청의 배나무가지를 베어다가 연변 현지의 돌배나무에 접목시켜 만들어낸 새로운 과일품종이다. 연변의 사과배가 연변의 돌배나무 유전인자와 북청 배나무 유전인자의 결합으로 이루어졌듯이 중국조선족은 중화문화의 신분과 조선민족문화의 신분을 동시에 갖고 있는 특수한 민족공동체이다.

하지만 조선족은 이중문화신분과 양가감정을 갖고 있다고 해서 박쥐처럼 기회주의로 살아서는 안 된다. 조선족은 이제는 발길이 닿는 대로 떠도는 나그네도 아니고, 물결 따라 바람 따라 떠도는 부평초도 아니며, 아무 경계 없이 날아다니는 박쥐도 아니다. 조선족이 어제도, 오늘도, 내일도 대대손손 살아가야 할 곳은 중국이다. 중국에서의 조선족의 삶은 이제는 결코 일시적이고 유동적인 것이 아니다. 조선족은 때로는 모국이나 거주국 양쪽으로부터 모두 '왕따'를 당하고 의심을 받고 또 그래서 곤혹스럽고

---

14) 석화, 『연변』, 연변인민출판사, 2006.

방황을 한다 하더라도 언제나 이러한 양가감정을 지니고 우리가 태어나서 자라났고 앞으로 우리 뼈가 묻힐 곳이며 또 대대손손 살아가야 할 연변땅 또는 중국을 목숨처럼 소중히 여기면서 투철한 국민의식을 가지고 모범적인 중국국민으로서 살아가야 할 것이다. 아울러 고려속요 「정석가」에서 "구슬이 바위에 떨어진들 끈이야 끊어지겠습니까?"라고 했듯이 우리 민족의 역사와 전통을 사랑하고 조상의 뼈가 묻혀 있는 무궁화 삼천리강산에 대한 변함없는 향수와 사랑을 안고 살아가야 할 것이다.

그러나 분명한 것은 두 가지 문화신분을 공유한다고 해서 그것은 결코 1 : 1의 관계가 아니다. 더욱이는 민족의 문화와 정체성을 외면한 이른바 "100%의 조선족"이라는 말은 도무지 성립될 수 없다. 다시 사과배를 예로 들면, 원예학에서는 북청의 배나무가지를 접수(椄穗)라 하고 연변의 야생 돌배나무를 접본(椄本)이라 한다. 일반적으로 접본은 당지의 야생나무를 이용한다. 그래야 새로운 품종이 그 지역의 기후와 풍토에 적응하여 잘 자랄 수 있다. 연변의 사과배는 물론, 한국의 후지사과나, 미국의 피스장미거나 간에 그 생명의 바탕이 되는 뿌리인 접본은 예외 없이 야생종이어야 한다는 것은 우리에게 커다란 계시를 준다. 한 식물의 종이 아무리 인간에 의해 변이를 일으켰다 해도 그 원형은 자연 상태의 야생으로부터 진화한 것이기 때문이다. 생물의 세계에서만이 아니라 인간의 세계에서도 마찬가지이다. 줄기나 잎보다도 뿌리가 중요하듯이 문화의 경우도 줄기나 잎보다도 뿌리가 중요하다. 이러한 의미에서 조선족은 이중문화신분을 가지고 살되 자기의 민족 문화와 정체성을 고이 간직하는 기초 위에서 중국 주류민족의 장점을 받아들이고 그들과 선의적인 경쟁을 해서 자립할 수 있는 민족으로 거듭나야 할 것이다. 요컨대 조선족은 이중문화신분의 갈등을 해소하고 '제3의 영역'의 특권과 우세를 충분히 살려 신분상승을 추구하면서도 민족문화와 정체성을 유지하는 통합의 전략[15]을 택해야 할 것이다.

문학도 마찬가지이다. 작가들은 자유로운 문학의 시대를 맞았으니 여전히 현실을 외면하고 눈 가리고 아웅할 것이 아니라 이중문화신분의 갈등을 인정하고 "제3의 영역"의 특성과 우세를 십분 살려 가장 민족적인 것을 통해 세계인의 공감을 받을 수 있는 우수한 작품들을 창작해야 할 것이다.

---

15) 베리(Berry)는 문화변용을 통합, 동화, 고립, 주변화의 네 가지 유형으로 분류하였다. 여기서 통합(Integration)은 소수민족 이민자들이 거주국의 주류사회에 활발히 참가하면서도 자신들의 고유한 전통과 문화를 유지하는 경우이고, 동화(assimilation)는 이민자들이 주류사회에 활발히 참여하는 과정에 자신들의 고유한 문화정체성을 상실하고 주류집단에 흡수되는 경우이다. 고립(Isolation)은 이민자들이 사회참여를 활발하게 하지 않으면서 자신들의 문화정체성을 강하게 유지하려고 하는 경우로서, 이들은 보통 차이나타운과 같은 소수의 이문화 집단의 거주지에 격리되어 산다. 마지막으로 주변화(Marginality)는 주류사회에 참여하지도 않고 자신들의 문화도 잃어버리는 경우로서, 사회의 밑바닥 계층으로 전락하여 기성질서에 반항하는 가치관과 행동양식을 갖게 될 수도 있다.(윤인진, 「코리안 디아스포라」, 고려대학교출판부, 2008 참조)

참고문헌

고부응, 『탈식민주의 이론과 쟁점』, 문학과지성사, 2005.

김강일, 허명철, 『중국조선족 사회의 문화우세와 발전전략』, 연변인민출판사, 2001.

김관웅, 「집 잃고 집 찾아 헤매는 미아들의 비극」, 연변대학 조선언어문학학과 편
　　　『조선－한국언어문학연구』, 민족출판사, 2008.

김호웅, 「근대문명의 성찰과 서정의 육화」, 『문학사계』(14), 2007년 여름호.

김호웅, 「디아스포라의 삶과 문학의 형식미에 대한 탐구」, 『중국조선족우수작품선』,
　　　흑룡강조선민족출판사, 2007.

김호웅, 「디아스포라의 시학, 그리고 우리의 소설」, 『문학과 예술』, 2007. 3.

김호웅, 「중국조선족과 디아스포라」, 『한중인문연구』 제29집, 2010. 4.

김호웅, 「중국조선족문학의 성격과 의미」, 『문학사계』, 2006년 여름호。

김호웅, 『글로벌화와 다원공존시대의 문화전략』, 『연변대학학보』, 2008년 제2기.

윤인진, 『코리안 디아스포라』, 고려대학교출판부, 2008.

조성일, 「조선족문화론강」, 『문학과 예술』, 2006. 4.

해외한민족연구소, 『한반도 제3의 기회』, 한국화산문화사, 2007.

허련순, 문학자서전 「오줌 누는 돌」, 『도라지』, 2004. 6.

허련순, 『누가 나비의 집을 보았을까』, 인간과자연사, 2004.

필자 소개

김성보 연세대학교 사학과 교수로 재직중이며, 남북한 현대사를 연구하고 있다. 역사문제연구소 소장, 연세대 역사와공간연구소 소장으로 활동하고 있고, 아시아평화와역사교육연대에서 한중일 3국의 공동역사교재 편찬에 참여해왔다. 저서로는『남북한 경제구조의 기원과 전개』, 『북한의 역사 1』, 『분단시대의 앎의 체제』 등이 있다.

김정영 중국 연변대학교에서 조선-한국문학 박사과정을 밟고 있다.

김춘선(金春善) 북경중앙민족학원 역사학부를 졸업하고, 중국 연변대학교 민족문제연구소에서 석사학위를 받았다. 한국의 국민대학교 국사학과에서 박사학위를 받았다. 현재 중국 연변대학교 인문사회과학학원 교수, 민족역사연구소 소장으로 활동하고 있다. 저서로『연변지역 조선족사회 형성 연구』, 편저서로『최진동장군』(共編), 『중국조선족혁명투쟁사』(共編), 『조선족약사(수정본)』(主編), 『중국조선족통사』(主編), 『연변조선족사(상)』(主編) 외에 다수의 논문이 있다. 자료집으로 『중국조선족사료전집』 1~100권(主編)을 펴낸 바 있다.

김태국 중국 연변대학교 역사학부를 졸업하고, 한국 국민대학교 국사학과에서 문학박사학위를 취득하였다. 현재 연변대학교 인문사회과학학원 역사학부 교수로 재직 중이다. 저서로는 『동북지구 '조선인 민회'연구』, 『중국조선족사료전집 신문잡지편 일문판 1권~2권 전만조선인민회련합회회보』, 『중국조선족 역사연구 문헌목록』 등이 있다.

김 항 연세대학교 신문방송학과 및 서울대학교 언론정보학과 대학원을 졸업하고 도쿄대학 대학원에서 박사학위를 받았다. 현재 연세대학교 국학연구원 HK교수로 재직 중이다. 저서로 『말하는 입과 먹는 입』, 공저로『인터뷰 : 한국 인문학 지각 변동』, 역서로『미시마 유키오 對 동경대 전공투 1969~2000』, 『근대초극론』, 『예외상태』, 『정치신학』, 『세계를 아는 힘』, 『동아시아를 만든 열가지 사건』(공역) 등이 있다.

김호웅 현재 연변대학교 조선한국학원 교수이자 박사생지도교수로 재직 중이며, 중국작가협회 회원으로 활동하고 있다. 『중일한문화산책』, 『중국조선족문학통사』 등 다수의 저서를 펴냈으며, 『연변문학』 윤동주문학상, 중국조선족문학평론상, 전국소수민족문학창작준마상, 와룡학술상 등 다수의 수상경력이 있다.

나종석 연세대학교 철학과를 졸업하였고 독일에서 헤겔과 비코에 대한 논문으로 철학박사 학위를 받았다. 현재 연세대학교 국학연구원 HK교수로 있다. 주저서로『차이와 연대 : 현대 세계와 헤겔의 사회·정치철학』,『유학이 오늘의 문제에 답을 줄 수 있는가』,『유교적 공공성과 타자』등이 있으며, 역서 및 편역서로는『현대 의회주의의 정신사적 상황』,『비토리오 회슬레, 21세기의 객관적 관념론』,『존재와 가상 : 헤겔 논리학의 비판적 기능』등이 있다.

박금해 중국 연변대학교 사학과를 졸업하고, 한국 명지대학교 사학과에서 석사과정을 마친 후, 중국으로 돌아가 연변대학교 사학과에서 박사학위를 받았다. 현재 연변대학교 사회학과 교수로 재직 중이며 연변대학교 민족연구원 원장으로 활동하고 있다. 저서로는『조선족교육의 역사와 현실』외 2편이 있으며, 논문으로는「연변조선족 무형문화유산의 전승실태와 발전방안 연구」외 30여 편이 있다.

유광수 연세대학교 국어국문학과를 졸업하고 같은 대학원에서「옥루몽 연구」로 박사학위를 받았다. 2007년 제1회 뉴웨이브문학상(조선일보, 1억원 고료)을 수상했다. 현재 연세대학교 학부대학 부교수이다. 지은 책으로는 장편소설『진시황 프로젝트』,『왕의 군대』,『윤동주 프로젝트』(1·2)가 있고, 인문서『가족기담』,『고전, 사랑을 그리다』, 번역서『홍계월전』, 연구서『19세기 소설 옥루몽 연구』,『고전서사의 대중성』이 있다. 공저한 책으로는 소설집『백만광년의 고독』과 대학교재『비판적 읽기와 소통의 글쓰기』가 있다.

최민호 중국 연변대학교 역사학과를 졸업하였고 한국학중앙연구원에서 금산인삼축제로 문학 박사 학위를 받았다. 현재 연변대학교에서 인문사회과학학원 사회학과 부교수 및 민족연구원 민속연구소 소장으로 있다. 편서로는『중국조선족사료전집: 민속편 1』이 있으며, 논문으로는 「놀이와 춤: 연변농악의 두 가지 전통」,「중국조선족 민속연구의 현황과 과제」,「고집과 포용: 중국조선족 음식문화의 변천과 특징」,「농악의 공연예술화 그리고 전통으로의 회향: 중국조선족농악무의 전승과 보존」등이 있다.

이 저서는 2008년도 정부(교육과학기술부)의 재원으로 한국연구재단의 지원을 받아 수행된 연구임(NRF-2008-361-A00003).

필자_ 가나다순

김성보 | 연세대학교 사학과 교수
김정영 | 연변대학교 조선·한국문학 박사과정
김춘선 | 연변대학교 인문사회과학학원 교수, 민족역사연구소 소장
김태국 | 연변대학교 인문사회과학학원 역사학부 교수
김 향 | 연세대학교 국학연구원 HK교수
김호웅 | 연변대학교 조선한국학원 교수, 박사생지도교수, 중국작가협회 회원
나종석 | 연세대학교 국학연구원 HK교수
박금해 | 연변대학교 사회학과 교수, 민족연구원 원장
유광수 | 연세대학교 학부대학 부교수
최민호 | 연변대학교 인문사회과학학원 사회학과 부교수, 민족연구원 민속연구소장

사회인문학총서

디아스포라 민족 정체성, 문학과 역사

연세대학교 국학연구원 HK 사업단 편

2016년 8월 30일   초판 1쇄 발행

펴낸이 · 오일주
펴낸곳 · 도서출판 혜안
등록번호 · 제22-471호
등록일자 · 1993년 7월 30일
㉾ 04052 서울시 마포구 와우산로 35길 3(서교동) 102호
전화 · 3141-3711~2 / 팩시밀리 · 3141-3710
E-Mail hyeanpub@hanmail.net

ISBN 978-89-8494-558-6   93910
값 26,000 원